Atypische Beschäftigung – Flexibilisierung und soziale Risiken

Forschung aus der Hans-Böckler-Stiftung **81**
Herausgegeben von der Hans-Böckler-Stiftung, Düsseldorf

Berndt Keller
Hartmut Seifert (Hg.)

Atypische Beschäftigung – Flexibilisierung und soziale Risiken

Bibliografische Information der Deutschen Nationalbibliothek

Die Deutsche Nationalbibliothek verzeichnet diese
Publikation in der Deutschen Nationalbibliografie;
detaillierte bibliografische Daten sind im Internet
über http://dnb.d-nb.de abrufbar.

ISBN 978-3-8360-8681-3

2., unveränderte Aufl. 2009

© Copyright 2007 by edition sigma, Berlin.

Alle Rechte vorbehalten. Dieses Werk einschließlich aller seiner Teile ist urheberrechtlich geschützt. Jede Verwertung außerhalb der engen Grenzen des Urheberrechtsgesetzes ist ohne schriftliche Zustimmung des Verlags unzulässig und strafbar. Das gilt insbesondere für Vervielfältigungen, Mikroverfilmungen, Übersetzungen und die Einspeicherung in elektronische Systeme.

Umschlaggestaltung: Neumann Kommunikationsdesign, Wuppertal

Druck: Rosch-Buch, Scheßlitz   Printed in Germany

Inhalt

Vorwort 7
Atypische Beschäftigung – Flexibilisierung und soziale Risiken
Berndt Keller, Hartmut Seifert

I. Voraussetzungen und Bedingungen

Atypische Beschäftigungsverhältnisse 11
Flexibilität, soziale Sicherheit und Prekarität
Berndt Keller, Hartmut Seifert

Atypische Beschäftigung und betrieblicher Flexibilisierungsbedarf 27
Ergebnisse des IAB-Betriebspanels
Christian Hohendanner, Lutz Bellmann

Betriebliche Beschäftigungsstrategien und atypische Arbeitsverhältnisse 45
Eine Erklärungsskizze aus Sicht einer politischen Personalökonomik
Werner Nienhüser

(De)Stabilisierung der Arbeitsmarktsegmentation? 67
Überlegungen zur Theorie atypischer Beschäftigung
Werner Sesselmeier

II. Formen

Flexibilisierung durch Befristung 83
Empirische Analysen zu den Folgen befristeter Beschäftigung
Johannes Giesecke, Martin Groß

Was heißt hier „geringfügig"? 107
Minijobs als wachsendes Segment prekärer Beschäftigung
Gerhard Bäcker

Leiharbeit 127
Flexibilität und Prekarität in der betrieblichen Praxis
Markus Promberger

Selbständig oder arbeitslos: Brücke oder Falle? 145
Einige empirische Betrachtungen zu geförderten Neugründungen
aus arbeitsmarkt- und sozialpolitischer Perspektive
Susanne Noll, Frank Wießner

III. Folgen

Beschäftigungswirkungen des Wandels der Erwerbsformen 165
Martin Dietz, Ulrich Walwei

Atypische Beschäftigung und sozialer Schutz 185
EU-Regulierung und Situation in Deutschland
Ute Klammer, Simone Leiber

**Atypische Beschäftigung, Normalarbeitsverhältnis und
Gewerkschaften** 209
Ein internationales Problem?
Christian Dufour, Adelheid Hege

Zu den Autorinnen und Autoren 229

Vorwort

Atypische Beschäftigung – Flexibilisierung und soziale Risiken

Der Sammelband bietet einen umfassenden und aktuellen Überblick über Entwicklung und Stand der verschiedenen Formen atypischer Beschäftigung, die in den vergangenen beiden Jahrzehnten erheblich an Bedeutung gewonnen haben. Vor diesem Hintergrund thematisiert er ihre arbeits- und sozialpolitischen Folgeprobleme, vor allem ihre Prekarität oder Sozialverträglichkeit. Wenn befristete und geringfügige Beschäftigungsverhältnisse (Mini- und Midijobs), Leiharbeit (einschließlich Personalserviceagenturen – PSA) und die „neue" Selbständigkeit (Ich-/Familien-AG) Schritt für Schritt das Normalarbeitsverhältnis verdrängen, dann geht diese Entwicklung nicht zuletzt auf öffentliche Förderprogramme und Deregulierungen zurück. Erklärte Absicht staatlicher Interventionen ist es, die institutionellen Rahmenbedingungen des Arbeitsmarktes beschäftigungsfreundlicher zu gestalten. Unterstellt ist ein enger Wirkungszusammenhang zwischen dem Grad der Flexibilität und dem Beschäftigungsniveau. Je flexibler der Arbeitsmarkt auf externe Schocks reagieren kann, als desto größer gelten die Chancen, Arbeitslosigkeit vermeiden oder beenden zu können.

Von diesem Grundverständnis ausgehend hat der Gesetzgeber seit gut zwei Jahrzehnten schrittweise den Arbeitsmarkt dereguliert. Nicht alle Formen atypischer Beschäftigung haben hierauf gleichermaßen expansiv reagiert. Besonders spektakulär ist der Zuwachs bei den geringfügigen Beschäftigungsverhältnissen. Nur verhalten fallen dagegen die Zuwächse bei den befristeten Beschäftigungsverhältnissen aus, obwohl der Gesetzgeber diese Form schon frühzeitig, beginnend mit dem Beschäftigungsförderungsgesetz von 1985, in mehreren Stufen dereguliert hat. Offensichtlich reagiert der Arbeitsmarkt nicht einfach so, wie von den Befürwortern der Deregulierung unterstellt.

Aber der Zuwachs bei den atypischen Beschäftigungsverhältnissen besagt noch nichts über die Effekte auf das Gesamtniveau der Beschäftigung. Trotz eines flexibilisierten Arbeitsmarktes ist die Zahl der Beschäftigten über lange Jahre geschrumpft und erst 2006 setzte – dank der verbesserten wirtschaftlichen Konjunktur – eine Wende am Arbeitsmarkt ein. Der steigenden Zahl atypischer stand lange Zeit eine abnehmende Zahl von Normalarbeitsverhältnissen gegenüber. Zweifel sind geboten, ob der Arbeitsmarkt vom Umbau des Beschäftigungssystems tatsächlich erkennbar profitieren konnte.

Eindeutig negativ sind die Wirkungen, die von der Ausweitung atypischer Beschäftigungen auf die soziale Sicherung ausgehen. Der Kreis der Beschäftigten mit unsicherer sozialer Absicherung wächst. Die sozialen Sicherungssysteme selbst sind von Aushöhlung bedroht. Diese nicht intendierten sozialen Wirkungen der Deregulierungen sind in der Debatte um die Flexibilisierung der Arbeitsverhältnisse weitgehend ausgeblendet geblieben – nicht so in diesem Band. Die Beiträge machen deutlich, dass der Umbau des Beschäftigungssystems nicht isoliert vom Sozialsystem anzugehen ist, wenn dieses nicht gravierenden Schaden nehmen soll.

Die Beiträge des Bandes sind in drei Komplexen geordnet. Im ersten Teil werden die wichtigsten Varianten von „Flexibilität" unterschieden, betriebliche Beschäftigungsstrategien untersucht und arbeitsmarkttheoretische Erklärungen geliefert.

Der zweite Teil präsentiert die wichtigsten Formen unter besonderer Berücksichtigung ihrer aktuellen Entwicklungen: befristete Beschäftigung, geringfügige Beschäftigung, Leiharbeit, neue (Schein-)Selbständigkeit. Die einzelnen Varianten werden nicht isoliert, sondern im Spannungsfeld von Flexibilität, sozialer Sicherung und Prekarität diskutiert.

Im Mittelpunkt des dritten Teiles stehen die Folgen atypischer Beschäftigung: Übergreifend werden die Auswirkungen auf das Beschäftigungsniveau sowie die soziale Sicherung, vor allem die Rentenversicherung, thematisiert. Dabei ist zwischen individuellen und institutionellen Konsequenzen zu unterscheiden, d.h. zwischen Rentenhöhe und Finanzierungsmodus. Darüber hinaus wird ein Überblick über ähnliche Entwicklungen in anderen EU-Ländern gegeben und der Frage nachgegangen, welche Bedeutung atypischer Beschäftigung für gewerkschaftliche Politik zukommt.

Der vorliegende Band geht auf ein Schwerpunktheft der WSI-Mitteilungen zurück (5/2006), welches die Herausgeber koordiniert haben. Alle Autor/inn/en haben die Möglichkeit zur Überarbeitung und Ergänzung genutzt. Einige Beiträge sind hinzugekommen und schließen thematische Lücken.

Konstanz/Düsseldorf, im Februar 2007   *Berndt Keller, Hartmut Seifert*

I.

Voraussetzungen und Bedingungen

Atypische Beschäftigungsverhältnisse
Flexibilität, soziale Sicherheit und Prekarität

Berndt Keller, Hartmut Seifert

1. Problemstellung

Die Grundformen der Beschäftigung ändern sich. Atypische Varianten gewinnen und Normalarbeitsverhältnisse verlieren an Bedeutung. Diese Umschichtung verläuft ungeachtet der generellen Arbeitsmarktentwicklung und findet sowohl bei stagnierender als auch expandierender Gesamtbeschäftigung statt. Die Folgen dieses Prozesses werden unterschiedlich bewertet. Einerseits sind hiermit Erwartungen verbunden, die Flexibilität des Arbeitsmarktes zu erhöhen, dessen Funktionsfähigkeit zu verbessern und den Weg zu mehr Beschäftigung zu ebnen (Eichhorst et al. 2001; Sachverständigenrat 2005). Andererseits bestehen Befürchtungen, dass dieser Wandel nicht nur die soziale Sicherung der einzelnen Beschäftigten (speziell die Rentenversicherung) beeinträchtigt, sondern auch die (vorrangig beitragsfinanzierten) sozialen Sicherungssysteme aushöhlt (Kommission für Zukunftsfragen 1996). Insofern reichen diese Entwicklungen in ihren Wirkungen weit über den Arbeitsmarkt hinaus; sie betreffen die sozialen Sicherungssysteme insgesamt und haben Diskussionen über deren Umgestaltung, vor allem deren Finanzierungsmodi, ausgelöst.

Die Ablösung des Normalarbeitsverhältnisses durch Formen atypischer Beschäftigung wird häufig als Prekarisierung bezeichnet (Dörre 2005a, b). Diese Sichtweise ist jedoch zu generell und verstellt den Blick auf eine differenzierte sozial- und beschäftigungspolitische Betrachtung und Bewertung. Notwendig sind präzisere Kriterien zur Abgrenzung. Wir vertreten die These, dass atypische Beschäftigungsverhältnisse nicht umstandslos als prekär anzusehen sind. Eine Rolle spielen neben dem Individualeinkommen vor allem die allgemeinen Lebensbedingungen (vor allem Familien- bzw. Haushaltssituation) sowie die rechtlich-institutionelle Ausgestaltung der Arbeitsverhältnisse (besonders vollständige Integration in die sozialen Sicherungssysteme). Von Bedeutung ist ferner die Erwerbsbiographie in ihrer kurz- und langfristigen Perspektive.

Der Beitrag gibt zunächst einen Überblick über Entwicklung und Ausmaß atypischer Beschäftigungsverhältnisse (Kapitel 2), geht anschließend der Frage nach, welchen Beitrag diese Formen zur betrieblichen Flexibilität leisten können (Kapitel 3), welche Konsequenzen sie für die sozialen Sicherungssysteme haben (Kapitel 4) und diskutiert danach, inwieweit und unter welchen Bedingungen atypische Beschäftigungsformen als prekär anzusehen sind (Kapitel 5). Einige Überlegungen zu Gestaltungsperspektiven schließen den Beitrag ab.

2. Entwicklung und Ausmaß

Bevor wir Entwicklung und Ausmaß atypischer Beschäftigungsverhältnisse skizzieren, sind diese zu definieren und abzugrenzen. Sie stellen zunächst in einer negativen Abgrenzung eine rein formale Sammelkategorie dar. Üblicherweise werden sämtliche Beschäftigungsvarianten subsumiert, die nicht der Referenzgröße des Normalarbeitsverhältnisses (NAV) entsprechen (Mückenberger 1985). Dessen zentrale Kriterien, die nicht normativ sondern ausschließlich analytisch Verwendung finden, sind vor allem:[1]

- Vollzeittätigkeit mit entsprechenden Einkommen,
- Integration in die sozialen Sicherungssysteme,
- unbefristetes Beschäftigungsverhältnis,
- Identität von Arbeits- und Beschäftigungsverhältnis,
- Weisungsgebundenheit des Arbeitnehmers vom Arbeitgeber.

Diese im Vergleich zu anderen (Hannif/Lamm 2005) enge Abgrenzung schließt bestimmte Varianten aus: flexible Arbeitszeitmuster (u.a. Arbeitszeitkonten), Telearbeit, Werkverträge oder gar Fremdarbeitsfirmen. Gleichwohl macht diese Heterogenität der Formen eine eindeutige Zuordnung (z.B. ihrer Funktionen) schwierig.

Ausgehend von dieser Definition lassen sich Teilzeitarbeit, geringfügige Beschäftigung, befristete Beschäftigung sowie Leiharbeit (einschließlich der mit den Hartz-Gesetzen eingeführten Personalserviceagenturen – PSA) als Kernformen atypischer Beschäftigung ausmachen. Diese Formen erfüllen mindestens eines der genannten Kriterien nicht. Der Akzent liegt auf abhängiger Beschäftigung. Eine „Zwitterform" stellt die (neue) Selbständigkeit in Form der Ich-AG/ Familien-AG dar[2], die wir im Folgenden einbeziehen.

Die Varianten atypischer Beschäftigung unterscheiden sich deutlich in ihrer Dynamik und Bedeutung gemessen an der Gesamtbeschäftigung (Tab. 1):

---

[1] Man könnte auch diskutieren, ob das NAV als statisches Konstrukt anzusehen ist oder nicht selbst auch als dynamisch zu interpretieren ist.

[2] Diese Form des Übergangs aus Arbeitslosigkeit in Selbständigkeit wurde für maximal drei Jahre öffentlich gefördert und ist an Einkommensgrenzen gebunden; zudem bestand Sozialversicherungspflicht bei der Rentenversicherung.

Tab. 1: Formen atypischer Beschäftigung

Jahr	Beschäftigte Insgesamt	Teilzeitarbeit[1]		Geringfügig Beschäftigte[2]		Leiharbeit[2]		Beschäftigte (ohne Auszubildende) Insgesamt	Befristet Beschäftigte (ohne Auszubildende)	
		Teilzeitarbeit in 1.000	Anteil an Beschäftigten	geringfügig Beschäftigte[3] in 1.000	Anteil an Beschäftigten	Leiharbeit in 1.000	Anteil an Beschäftigten		befristet Beschäftigte in 1.000	Anteil an befristet Beschäftigten
1991	33.887	4.736	14,0			134	0,4	32.323	2.431	7,5
1992	33.320	4.763	14,3			136	0,4	31.891	2.495	7,8
1993	32.722	4.901	15,0			121	0,4	31.151	2.221	7,1
1994	32.300	5.122	15,9			139	0,4	30.958	2.322	7,5
1995	32.230	5.261	16,3			176	0,5	30.797	2.388	7,8
1996	32.188	5.340	16,6			178	0,6	30.732	2.356	7,7
1997	31.917	5.659	17,7			213	0,7	30.436	2.453	8,1
1998	31.878	5.884	18,5			253	0,8	30.357	2.536	8,4
1999	32.497	6.323	19,5			286	0,9	30.907	2.842	9,2
2000	32.638	6.478	19,8			339	1,0	31.014	2.744	8,8
2001	32.743	6.798	20,8			357	1,1	31.176	2.740	8,8
2002	32.469	6.934	21,4	4.100	12,6	336	1,0	30.904	2.543	8,2
2003	32.043	7.168	22,4	5.533	17,3	327	1,0	30.513	2.603	8,5
2004	31.405	7.168	22,8	6.466	20,6	400	1,3	29.822	2.478	8,3
2005	32.066	7.851	24,5	6.492	20,2	453	1,4	30.470	3.075	10,1

1) Jeweils April; 2) jeweils Ende Juni; 3) Mini-Jobs auf 400 € Basis
Quelle: Statistisches Bundesamt, F 1, Reihe 4. 1. 1., verschiedene Jahrgänge und https://www-ec.destatis.de/csp/shop/sfg/bpm.html.cms.cBroker.cls?cmspath=struktur, sfgsuchergebnis.csp

- Teilzeitarbeit ist mit Abstand die quantitativ wichtigste Form und hat über die Konjunkturzyklen hinweg kontinuierlich auf fast 25% der Gesamtbeschäftigung im Jahre 2005 zugenommen.[3]
- Geringfügige Beschäftigung, die letztlich eine Variante von Teilzeitarbeit darstellt, hat vor allem in Folge der durch die Hartz-Gesetze ausgeweiteten Mini-Jobs seit Mitte 2003 bis Mitte 2005 um knapp 1 Mio. auf 6,5 Mio. erheblich an Bedeutung gewonnen. Insgesamt üben 20% der abhängig Beschäftigten eine geringfügig entlohnte Tätigkeit aus; über 15% arbeiten ausschließlich geringfügig.[4]
- Der Anteil der befristet Beschäftigten[5] ist trotz mehrfacher Lockerungen der rechtlichen Rahmenbedingungen nur moderat auf gut 10% (in 2005) gestiegen, wobei die Entwicklung auf besondere Einflüsse zurückgeht.[6]
- Leiharbeit entwickelt sich hingegen weitaus dynamischer, wenngleich der Anteil (incl. PSA) an allen Beschäftigten nach wie vor auf niedrigem Niveau bei ca. 1,3% liegt.
- Die Zahl der Ich-AGs betrug nach anfänglich hohen Zuwachsraten 237.000 (im Jahresdurchschnitt 2005) oder 0,6% aller Erwerbstätigen.

Um das Gesamtausmaß atypischer Beschäftigung quantifizieren zu können, lassen sich diese Anteilswerte nicht einfach addieren, da einzelne Formen (z.B. Teilzeit und Befristung oder Teilzeit und Geringfügigkeit) kumulativ auftreten können.[7] Mittlerweile (im Jahr 2005) umfassen atypische Beschäftigungsformen gut ein Drittel aller abhängig Beschäftigten; bei den Frauen liegt der Anteil bei knapp 54%.[8]

---

3 Die Abgrenzung von Teilzeitarbeit und geringfügiger Beschäftigung ist nicht eindeutig. Die hier ausgewiesenen Daten über Teilzeitarbeit basieren auf dem Mikrozensus; sie enthalten im Gegensatz zu den vom IAB errechneten Teilzeitquoten nur einen Teil der geringfügig Beschäftigten (Dietz/Walwei in diesem Band). Die Zahl der geringfügig Beschäftigten schließt erwerbstätige Schüler, Studierende und Rentner ein, die im strengen Sinne nicht als abhängig Beschäftigte zu zählen sind sondern einen anderen Status haben.
4 Dieser Wert enthält eine nicht genau bezifferte Zahl an Schülern, Studierenden und Rentnern.
5 Im Unterschied zu den übrigen Werten sind in dieser Ziffer Ausbildungsverhältnisse nicht berücksichtigt.
6 Der Anstieg zwischen 2004 und 2005 geht wesentlich auf die Einführung der 1-Euro-Jobs (Arbeitsgelegenheiten mit Mehraufwandsentschädigung nach § 16, Abs.3 SGB II) zurück.
7 Noch schwieriger sind empirisch solide fundierte internationale Vergleiche, die wir in diesem Band nicht anstellen. Auch die Entwicklung lässt sich wegen teilweise fehlender Longitudinaldaten nicht lückenlos für alle Varianten (z.B. nicht für geringfügige Beschäftigung) nachzeichnen.
8 Diese Angaben basieren auf Berechnungen mit den Daten des sozioökonomischen Panels. Diese Werte sind berechnet als Anteile der atypisch Beschäftigten (Teilzeit-, geringfügig sowie befristet Beschäftigte, Leiharbeit) an allen abhängig Beschäftigten.

3. Atypische Beschäftigung und Flexibilität

Atypische Formen der Beschäftigung erfüllen auf dem Arbeitsmarkt verschiedene Funktionen. Sie können dazu dienen, die Arbeitskosten zu senken, die Anpassungsfähigkeit des Arbeitseinsatzes zu erhöhen oder die Instrumente der betrieblichen Personalpolitik zu erweitern (u.a. verlängerte Probezeiten, screening) (Martin/Nienhüser 2002; Nienhüser in diesem Band). Wenn sich die folgenden Ausführungen vorrangig auf Dimensionen und Funktionen von Flexibilität beziehen, so hat dies zum einen mit den häufig hohen Erwartungen in Bezug auf Beschäftigungswirkungen zu tun (Bericht der Kommission 2002). Zum anderen haben seit den 1980er Jahren Deregulierungsmaßnahmen (Beschäftigungsförderungsgesetz und seine Novellierungen, Teilzeit- und Befristungsgesetz, Hartz-Gesetze) die Rahmenbedingungen für atypische Beschäftigungsformen mit dem Ziel ihrer Ausweitung verändert.

Flexibilität gilt als eine zentrale Voraussetzung für die Bewältigung des Strukturwandels, für wirtschaftliches Wachstum und für den Abbau der Arbeitslosigkeit (Sachverständigenrat 2005, international vergleichend Standing 1999). In der beschäftigungs- und arbeitsmarktpolitischen Debatte wird der Begriff „Flexibilität" häufig unspezifisch gebraucht, ohne zwischen Formen und deren Funktionen systematisch zu unterscheiden. Geht man davon aus, dass der Arbeitsmarkt, wie es Segmentationstheorien (Sengenberger 1987) nahe legen, aus (betriebsspezifischen, fachlichen sowie Jedermanns-)Teilarbeitsmärkten besteht, die unterschiedlichen Funktionslogiken folgen, ist es angebracht, Formen der Flexibilität zu unterscheiden. Für diese Differenzierung sprechen auch unterschiedliche Problemkonstellationen (wie kurzfristige Auftragsspitzen, saisonale oder konjunkturelle Schwankungen).

Eine grundlegende Unterscheidung liefert eine u.a. von der OECD verwandte Typologie (Atkinson 1984; OECD 1986, 1989), die erstens für Anpassungsstrategien der Betriebe nicht aber für Flexibilitätsbedarf der Beschäftigten sowie zweitens nur für Normalarbeitsverhältnisse entwickelt wurde. Wir verwenden diese Grundmuster in variierter und erweiterter Form, um sie auf atypische Beschäftigungsverhältnisse beziehen zu können. Eine solche differenzierte Betrachtung ermöglicht, deren Funktionen bei der Flexibilisierung des Arbeitsmarktes näher zu bestimmen und gegenüber anderen Strategien abzugrenzen.

Ausgangspunkt ist die Unterscheidung zwischen den Hauptdimensionen interner und externer Flexibilität, die sich weiter ausdifferenzieren lassen (vgl. Übersicht 1).[9] Mit der ersten Dimension sind sämtliche Strategien gemeint, die eine Anpassung des Arbeitseinsatzes an veränderte Nachfragebedingungen ohne

---

9 Die Varianten können für die Funktionsfähigkeit nationaler Arbeitsmärkte je nach deren institutioneller Ausgestaltung unterschiedlich bedeutsam sein.

Rückgriff auf den externen Arbeitsmarkt ermöglichen. Hierzu gehört vor allem die Anpassung der Dauer der Arbeitszeit (numerische Flexibilisierung), des Einkommens (monetäre Flexibilisierung), der Arbeitsorganisation und der Qualifikation (funktionale Flexibilisierung); ergänzend zur Typologie der OECD führen wir die für atypische Beschäftigungsformen wichtige temporale Variante als quantitativ- zeitpunktbezogene Anpassung der Verteilung der Arbeitszeit ein.

Demgegenüber basiert externe Flexibilität vor allem auf der „traditionellen" Anpassung der Beschäftigtenzahl (durch Entlassungen und Einstellungen), zunehmend auch auf Befristung und Leiharbeit sowie Transfergesellschaften. Zu den Instrumenten externer Flexibilisierung gehören neben dem Kündigungsschutz auch Lohnkostensubventionen. Im internationalen Vergleich (European Commission 2001) sind deutsche Arbeitsmärkte dadurch gekennzeichnet, dass vor allem Formen interner Flexibilität Verwendung finden.[10]

Übersicht 1: Formen der Flexibilität

	intern	extern
numerisch	– Zeitkonten – Beschäftigungssichernde Arbeitszeitänderungen	– Entlassungen und Einstellungen (Kündigungsschutz) – Leiharbeit – befristete Beschäftigte
funktional	– Weiterbildung – Arbeitsorganisation	– Transfergesellschaft
temporal	– Geringfügige Beschäftigung/Mini-Jobs – Teilzeitarbeit	
monetär	– Tarifliche Öffnungsklauseln – Betriebliche Bündnisse – Geringfügige Beschäftigung/Mini-/Midi-Jobs – Leistungsbezogene Entgelte	– Lohnkostenzuschüsse bzw. -subventionen

Diese Varianten können sich ergänzen, z.B. intern-temporale und intern-monetäre Anpassungen im Rahmen betrieblicher Bündnisse für Arbeit, die sowohl das Arbeitsvolumen als auch die Arbeitskosten reduzieren (Massa-Wirth/Seifert 2004). Sie können sich aber auch ersetzen, etwa extern-numerische durch intern-

---

10 Von der OECD 1999 durchgeführte Vergleiche, die auf einem zusammen gesetzten Index für „employment protection legislation" basieren, berücksichtigen lediglich Elemente der externen Flexibilisierungsformen und schließen interne Varianten gänzlich aus.

numerische im Falle beschäftigungssichernder Vereinbarungen oder Kurzarbeit anstelle von Entlassungen.

Atypische Beschäftigungsverhältnisse können die Wahl betrieblicher Anpassungsstrategien in unterschiedlicher Weise beeinflussen. Geringfügige Beschäftigung bzw. Mini-Jobs sowie Teilzeitarbeit dienen vor allem der interntemporalen Flexibilisierung. Leiharbeit und befristete Beschäftigung sind dagegen „klassische" Formen der extern-numerischen Flexibilisierung. Die Formen können sich einzeln oder in Kombination ergänzen oder ersetzen und Betrieben mittlerweile beachtliche Flexibilisierungspotentiale bieten (Hohendanner/Bellmann in diesem Band).

Welche spezifische Formen und deren Kombinationen Betriebe favorisieren, hängt von betrieblichen Kosten-Nutzen-Kalkülen ab, die von den Qualifikationsarten der bereits erwähnten Teilarbeitsmärkte beeinflusst werden. In humankapitaltheoretischer Sicht müssen Unternehmen die in spezifische Fähigkeiten und Fertigkeiten ihrer Beschäftigten getätigten Investitionen amortisieren (Sesselmeier in diesem Band). Daher ist davon auszugehen, dass mit dem Anteil der betriebsspezifischen Qualifikationen die Attraktivität interner Anpassungsstrategien zunimmt. Geringfügige Beschäftigung bietet sich bei Tätigkeiten mit geringen (betriebsspezifischen) Qualifikationen ohne hohe betriebliche Einarbeitungskosten an. Befristete Beschäftigung deckt zum einen absehbaren, zeitlich begrenzten Personalbedarf ab (z.B. Elternurlaub, Projektarbeit) und dient zum andern auch der Verlängerung der Probezeit (z.B. bei höher qualifizierten Beschäftigten) (Giesecke/Groß in diesem Band). Leiharbeit stellt aufgrund der nur für diese Beschäftigungsform konstitutiven Dreiecksbeziehung zwischen Verleiher, Entleiher und Arbeitnehmer (fehlende Identität von Arbeits- und Beschäftigungsverhältnis) eine zumeist relativ teure Anpassungsvariante dar. Sie ist mit Verrechnungspreisen für den Verleiher verbunden, die über das Entgelt der Leiharbeitnehmer hinausgehen. Leiharbeit wird daher vor allem bei unvorhergesehenem, kurzfristigem Arbeitskräftebedarf eingesetzt (Promberger in diesem Band).

Flexibilisierung hat in den letzten Jahren nicht nur in ihren externen Varianten an den Rändern des Arbeitsmarktes zugenommen (z.B. durch Ausweitung der Leiharbeit), sondern auch durch ihre internen Varianten in den Kernbereichen (z.B. Flexibilisierung der Arbeitszeit durch Arbeitszeitkonten, monetäre Flexibilisierung, Einführung von Öffnungsklauseln). Entgegen verbreiteter Ansicht und einem undifferenzierten Flexibilisierungsbegriff (Sachverständigenrat 2005, Ziffer 260) sind nicht nur die Rand- sondern auch die Kernsegmente flexibler geworden. In letzteren bieten tarifliche Öffnungsklauseln bzw. betriebliche Bündnisse für Arbeit Möglichkeiten, sowohl das Arbeitsvolumen durch Variation der Arbeitszeit als auch die Arbeitskosten durch Absenkungen der Entgelte anzupassen. Die Beschäftigten (Insider) gehen hinsichtlich der internen Flexibilität Konzessionen ein, um sich gegen externe Flexibilität und damit verbundene

Kosten zu schützen. Gleichzeitig ist in den Randsegmenten der Spielraum für externe Flexibilisierung ausgeweitet worden (z.B. längere Befristungen und längere Dauer der Arbeitnehmerüberlassung).

4. Atypische Beschäftigung und soziale Sicherung

Atypische Beschäftigungsverhältnisse wirken über den Arbeitsmarkt hinaus in die Systeme der sozialen Sicherung hinein (Klammer/Leiber in diesem Band). Damit wächst die Notwendigkeit, Interdependenzen der in politischen wie wissenschaftlichen Kontexten bislang meist separierten Handlungsfelder Arbeitsmarkt- und Sozialpolitik zu berücksichtigen. Atypische Beschäftigungsverhältnisse beeinflussen sowohl das Niveau der individuellen Sicherheit als auch die Systeme selbst, insbesondere deren Finanzierungsbedingungen. Die aktuellen Probleme resultieren in beiden Dimensionen aus der Tatsache, dass sich die Systeme sozialer Sicherung nach wie vor an der Erwerbsarbeit und speziell am Normalarbeitsverhältnis und dessen Finanzierungsmodus orientieren, obwohl die Beschäftigungsformen sich wandeln.

Für die individuelle Sicherung können sich Schwierigkeiten sowohl während als auch nach der Erwerbsphase ergeben. Während der Erwerbstätigkeit geht es um Ansprüche an die Arbeitslosen- und Krankenversicherung, während des Ruhestandes vor allem um die Rentenversicherung.[11] Die Auswirkungen auf die einzelnen Zweige der Sozialversicherung sind unterschiedlich je nach Form und Dauer des Beschäftigungsverhältnisses, wobei die Scheidelinie nicht automatisch zwischen Normalarbeits- und atypischen Beschäftigungsverhältnissen verläuft.

Übersicht 2: Atypische Beschäftigung und soziale Sicherung

Beschäftigungsform	Teilzeit	Geringfügigkeit	Befristet	Leiharbeit	Ich-AG
Krankenversicherung	√	Kkeine eigenständigen Ansprüche	√	√	freiwillig
Arbeitslosenversicherung	anteilig	nein	Ansprüche erst ab 12 Monaten	√	begrenzte Aufrechterhaltung Versicherungsschutz sowie freiwillige Versicherung (2006)
Rentenversicherung	im Prinzip anteilig	anteilig	√	√	pflichtversichert mit reduziertem Beitrag

---

11 Probleme der Pflegeversicherung bleiben hier ausgeklammert, da sich Probleme analog zu denen der Krankenversicherung stellen (hierzu Klammer/Leiber in diesem Band).

In der Krankenversicherung besteht voller Versicherungsschutz nur bei Leiharbeit, Teilzeit und Befristung. Bei der Arbeitslosenversicherung dagegen entstehen bei befristeten Verträgen mit einer Laufzeit von weniger als zwölf Monaten trotz Beitragszahlung keine Ansprüche. Überhaupt nicht gegen Arbeitslosigkeit versichert waren Existenzgründer der Ich-AG. Im Zuge der Zusammenlegung von Überbrückungsgeld und Existenzgründungszuschuss zum Gründungszuschuss Mitte 2006 wurde die Option eingeführt, sich auf freiwilliger Basis zu günstigen Konditionen zu versichern. Weiterhin von der Arbeitslosenversicherung ausgeschlossen bleiben Arbeitnehmer, die ausschließlich auf Basis von Mini-Jobs tätig sind, während bei Nebenerwerbstätigkeit die Versicherungspflicht aus der Hauptbeschäftigung resultiert.

Probleme können vor allem bei der Rentenversicherung (in Form reduzierter Rentenhöhe) auftreten. Bei Mini-Jobs besteht die Option auf Aufstockung der Rentenbeiträge, die aber, wegen des zu geringen Einkommens, kaum wahrgenommen wird (Fertig et al. 2005); zudem würden die erworbenen Ansprüche gering bleiben. Bei Teilzeitarbeit lassen sich, sofern es sich nicht lediglich um eine begrenzte Unterbrechung von Vollzeittätigkeit handelt, und sie nicht im Hochlohnbereich ausgeübt wird, keine subsistenzsichernden Ansprüche an die Rentenversicherung erwerben. Die Existenzgründer der Ich-AG waren mit einem reduzierten Beitrag pflichtversichert, was unproblematisch war, falls der Übergang in dauerhafte Selbständigkeit gelang. Mit der Einführung des Gründungszuschusses entfiel die Pflichtversicherung zugunsten einer optionalen Regelung.

Rein formal ist die Leiharbeit (auf Vollzeitbasis) gegen soziale Risiken nicht schlechter abgesichert als Normalarbeitsverhältnisse. Allerdings bestehen wegen der geringeren Beschäftigungsstabilität sowie der niedrigeren Einkommen faktische Nachteile.

Die Ausweitung atypischer Beschäftigungsverhältnisse hat neben Konsequenzen für den Einzelnen auch Folgen für die Institutionen der sozialen Sicherung. Das Hauptproblem erwächst aus der Substitution sozialversicherungspflichtiger durch sozialversicherungsfreie oder in den Beitragszahlungen reduzierte Beschäftigung (speziell Mini-Jobs und hier besonders bei den Nebentätigkeiten). Auch wenn bislang keine belastbaren empirischen Befunde vorliegen, sprechen starke Indizien für eine partielle Verdrängung von Normalarbeitsverhältnissen in bestimmten Branchen, wie vor allem im Einzelhandel, durch Mini- und Midi-Jobs, wie sie im Rahmen der Hartz-Gesetze gefördert werden (Sachverständigenrat 2004 und 2005; BMAS 2006; Bäcker in diesem Band). Dadurch entstehen Ausfälle auf der Einnahmeseite, ohne dass die Ausgaben entsprechend entlastet werden (Steiner/Wrohlich 2005). Infolge dieser Entwicklungen droht eine Erosion der Finanzierungsbasis.

5. Atypische Beschäftigung und Prekarität

Atypische sind nicht mit prekären Beschäftigungsverhältnissen gleichzusetzen. Während die Abgrenzung bei Ersteren relativ leicht ist, bereitet sie bei Letzteren umso größere Schwierigkeiten, je mehr man sich auf subjektive Kriterien (wie empfundene Beschäftigungsunsicherheit) einlässt. Will man überprüfen, inwieweit atypische Beschäftigungsverhältnisse als prekär einzustufen sind, sind operationalisierbare Kriterien erforderlich. Prekarität wird in der Literatur je nach der analytischen Perspektive unterschiedlich definiert. Für Studien, die Aussagen über den Zusammenhang von Beschäftigungsverhältnis und Prekarität treffen wollen, ist die Unterscheidung zwischen NAV und atypischen Beschäftigungsverhältnissen weniger bedeutsam, weil beide Formen Elemente von Prekarität aufweisen können. An dieser Stelle geht es ausschließlich um atypische Beschäftigungsformen. Im Unterschied zu weiter gefassten, lebensweltliche Bezüge, sinnstiftende Elemente und statusrelevante Aspekte (Dörre 2005a, b) oder Fragen der Arbeitsbedingungen und -kontrolle (Rodgers 1989) integrierende Definitionen beziehen wir deshalb den Begriff ausschließlich auf den Arbeitsmarkt sowie die Systeme sozialer Sicherung und stellen folgende Merkmale in den Mittelpunkt:

- Ein in der Literatur unstrittiges Kriterium ist ein subsistenzsicherndes Einkommen, welches in Analogie zur Definition der Niedriglohnschwelle bei zwei Drittel des Medianlohns von Vollzeitbeschäftigten liegen sollte (Eichhorst et al. 2005).[12] Bedeutsam ist die explizite Unterscheidung zwischen Individual- und Haushaltseinkommen.[13]
- Die Integration in die Systeme sozialer Sicherung (Arbeitslosigkeit, Krankheit, Alter) während und nach der Erwerbsphase gibt Aufschluss, in welchem Maße Beschäftigungsverhältnisse gegenüber sozialen Risiken abgesichert sind. Die formale Anspruchsberechtigung ist ein notwendiger, nicht aber ein hinreichender Indikator für Absicherung; entscheidend ist die subsistenzsichernde Höhe der eigenen oder abgeleiteten Ansprüche, die wiederum von der Höhe des vorherigen Erwerbseinkommens sowie der Zahl der Beitragsjahre abhängen.[14] Aussagen über das Ausmaß der Prekarität lassen sich letztlich erst machen, wenn man die Lebenslaufperspektive berücksichtigt und die Bedingungen der gesamten Erwerbsbiographie bilanziert

---

12 Gut 17% der Vollzeitbeschäftigten liegen unterhalb dieser Einkommensschwelle (Allmendinger et al. 2005, S. 113; Rhein et al. 2005).
13 Sicherlich macht es einen Unterschied, ob Einkommen ausschließlich aus Teilzeit- oder geringfügiger Beschäftigung oder zusätzlich zu Einkommen aus Vollzeittätigkeit erzielt werden.
14 Die betriebliche Altersversorgung bleibt in den weiteren Überlegungen ausgeklammert.

(Querschnitts- versus Längsschnittperspektive). Insofern greifen zeitpunktbezogene Betrachtungen zu kurz und zeichnen ein verzerrtes Bild.
- Als weiteres Kriterium gilt Beschäftigungsstabilität im Sinne einer möglichst ununterbrochenen Beschäftigung, weil sie Voraussetzung für ein eigenständiges Einkommen sowie für Ansprüche an die sozialen Sicherungssysteme ist. Gemeint ist damit weniger die Sicherung eines gegebenen spezifischen Arbeitsplatzes (job security) als vielmehr die individuelle Beschäftigungsfähigkeit auf dem internen wie auch externen Arbeitsmarkt.
- Beschäftigungsfähigkeit (employability) als Voraussetzung für Beschäftigungsstabilität gewinnt angesichts sich wandelnder Qualifikationen und Tätigkeiten an Bedeutung. Beschäftigungsfähigkeit lässt sich durch lebenslanges Lernen sichern (Keller/Seifert 2002).

Mit Hilfe dieser Kriterien lassen sich Dimensionen von Prekarität (wie Einkommens- oder Beschäftigungsprekarität) angeben, aus denen wir wegen grundsätzlicher Gewichtungsprobleme von qualitativen und quantitativen Indikatoren keinen zusammen gesetzten Index bilden. Auch lassen sich nicht für jedes Kriterium quantifizierbare Schwellenwerte angeben. Im Folgenden geben wir an, in welchen Dimensionen die atypischen von Normalarbeitsverhältnissen abweichen. Sofern möglich, werden Abstufungen zwischen Formen atypischer Beschäftigung aufgezeigt. Bei einer Kumulation von Merkmalen können sich Prekaritätsgrade erhöhen.

In Bezug auf Prekarität des Einkommens sind Mini-Jobs, sofern sie ausschließlich ausgeübt werden, sowie Teilzeittätigkeiten mit geringem Stundenvolumen und mit im Vergleich zur Vollzeitbeschäftigung niedrigeren Stundenlöhnen (Eichhorst et al. 2005) als problematisch zu qualifizieren, da ein hohes Risiko der Altersarmut besteht. Für befristete Beschäftigung und Leiharbeit gilt dieser Zusammenhang hingegen nur bedingt. Bei der ersten Beschäftigungsform sind vor allem bei den unteren Lohngruppen die Einkommensunterschiede besonders groß gegenüber denen vergleichbarer Normalarbeitsverhältnisse (Mertens/McGinnity 2005). Ähnlich sind die Verhältnisse bei der Leiharbeit, bei der die Einkommen ebenfalls unter denen vergleichbarer Normalarbeitsverhältnisse liegen (Promberger 2005; Promberger in diesem Band). Deren untere und mittlere tarifliche Vergütungsgruppen unterschreiten die Prekaritätsschwelle in jedem Fall (WSI-Tarifarchiv 2005). Im Rahmen der Ich-AG ließen sich Probleme der monetären Absicherung nur lösen, wenn das Jahreseinkommen die vorgegebene Schwelle (von 25.000 Euro) mindestens erreichte. Sie war in etwa identisch mit der Niedriglohnschwelle, wenn man die Beiträge zu den Systemen sozialer Sicherung berücksichtigt.[15]

---

15 Die Auswirkungen auf das seit Mitte 2006 geltende neue Instrument des Gründungszuschusses lassen sich noch nicht abschätzen.

In Bezug auf Prekarität bei der sozialen Sicherung in der Nacherwerbsphase sind zwei Faktoren bedeutsam. Zum einen variiert der Grad, wenn man zwischen abgeleiteten und eigenen Ansprüchen unterscheidet. Bezieht man abgeleitete Ansprüche (primär an die Rentenversicherung) ein, sinken die sozialen Risiken, und das Ausmaß der Prekarität nimmt ab. Eine gleichstellungspolitische Perspektive stellt auf eigenständige Ansprüche ab. Folgt man diesem Prinzip, haben atypische Beschäftigungsverhältnisse unterschiedliche Auswirkungen auf die Prekaritätslagen von Frauen und Männern. Frauen sind, abgesehen von Leiharbeit, bei allen atypischen Formen überproportional vertreten (Bothfeld 2005). Damit können sich die prekären Elemente dieser Beschäftigungsformen kumulieren. Sie werden jedoch erst virulent bei Veränderungen der Einkommenssituation des Haushalts. Zum anderen hängt der Grad der Prekarität von Form und Dauer der atypischen Beschäftigung ab. Je länger derartige Tätigkeiten im Laufe einer Erwerbsbiographie ausgeübt werden, desto höher ist das Prekaritätsrisiko.

In Bezug auf Beschäftigungsprekarität liegen die größten Risiken ex definitione bei der befristeten Beschäftigung, sofern der nahtlose Übergang in weitere befristete oder dauerhafte Beschäftigung nicht gelingt. Bei Leiharbeit ist die Beschäftigungsstabilität niedriger als bei Normalarbeitsverhältnissen (Promberger 2005). Für Teilzeit- und geringfügige Beschäftigung liegen keine entsprechenden Untersuchungen vor. Vorläufige Befunde deuten darauf hin, dass der Übergang aus der Ich-AG in förderfreie Selbständigkeit nur bedingt gelingt (Wießner 2005; Noll/Wießner in diesem Band).[16]

In Bezug auf die Beschäftigungsfähigkeit leiden sämtliche Formen atypischer Beschäftigung an vergleichsweise ungünstigen Chancen, im Rahmen betrieblich-beruflicher Weiterbildung die Qualifikation an veränderte Anforderungen anzupassen (Expertenkommission 2004). Diese Beschäftigten sind in höherem Maße auf Weiterbildung in Eigenregie angewiesen, die sie aber aufgrund der ungünstigeren Einkommenssituation kaum finanzieren können. Insofern droht der Ausbau atypischer Beschäftigungsverhältnisse die Unterinvestitionen in Humankapital zu verschärfen und den Strukturwandel in Richtung wissensbasierter Tätigkeiten eher zu behindern als zu fördern.

---

16 Eine abschließende Bewertung der Ich-AG ist frühestens möglich, nachdem der maximal mögliche Förderzeitraum von drei Jahren ausgeschöpft ist.

Atypische Beschäftigungsverhältnisse

Übersicht 3: Atypische Beschäftigung und Prekarität

	Teilzeit	Geringfügigkeit	Befristet	Leiharbeit	Ich-AG
Einkommen	• formal anteilig, faktisch niedriger • Stundenvolumen • Stundenlöhne	• faktische Benachteiligung • Haupt- versus Nebentätigkeit	• abhängig von Anschluss • geringer als bei NAV	• geringer als bei NAV	• maximal bis Niedriglohnschwelle
Integration soziale Sicherung (RV)	• anteilig	• minimal	• abhängig von Anschluss	√	√
Beschäftigungsstabilität	√	• gering	• ex definitione gering • Anschluss möglich	• niedriger als bei NAV	• abhängig von Übergang
Beschäftigungsfähigkeit	• geringer als bei NAV	• sehr gering	• geringer als bei NAV	• geringer als bei NAV	• ungewiss

6. Fazit

Der skizzierte Trend einer Ausweitung atypischer Beschäftigungsverhältnisse wird sich in Zukunft fortsetzen. Hierfür spricht allein schon die Tatsache, dass die Politik diese Beschäftigungsverhältnisse fördert und hiervon einen wesentlichen Beitrag zur Lösung der Arbeitsmarktprobleme erwartet. In dem Maße, in dem dieser Kurs fortgesetzt wird, verschärfen sich die Probleme der Systeme sozialer Sicherung. Deren Umbau ist nicht nur aus den bekannten Gründen der demographischen Entwicklung notwendig, sondern auch wegen der sich verändernden Koordinaten des Beschäftigungssystems. Arbeitsmarkt- und Sozialpolitik sind wegen dieser Interdependenzen bei Reformschritten enger aufeinander zu beziehen.

Ein Konzept, welches diese Anforderungen aufgreift, bieten Überlegungen zu Flexicurity. Zentrale Elemente dabei sind: Vorrang interner vor externen Formen der Flexibilität, Förderung der Beschäftigungsfähigkeit durch Weiterbildung, Einführung eines Systems der Grundsicherung (Kronauer/Linne 2005). Sie tragen betrieblichem Flexibilisierungsbedarf Rechnung, ohne jedoch die Sicherungsbedürfnisse der Beschäftigten zu vernachlässigen. Diese Überlegungen werden in anderen EU-Ländern (wie Dänemark und Niederlande) nicht nur diskutiert, sondern in ersten Schritten umgesetzt (Transfer 2004).

Literatur

Allmendinger, J.; Eichhorst, W.; Walwei, U. (Hg.) (2005): IAB Handbuch Arbeitsmarkt. Analysen, Daten, Fakten. Frankfurt/M., New York

Atkinson, J. (1984): Flexibility, Uncertainty and Manpower Management. Brigthon

Bericht der Kommission (2002): Moderne Dienstleistungen am Arbeitsmarkt. Vorschläge der Kommission zum Abbau der Arbeitslosigkeit und zur Umstrukturierung der Bundesanstalt für Arbeit. Berlin

Bothfeld, S. (2005): Arbeitsmarkt. In: Bothfeld, S.; Klammer, U.; Klenner, Chr.; Leiber, S.; Thiel, A.; Ziegler, A.: WSI-FrauenDatenReport 2005. Berlin, S. 111-191

Bundesministerium für Arbeit und Soziales (BMAS) (2006): Die Wirksamkeit moderner Dienstleistungen am Arbeitsmarkt. Bericht 2006 des Bundesministeriums für Arbeit und Soziales zur Wirkung der Umsetzung der Vorschläge der Kommission Moderne Dienstleistungen am Arbeitsmarkt (ohne Grundsicherung für Arbeitsuchende). Berlin

Dörre, K. (2005a): Prekarisierung contra Flexicurity. Unsichere Beschäftigungsverhältnisse als arbeitspolitische Herausforderung. In: Kronauer/Linne 2005, S. 53-71

Dörre, K. (2005b): Prekarität – Eine arbeitspolitische Herausforderung. In: WSI Mitteilungen, 58, S. 250-258

Eichhorst, W.; Profit, St.; Thode, E. (2001): Benchmarking Deutschland: Arbeitsmarkt und Beschäftigung. Bericht der Arbeitsgruppe Benchmarking und der Bertelsmann Stiftung. Berlin, Heidelberg

Eichhorst, W.; Gartner, H.; Krug, G.; Rhein, Th.; Wiedemann, E. (2005): In: Allmendinger/ Eichhorst/Walwei 2005, S. 107-142

European Commission/Directorate General for Economic and Financial Affairs (2001): Performance of the European Union labour market. Joint harmonised EU programme of business and consumer surveys. Luxembourg

Expertenkommission Finanzierung Lebenslanges Lernen (2004): Finanzierung Lebenslangen Lernens – der Weg in die Zukunft, Schlussbericht. Bielefeld

Fertig, M.; Kluve, J.; Scheuer, M. (2005): Was hat die Reform der Minijobs bewirkt? Erfahrungen nach einem Jahr. Berlin

Hannif, Z.; Lamm, F. (2005): When non-standard work becomes precarious: Insights from the New Zealand call centre industry. In: Management Revue, The International Review of Management Studies, 16, S. 324-350

Keller, B.; Seifert, H. (2002): Flexicurity – Wie lassen sich Flexibilität und soziale Sicherheit vereinbaren? In: MittAB, 35, S. 90-106

Kommission für Zukunftsfragen (1996): Entwicklung von Erwerbstätigkeit und Arbeitslosigkeit in Deutschland und anderen früheren Ländern (4. Aufl.). Bonn

Kronauer, M.; Linne, G. (Hg.) (2005): Flexicurity. Die Suche nach Sicherheit in der Flexibilität. Berlin

Massa-Wirth, H.; Seifert, H. (2004): Betriebliche Bündnisse für Arbeit mit begrenzter Reichweite. In: WSI-Mitteilungen, 57, S. 246-254

Martin, A.; Nienhüser, W. (Hg.) (2002): Neue Formen der Beschäftigung – neue Personalpolitik. München, Mering

Mertens, A.; McGinnity, F. (2005): Einkommensverluste durch befristete Beschäftigung? Ein Überblick über den Stand der Debatte in Deutschland. In: Kronauer/Linne 2005, S. 169-182

Mückenberger, U. (1985): Die Krise des Normalarbeitsverhältnisses – hat das Arbeitsrecht noch Zukunft? In: Zeitschrift für Sozialreform, 31, S. 415-434; S. 457-475

OECD (1986): Flexibility in the labour market. The current debate. Paris

OECD (1989): Labour market flexibility. Trends in enterprises. Paris

OECD (1999): Employment Outlook. Paris

Promberger, M. (2005): Leiharbeit. Flexibilitäts- und Unsicherheitspotentiale in der betrieblichen Praxis. In: Kronauer/Linne 2005, S. 183-204

Rhein, Th.; Gartner, H.; Krug, G. (2005): Niedriglohnsektor. Aufstiegschancen für Geringverdiener verschlechtert. IAB Kurzbericht (3), 10.3.2005

Rodgers, G. (1989): Precarious work in Western Europe: The state of the debate. In: Rodgers, G.; Rodgers, J.: Precarious jobs in labour market regulation. The growth of atypical employment in Western Europe. Geneva, S. 1-16

Sachverständigenrat zur Begutachtung der gesamtwirtschaftlichen Entwicklung (2004): Erfolge im Ausland – Herausforderungen im Inland. Jahresgutachten 2004/2005. Wiesbaden

Sachverständigenrat zur Begutachtung der gesamtwirtschaftlichen Entwicklung (2005): Die Chance nutzen – Reformen mutig voran bringen. Jahresgutachten 2005/2006. Wiesbaden

Sengenberger, W. (1987): Struktur und Funktionsweise von Arbeitsmärkten. Die Bundesrepublik Deutschland im internationalen Vergleich. Frankfurt/M., New York

Standing, G. (1999): Global labour flexibility. Seeking distributive justice. London

Steiner, V.; Wrohlich, K. (2005): Minijob-Reform: Keine durchschlagende Wirkung. DIW-Wochenbericht, 72, S. 142-146

Transfer (2004): Flexicurity: Conceptual issues and political implementation in Europe. Transfer. European Review of Labour and Research (10)

Wießner, F. (2005): Neues von der Ich-AG. Nicht jeder Abbruch ist eine Pleite. IAB-Kurzbericht (2). Nürnberg

WSI-Tarifarchiv (2005): http://www.boeckler.de/pdf/ta_2004_zeitarbeit_wo.pdf

Atypische Beschäftigung und betrieblicher Flexibilisierungsbedarf
Ergebnisse des IAB-Betriebspanels

Christian Hohendanner, Lutz Bellmann

1. Einleitung

Bereits vor mehr als 30 Jahren hat die OECD die Bedeutung betrieblicher Flexibilität für Wirtschaftswachstum, Wettbewerbsfähigkeit und Beschäftigung hervorgehoben (Brodsky 1994). Der soziale und ökonomische Wandel in allen industriellen Gesellschaften seit den 70er Jahren erhöhte auch in deutschen Betrieben den Bedarf an größerer Anpassungsfähigkeit ihrer Produktionsprozesse und Beschäftigungssysteme, um sich angesichts rascher Technologieentwicklung, des wachsenden internationalen Wettbewerbs auf den Produktmärkten oder der Restrukturierung der Kapitalmärkte auf dem Markt behaupten zu können. Angesichts eines zunehmenden Flexibilitätsbedarfs der Unternehmen scheint es für zahlreiche Beobachter unvermeidbar, dass das heute noch als atypisch bezeichnete Muster der Beschäftigung in Zukunft die dominante neue Form der Normalarbeit sein wird. Gleichwohl zeichnet sich das Beschäftigungssystem in Deutschland nach wie vor mehrheitlich durch stabile Beschäftigungsverhältnisse aus. Derzeit sind etwa zwei Drittel der Erwerbstätigen in stabilen Beschäftigungsformen tätig.

Das Beschäftigungssystem profitiert dabei weiterhin in hohem Maße von dem institutionellen Arrangement (Hall/Soskice 2001), das sich in Deutschland in den Jahrzehnten der Nachkriegszeit entwickelt hat und für die Dominanz des Normalarbeitsverhältnisses (Mückenberger 1985) sorgte: die Systeme der betrieblichen und überbetrieblichen Interessenvertretung, die duale Berufsausbildung, berufsfachliche Arbeitsmärkte, das korporatistische, auf Statuserhaltung abzielende Wohlfahrtsmodell, sowie enge Koordinationsbeziehungen zwischen Unternehmen durch sich überschneidende Unternehmensorganisationen und -verflechtungen und das unter dem Namen „Deutschland AG" bekannt gewordene „Corporate-Governance"-System.

Diese Institutionen beförderten die diversifizierte Qualitätsproduktion des „flexiblen Fordismus", die eine hohe betriebsinterne Flexibilität der Arbeitsorganisation verlangt, und eine Produktmarktstrategie, die vor allem auf schrittweise Innovationen auf qualitätskompetitiven Märkten setzt. Die komparativen Kostenvorteile des Systems im Bereich bestimmter Produktmarktstrategien traten bei zunehmender Integration der Weltwirtschaft deutlich hervor. Deutschland wurde zum „Exportweltmeister" und bekannt als „high-skill, high-wage, high value-added („high everything') economy" (Thelen 2003, S. 222).

Das Institutionengefüge beförderte das Interesse der Betriebe an stabiler Beschäftigung (Bellmann/Alda 2004), die ihre Anpassungsanstrengungen an volatile Märkte eher innerhalb bestehender Beschäftigungsverhältnisse vollzogen. Die hoch standardisierte berufsfachliche Ausbildung in Verbindung mit vergleichsweise homogenen Löhnen sowie die Existenzsicherung durch das sich am letzten Einkommen orientierende Arbeitslosengeld erleichterte zudem den Betrieben die Personalanpassung und den Arbeitnehmern den zwischenbetrieblichen Arbeitsplatzwechsel. Andererseits ermöglichte die breite berufsfachliche Ausbildung eine hohe aufgabenbezogene Flexibilität. Der wirtschaftliche Anpassungsbedarf wurde zu großen Teilen mit Hilfe von Überstunden gesteuert. So wird häufig auf eine konstante bzw. gestiegene Beschäftigungsstabilität für Deutschland hingewiesen (Auer/Cazes 2002; Erlinghagen/Knuth 2002; Winkelmann/Zimmermann 1998).

Auf der anderen Seite identifizieren zahlreiche Studien Destabilisierungstendenzen stabiler Beschäftigungsverhältnisse durch eine Zunahme atypischer Vertragsformen (z.B. Oschmiansky/Oschmiansky 2003). Gleichwohl kann die Zunahme atypischer Beschäftigung nicht darüber hinweg täuschen, dass betriebliche Beschäftigungsstrategien quer über Branchen und Betriebsgrößen hinweg zunehmend heterogener werden und externe Flexibilisierungsstrategien an Bedeutung gewinnen.

Betriebliche Strategien der Anpassung an wirtschaftliche Schwankungen sind jedoch nur ein Grund für den Einsatz atypischer Beschäftigung und können nur einen Teil der atypischen Beschäftigungsverhältnisse erklären. So fungieren z.B. befristete Arbeitsverträge in vielen Fällen nicht als Anpassungsinstrument an wirtschaftliche Schwankungen, sondern dienen der Verlängerung der Probezeit.

Die Analyse interner und externer Flexibilisierungsstrategien kann einen Beitrag leisten, Hinweise für die weitere Entwicklung atypischer Beschäftigung bzw. der Stabilität von Beschäftigung zu erhalten. Im Folgenden werden daher zunächst die Besonderheiten externer und interner Flexibilisierungsstrategien dargestellt. Im deskriptiv-empirischen Teil wird die Verbreitung externer und interner Flexibilisierungsstrategien zur Anpassung an wirtschaftliche Volatilitäten analysiert. Dabei wird herausgearbeitet, dass vor allem branchen- und betriebsgrößenspezifische Unterschiede in der Wahl der dominanten Anpassungsstrategie bestehen. Im Anschluss an die Diskussion deskriptiver Ergebnisse werden in einem ökonometrischen Modell betriebliche Determinanten der jeweils dominierenden externen oder internen Flexibilisierungsstrategie analysiert.

2. Interne und externe Flexibilisierungsstrategien

In Bezug auf betriebliche Anpassungsmechanismen werden häufig interne und externe Flexibilisierungsmaßnahmen unterschieden (Linne 2002; Keller/Seifert in diesem Band). Aus der Perspektive der Personalpolitik bezieht sich interne Flexibilisierung auf betriebliche Anpassungsmaßnahmen *innerhalb* eines existierenden, stabilen Beschäftigungsverhältnisses z.b. durch die Nutzung von Überstunden, flexiblen Arbeitszeitmodellen aber auch durch funktionale Anpassungen der Arbeitsaufgaben der einzelnen Arbeitskräfte. Interne Flexibilisierungsstrategien werden meist im Zusammenhang mit offensiven, qualitätskompetitiven Produktmarktstrategien gesehen, deren Leistungs- und Anpassungsfähigkeit vor allem auf hohen Investitionen in die Qualifikation sowie Kooperations- und Innovationsbereitschaft der Arbeitskräfte beruht.

Externe Flexibilisierung hingegen wird über den Markt vollzogen, indem Aufträge an Fremdfirmen vergeben werden oder Arbeitskräfte nur zeitweise über „atypische" Arbeitsvertragsformen, auf freiberuflicher Basis oder über Leiharbeitsfirmen beschäftigt werden. Oftmals werden externe Flexibilisierungsstrategien mit rein preiskompetitiven Produktmarktstrategien in Verbindung gebracht (Boyer 1986), deren Erfolgsaussichten in den „exposed sectors" der deutschen Wirtschaft angesichts der zunehmenden Bedeutung von Niedriglohnländern im internationalen Wettbewerb eher gering sind. Die idealtypische Trennung zwischen qualitäts- und preiskompetitiven Strategien lässt sich jedoch kaum noch aufrechterhalten (Nanteuil-Miribel 2002). Unternehmen sind zunehmend zugleich einem erhöhten Kostendruck und steigenden Anforderungen an die Qualität ihrer Produkte und an ihre Innovationsfähigkeit unterworfen. Der zunehmende Preisdruck auf qualitätskompetitiven Produktmärkten erfordert somit eine kostensenkende Kombination interner und externer Flexibilisierungsstrategien, indem z.B. die „teure" Kernbelegschaft durch den Ausbau einer für den Betrieb günstigeren Randbelegschaft als Flexibilitätspuffer ergänzt, eine zunehmende Konzentration auf das Kerngeschäft forciert wird oder Vorleistungen, die im Ausland billiger produziert werden, dort eingekauft werden und damit zugleich eine hohe interne, aufgabenbezogene und externe Flexibilität sichergestellt ist.

Interne und externe Flexibilisierungsstrategien sind jedoch nicht beliebig kombinierbar, da betriebliche Personalpolitik neben der Anpassungsfähigkeit der Belegschaft an wirtschaftliche Diskontinuitäten die Verfügbarkeit qualifizierter Arbeitskräfte sowie die Leistungs-, Kooperations- und Innovationsbereitschaft einer motivierten Belegschaft sicherstellen muss (Köhler et al. 2004). Die Investition eines Unternehmens in innerbetriebliche Ausbildung zur Lösung des Verfügbarkeitsproblems führt zu Einschränkungen in der Personalpolitik, da der Betrieb nicht mehr beliebig Arbeitskräfte einstellen und entlassen kann, weil er sonst seine Humankapitalinvestitionen nicht amortisieren könnte. Zudem kann eine Ausweitung der innerbetrieblichen Flexibilität (z.B. über die Erhöhung der Arbeitszeiten, Kostensenkung über Abschaffung betrieblicher Zusatzleistungen) ebenso wie eine Ausweitung der externen Flexibilität über die Nutzung atypischer Beschäftigung bzw. einer verstärkten „hire and fire"-Personalpolitik zu Motivationsproblemen bei der verbleibenden Belegschaft führen.

Für die vorliegende Arbeit stellt sich somit die empirische Frage nach der Verbreitung externer und interner Flexibilisierungsstrategien zur Anpassung an wirtschaftliche Schwankungen sowie nach ihrer Kombinierbarkeit innerhalb deutscher Betriebe, um Hinweise über die weitere Entwicklung atypischer Beschäftigung bzw. der Stabilität von Beschäftigung zu erhalten. Die Analyse der Reaktion auf wirtschaftliche Schwankungen bietet jedoch nur einen partiellen Erklärungsbeitrag, da ökonomische Volatilitäten nur ein Motiv für den Einsatz atypischer Beschäftigung wie auch für Einstellungen und Entlassungen darstellen. So fungieren z.B. befristete Arbeitsverträge in vielen Fällen nicht als Anpassungsinstrument an wirtschaftliche Schwankungen, sondern dienen der Verlängerung der Probezeit (Giesecke/Groß in diesem Band).

Obwohl meist davon ausgegangen wird, dass Unternehmen aufgrund ihrer Anpassungserfordernisse an das wirtschaftliche Umfeld die Hauptnachfrager nach mehr Flexibilität sind, können zwei weitere Akteure als „Verursacher" von Flexibilitätsmaßnahmen gelten (Vielle/Walthery 2003): der Staat und die Arbeitnehmer selbst. Für den Staat sind im Zusammenhang mit der Bekämpfung der Arbeitslosigkeit Flexibilisierungsmaßnahmen zunehmend ins Interesse der Arbeitsmarktpolitik gerückt, in der Hoffnung, die Integration in den Arbeitsmarkt zu erleichtern. Für Arbeitnehmer ermöglichen atypische Erwerbsformen einen Zusatzverdienst oder erleichtern die Vereinbarkeit von Erwerbsleben und Familie. Atypische Beschäftigung stellt allerdings oftmals keine wirkliche Präferenz dar, sondern ist z.B. im Falle der Frauen auf eine unzureichende Versorgung mit Kindertagesstätten zurückzuführen.

3. Empirie

3.1 Deskriptive Analyse

3.1.1 Anpassungsinstrumente an betriebliche Schwankungen

Als Datenbasis für die nachfolgende empirische Untersuchung dient das IAB-Betriebspanel. Hierbei handelt es sich um eine jährlich wiederholte Betriebsbefragung, die seit 1993 für Westdeutschland und seit 1996 für Gesamtdeutschland durchgeführt wird.[1] 2003 wurden die Betriebe befragt, ob sie im Jahr 2002 Nachfrageschwankungen unterworfen waren, und wenn ja, wie sie reagiert haben. Mehr als zwei Drittel der Betriebe gaben dabei an, *nicht* von Schwankungen der Geschäftstätigkeit betroffen zu sein – und dies trotz einer postulierten zunehmenden Volatilität der Märkte. Anzumerken ist, dass die subjektive Wahrnehmung hinsichtlich einer nicht näher spezifizierten „Schwankung der Geschäftstätigkeit" abgefragt wird. Die Bandbreite dessen, was Betriebe unter „Schwankung" verstehen können, reicht von ausschließlich unerwarteten Abweichungen von der normalen Auftragslage bis zu erwarteten regelmäßigen saisonalen bzw. zyklischen Auftragsspitzen.

Möglicherweise nehmen Betriebe nur negative Entwicklungen etwa in Form drastischer Auftragseinbußen als „Schwankung" war. Schwankungen müssen jedoch nichts mit wirtschaftlichen Problemen zu tun haben und können branchen- und betriebsgrößenspezifisch unterschiedlich ausfallen. Während im Einzelhandel Kundenströme tägliche Schwankungen auslösen und damit etwa den Bedarf an geringfügiger Beschäftigung erklären können, verstehen Betriebe international agierender Konzerne Währungsschwankungen oder volatile Öl- oder Rohstoffpreise als Schwankung. Zentrale Informationen zur Erklärung der gewählten Flexibilisierungsstrategien – Ursache, Richtung, Frequenz oder Absehbarkeit der Schwankung – können nicht eindeutig identifiziert werden. Aus der Fragestellung und der Problematik des Begriffs „Schwankung" ergibt sich somit eine wichtige Einschränkung der empirischen Analyse und Befunde. Trotz dieser Einschränkung geben in der Befragung von 2003 etwa ein Drittel der Betriebe an, Schwankungen ausgesetzt gewesen zu sein, auf die sie mit Anpassungsmaßnahmen reagiert haben.

In Tabelle 1 wird das wichtigste Anpassungsinstrument bei Schwankungen der Geschäftstätigkeit dargestellt. Dabei wird zwischen internen und externen Flexibilisierungsstrategien unterschieden.

Bei Betrachtung der gesamtwirtschaftlichen Situation wird deutlich, dass knapp 80% der Betriebe sowohl in West- als auch Ostdeutschland als wichtigstes Instrument eine interne Maßnahme angeben. Zeitliche Flexibilisierungsmaßnahmen spielen dabei mit Abstand die wichtigste Rolle (64,1% im Osten, 59,6% im Westen); allerdings geben immerhin 16,5% (Ostdeutschland) bzw. 13,3% (Westdeutschland) der Betriebe an, dass Entlassungen und Einstellungen das wichtigste Mittel der Anpassung seien. Interne Maßnahmen haben damit zwar nach wie vor die größte Bedeutung im Bereich betrieblicher Flexibilisierungsstrategien, allerdings erlangen insbesondere Einstellungen und Entlassungen als

---

[1] Zu Konzeption und Anwendungsbereichen des Betriebspanels siehe Bellmann 2002; aktuelle Ergebnisse: http://betriebspanel.iab.de/

Tab. 1: Wichtigstes Anpassungsinstrument bei Schwankungen der Geschäftstätigkeit im Jahr 2002

| | Deutschland | | | Wirtschaftszweig* | | | | | | Betriebsgröße | | | | |
| | | | | | | | | | | Anzahl der Beschäftigten | | | | |
	Gesamt	Ost	West	LW	PG	PRDL	DIDL	PSDL	SOZDL	1-5	6-19	20-99	100-499	500-999	ab 1000
Interne Flexibilisierung															
Überstunden und Sonderschichten	27,9	31,1	27,0	40,7	31,0	24,1	25,3	25,6	29,4	26,7	29,4	28,6	26,4	23,7	20,3
Urlaub und freie Tage	21,3	20,8	21,4	22,2	16,5	29,7	17,9	33,7	18,8	24,7	19,7	15,2	10,1	5,9	2,0
Flexible Arbeitszeitmodelle	11,4	12,3	11,1	7,6	12,6	6,6	12,4	10,9	14,0	10,7	10,5	13,9	22,9	39,4	36,0
Kurzarbeit	5,4	7,6	4,7	1,2	6,1	9,3	5,0	1,8	3,1	4,2	6,6	6,1	6,5	7,0	10,0
Innerbetriebliche Umsetzungen	4,7	2,2	5,5	4,3	2,2	4,3	6,8	4,6	10,9	3,7	5,4	6,5	4,8	2,9	1,0
Lagerbestände	6,6	3,1	7,6	7,4	7,2	2,0	11,3	0,6	2,6	6,8	6,5	6,5	4,0	3,8	6,5
Lieferzeiten	1,8	2,2	1,7	3,0	2,9	2,1	1,4	0,1	0	1,9	1,5	2,5	1,5	0	0
Interne Flexibilisierung (Summe)	79,1	79,3	79	86,4	78,6	78,1	80,1	77,3	78,9	78,8	79,6	79,4	76,2	82,7	75,8
Externe Flexibilisierung															
Einstellungen und Entlassungen	14	16,5	13,3	10,3	13,5	14,6	13,3	18,1	11,9	15,3	13,3	12,2	8,9	5,4	4,5
Flexible Beschäftigungsverhältnisse**	4,6	2,9	5,1	3,3	5,6	1,5	4,9	4,5	6,3	3,9	4,6	6,0	11,3	10,1	18,5
darunter im Einzelnen:															
Befristete Arbeitsverträge; Aushilfen	2,6	2,4	2,6	3,2	0,5	1,3	4,3	4,5	5,0	2,2	2,5	3,5	5,1	2,5	7,0
Leiharbeit	2,0	0,5	2,5	0	5,1	0,2	0,6	0,1	1,3	1,6	2,1	2,5	6,2	7,6	11,5
Unteraufträge	2,3	1,3	2,6	0	2,3	5,9	1,6	0	2,8	2,1	2,4	2,4	3,6	1,8	1,3
Externe Flexibilisierung (Summe)	20,9	20,7	21	13,6	21,4	21,9	19,9	22,7	21,1	21,2	20,4	20,6	23,8	17,3	24,3

* Die Wirtschaftszweigklassifikation orientiert sich an Elfring (1988); ** Unter der Kategorie „Flexible Beschäftigungsverhältnisse" werden befristete Arbeitsverträge, Aushilfen und Leiharbeit zusammengefasst.

Abkürzungen: *LW*: Land- und Forstwirtschaft; *PG*: Produzierendes Gewerbe; *PRDL*: Produktionsorientierte Dienstleistungen; *DIDL*: Distributive Dienstleistungen; *PSDL*: Personen-bezogene Dienstleistungen; *SOZDL*: Soziale Dienstleistungen

Quelle: IAB-Betriebspanel 2003, hochgerechnete Querschnittsdaten

Atypische Beschäftigung und betrieblicher Flexibilisierungsbedarf 33

dominante externe Anpassungsstrategien eine zunehmende Wichtigkeit. Gesamtwirtschaftlich spricht dies jedoch nicht für einen zunehmenden Ausbau einer flexiblen Randbelegschaft, sondern ist vielmehr Indiz für eine gestiegene Belastung einer schrumpfenden intern-funktional flexiblen Kernbelegschaft, die begleitet wird von einer zunehmenden Auflösung der „Teilung von Arbeit und Leben" (Voß/Pongratz 1994), durch steigende aufgabenbezogene und zeitliche Arbeitsanforderungen oder ein zunehmendes Gefühl der Arbeitsplatzunsicherheit (Seifert 1993; Voß 1997).

Branchenspezifische Unterschiede lassen sich bei einer aggregierten Betrachtung interner und externer Maßnahmen kaum erkennen. Lediglich in der Landwirtschaft spielt interne Flexibilisierung (86,4%) eine noch größere Rolle als im verarbeitenden Gewerbe und im Dienstleistungssektor. In Bezug auf den Einsatz flexibler Beschäftigungsverhältnisse lassen sich deutliche branchenspezifische Unterschiede identifizieren. Während im produzierenden Gewerbe häufiger auf Leiharbeit als Anpassungsinstrument gesetzt wird, werden im Dienstleistungssektor sowie in der Landwirtschaft verstärkt befristete Arbeitsverträge und Aushilfen als Anpassungsmaßnahme an Geschäftsschwankungen genutzt. Vor allem im sozialen Dienstleistungsbereich spielen befristete Arbeitsverträge und Aushilfen eine wesentlich größere Rolle als im produzierenden Gewerbe. Im Bereich personenbezogener Dienstleistungen wird zudem in hohem Ausmaß auf Entlassungen und Einstellungen gesetzt. Vor allem im Bereich einfacher Dienstleistungsarbeit des Hotel-, Gaststätten- oder Reinigungsgewerbes sind unstrukturierte Jedermannsarbeitsmärkte häufig vorzufinden (Kalina/Voss-Dahm 2005), die den Betrieben einen kostengünstigen Austausch von meist geringfügig Beschäftigten für Einfachtätigkeiten ermöglichen. Das niedrige Ausmaß atypischer Beschäftigung im verarbeitenden Gewerbe ist hingegen ein Hinweis darauf, dass interne Flexibilität zumindest im Bereich der Produktion und der angegliederten Branchen weiterhin die dominante Anpassungsstrategie darstellt.

Bei Betrachtung der Anpassungsstrategien nach der Betriebsgröße lässt sich erkennen, dass sich größere Betriebe neben einer stärkeren Nutzung flexibler Arbeitszeitmodelle durch einen intensiveren Einsatz flexibler Beschäftigungsverhältnisse auszeichnen, was für den Aufbau einer dualen Struktur aus Kern- und Randbelegschaft bei größeren Unternehmen spricht. Vor allem Leiharbeit wird umso intensiver genutzt, je größer der Betrieb ist.

3.1.2 Atypische Beschäftigung als Mittel der Flexibilisierung?

Interne Flexibilisierung – so die deskriptiven Ergebnisse des IAB-Betriebspanels 2003 – ist die dominante Anpassungsstrategie in deutschen Betrieben, um wirtschaftliche Veränderungen auszutarieren. Atypische Beschäftigung hingegen spielt eine untergeordnete Rolle. In einer differenzierten Darstellung der Anteile atypischer Beschäftigung an der betrieblichen Gesamtbeschäftigung im Jahr 2005 wird jedoch deutlich: Unsicherheit und wirtschaftliche Dynamik sind gleichwohl wichtige Ursachen für den Einsatz atypischer Beschäftigungsformen:

Leiharbeit ist ein Phänomen größerer Betriebe des verarbeitenden Gewerbes und spielt in anderen Branchen eine untergeordnete Rolle (Promberger in diesem Band). Leiharbeit wird vor allem in Betrieben eingesetzt, die einen Anstieg des Geschäftsvolumens erwarten bzw. realisiert haben. Ein ähnliches Bild zeigt sich bei der Beschäftigungserwartung für das folgende Jahr: Betriebe, die mit zusätzlicher Beschäftigung rechnen, weisen im Vergleich zum Durchschnitt aller Betriebe einen doppelt so hohen Anteil an Leiharbeitern auf. Zugleich sind die Anteile bei eher schlechter wirtschaftlicher Lage gering. Diese Befunde verdeutlichen, dass Leiharbeit – stärker als alternative Beschäftigungsformen – vor allem als Anpassungsinstrument genutzt wird.[2] Leiharbeit erfüllt als Anpassungsinstrument par excellence eine klare Pufferfunktion für die Stammbelegschaft.

Befristete Arbeitsverträge werden überdurchschnittlich häufig in mittleren und größeren Betrieben der Landwirtschaft, im Dienstleistungsgewerbe, der öffentlichen Verwaltung und Nichterwerbsorganisationen eingesetzt (Giesecke/ Groß in diesem Band). Im verarbeitenden Gewerbe sind sie dagegen von untergeordneter Bedeutung. Während befristete Arbeitsverträge in der Landwirtschaft auf saisonale Schwankungen zurückzuführen sind, spielen in der öffentlichen Verwaltung und in Organisationen ohne Erwerbszweck Unsicherheiten bezüglich der Bewilligung von Haushalts- oder Fördermitteln bzw. die unsichere, nicht auf Dauer gestellte Finanzierung von Projekten eine wichtige Rolle. Zudem verhindert der hohe Kündigungsschutz im öffentlichen Dienst unbefristete Einstellungen. Auffällig sind die überdurchschnittlichen Befristungsanteile bei Unsicherheit über die Beschäftigungsentwicklung. Ähnliches zeigt sich bei Unsicherheit über die erwartete Entwicklung des Geschäftsvolumens. Dies kann einerseits bedeuten, dass befristet Beschäftigte sich noch in einer verlängerten Probephase befinden und der Betrieb noch nicht weiß, ob der Arbeitnehmer für eine Daueranstellung geeignet ist, oder dass die unsichere wirtschaftliche Situation eine Beschäftigungsprognose noch nicht zulässt.

Freie Mitarbeiter sind vorherrschend in kleineren Unternehmen des Dienstleistungsgewerbes tätig. Sie werden insbesondere in wirtschaftlich dynamischen Betrieben tätig. Dies spricht für die Funktion als Anpassungsinstrument.

---

2 Das Beispiel der Krise bei Airbus und der Freisetzung von über 1.000 Leiharbeitern (von insgesamt 7.300) veranschaulicht diese Funktion (SZ, 18.10.2006). Vgl. die Konzernbetriebsvereinbarung von Airbus „Siduflex" – „Sicherheit durch Flexibilität" aus dem Jahr 2003: Das Arbeitszeitmodell soll Auftragsschwankungen in der Luftfahrtbranche unter anderem durch interne Flexibilität (Arbeitszeitkonten) und den Einsatz von Leiharbeitskräften ausgleichen. Zugleich sollen betriebsbedingte Kündigungen für sechs Jahre ausgeschlossen werden.

Geringfügig Beschäftigte sowie *Aushilfen* und *Praktikanten* werden vor allem in Kleinbetrieben, im Dienstleistungsgewerbe und der Landwirtschaft eingesetzt (Bäcker in diesem Band). Auffällig ist, dass Unternehmen mit erwarteter bzw. tatsächlich negativer Entwicklung des Geschäftsvolumens überdurchschnittlich viele geringfügig Beschäftigte aufweisen. Für Betriebe ist die Befreiung von Sozialversicherungsabgaben insbesondere bei angespannter wirtschaftlicher Situation ein Anreiz, diese Beschäftigungsform zu wählen.

Insbesondere „unfreiwillige", d.h. von Betriebsseite initiierte *Teilzeitbeschäftigung* kann im Gegensatz zu anderen atypischen Beschäftigungsformen als Mittel interner Flexibilisierung betrachtet werden, um Nachfrageeinbrüche auszugleichen bzw. Personalkosten zu reduzieren. Teilzeit wird vor allem in kleineren Betrieben des Dienstleistungssektors, der öffentlichen Verwaltung und Nichterwerbsorganisationen eingesetzt. Ähnlich wie bei geringfügiger Beschäftigung weisen auch hier Betriebe mit negativer Entwicklung des Geschäftsvolumens höhere Anteile auf, was für das Kostensenkungsargument spricht.

Die differenzierte Betrachtung der Bestandszahlen atypischer Beschäftigung nach Branchen, Betriebsgrößen und wirtschaftlicher Entwicklung zeigt, dass nicht von einer einheitlichen Entwicklung gesprochen werden kann: Insgesamt – so scheint es – konzentrieren sich atypische Beschäftigungsverhältnisse auf Dienstleistungsbranchen, die öffentliche Verwaltung und Organisationen ohne Erwerbszweck, während im produzierenden Gewerbe Normalarbeitsverhältnisse nach wie vor dominieren. Eine Ausnahme bilden die Leiharbeiter, die im Vergleich zu anderen Wirtschaftszweigen vor allem im produzierenden Gewerbe eingesetzt werden.

3.2 Multivariate Analyse

Im Folgenden werden in einem bivariaten Probitmodell die betrieblichen Determinanten für externe bzw. interne Flexibilisierungsmaßnahmen analysiert. Der Vorteil des bivariaten Modells ist, dass sowohl Betriebe in die Analyse eingehen, die Schwankungen ausgesetzt sind als auch Betriebe, die angeben, keinen Schwankungen der Geschäftstätigkeit oder Produktion unterworfen zu sein. Da Betriebe den Einsatz atypischer Beschäftigung auch nutzen, ohne Schwankungen zu unterliegen, kann der Zusammenhang zwischen der tatsächlichen Nutzung verschiedener Flexibilisierungsinstrumente (aus verschiedenen Gründen) und der externen bzw. internen Anpassung an wirtschaftliche Volatilitäten untersucht werden. Dabei wird zudem berücksichtigt, dass die Wahl einer bestimmten „wichtigsten" Anpassungsstrategie die Wahl einer anderen wichtigsten Maßnahme ausschließt.

Tab. 2: Atypische Beschäftigung nach Branche und Betriebsgröße im ersten Halbjahr 2005 (in %)

	Anteil der Betriebe	Anteil Beschäftigte	befristet Beschäftigte	Teilzeit-Beschäftigte	geringfügig Beschäftigte	Aushilfen/ Praktikanten	freie Mitarbeiter	Leiharbeiter
Branche								
Land- und Forstwirtschaft	3,2	1,4	9,9	14,3	14,1	4,5	0,4	0,5
Verarbeitendes Gewerbe	22,0	29,7	3,7	9,0	6,0	2,0	0,8	2,2
Dienstleistungen	71,0	59,6	7,0	27,1	14,5	3,3	2,4	0,6
Öffentliche Verwaltung inklusive NPO	3,8	9,3	7,1	29,6	6,0	1,3	1,2	0,1
Insgesamt	100	100	6,1	21,8	11,2	2,7	1,8	1,0
Betriebsgröße (Beschäftigte)								
1-9	80,5	25,0	3,3	27,9	22,3	5,0	3,0	0,4
10-99	17,6	34,5	6,0	21,0	11,1	2,5	2,0	0,9
100-499	1,7	22,4	7,9	19,9	6,1	1,6	0,9	1,6
500-999	0,2	6,9	7,1	19,6	3,1	1,5	0,7	1,4
1.000 und mehr	0,1	11,2	8,5	15,7	2,1	1,3	0,8	1,1
Insgesamt	100	100	6,1	21,8	11,2	2,7	1,8	1,0
Das Geschäftsvolumen pro Beschäftigten des Betriebes ist zwischen 2003 und 2004 de facto ...								
gesunken	37,9	28,9	6,0	24,1	14,6	3,1	1,9	0,8
konstant geblieben	22,8	33,0	5,3	22,6	9,7	2,2	1,9	0,7
gewachsen	39,2	38,0	5,5	19,2	10,1	2,7	2,1	1,3
Gesamt	100	100	5,6	21,7	11,3	2,7	2,0	1,0
Das Geschäftsvolumen wird im Vergleich zum Vorjahr (2004) im Jahr 2005 ...								
gleich bleiben	46,5	44,5	6,2	22,6	11,0	2,8	1,4	0,8
steigen	18,1	26,5	5,8	18,6	10,6	2,8	2,2	1,6
sinken	25,8	21,2	5,7	24,3	13,2	2,7	2,0	0,6
weiß noch nicht	9,6	7,9	7,6	21,2	9,8	2,6	1,6	1,1
Die Beschäftigung wird bis Juni 2006 voraussichtlich ...								
gleich bleiben	72,8	61,2	5,5	22,8	12,6	2,9	1,7	0,9
steigen	9,0	11,2	7,9	18,7	10,3	3,5	2,9	2,1
fallen	10,2	20,1	5,5	19,9	7,1	1,8	1,6	0,8
noch unklar	8,0	7,6	9,6	23,2	12,3	2,6	1,2	1,2
insgesamt	100	100	6,1	21,8	11,2	2,7	1,8	1,0

N=1.5821; aufgrund des Stichprobenfehlers sind Interpretationen im Nachkommastellenbereich mit Vorsicht zu genießen und nur als näherungsweise Größenordnung zu betrachten.

In das Modell gehen daher die beiden abhängigen 0/1-Variablen „interne Flexibilisierung" und „externe Flexibilisierung" ein. Die Variable „interne Flexibilisierung" nimmt den Wert eins an, wenn der Betrieb eine interne Maßnahme als wichtigstes Anpassungsinstrument angegeben hat. Die Variable nimmt den Wert null an, wenn der Betrieb entweder keinen Schwankungen ausgesetzt war oder mit einer externen Flexibilisierung als wichtigster Maßnahme auf Schwankungen reagiert hat. Entsprechendes gilt für die Variable „externe Flexibilisierung" in umgekehrter Form.

Als unabhängige Variablen werden die Anteile flexibler Beschäftigungsverhältnisse an der betrieblichen Gesamtbeschäftigung (Leiharbeit, Aushilfen und Praktikanten, freie Mitarbeiter, geringfügig Beschäftigte, Teilzeitbeschäftigte, befristet Beschäftigte), die Nutzung von Überstunden, die Anordnung von Kurzarbeit sowie vollzogene Ein- und Ausgliederungen von Betriebsteilen berücksichtigt. Zudem werden die Zugangs- und Abgangsraten in und aus Beschäftigung in die Schätzung aufgenommen, um die Intensität von Einstellungen und Entlassungen im Betrieb zu reflektieren. Zwar besteht ein Endogenitätsproblem zwischen den unabhängigen Variablen, die zum Teil für Flexibilisierungsstrategien stehen und den beiden abhängigen Variablen. Gleichwohl werden sie in das Modell aufgenommen, da auf diese Weise analysiert werden kann, ob sich bestimmte Maßnahmen gegenseitig ausschließen oder ergänzen. Zudem wird kontrolliert, ob die subjektive Einschätzung der befragten Betriebe bezüglich der wichtigsten Anpassungsmaßnahmen an Geschäftsschwankungen mit der tatsächlichen Nutzung bestimmter Instrumente übereinstimmt.

Darüber hinaus wird in der Schätzung die Tarifgebundenheit der Betriebe sowie der (logarithmierte) durchschnittliche Lohn pro Beschäftigten berücksichtigt. Interne Flexibilisierungsstrategien werden eher mit tarifgebundenen Betrieben in Verbindung gebracht, die im Vergleich zu tarifungebundenen Betrieben höhere Löhne zahlen. Zudem wird vermutet, dass Betriebe, die in Weiterbildung (vor allem ihrer höherqualifizierten Mitarbeiter) investieren, auf interne Maßnahmen setzen. Als weiterer Indikator wird daher eine Dummy-Variable für Weiterbildungsinvestitionen in das Modell eingefügt. Investitionen in Weiterbildung erhöhen die intern-funktionale Anpassungsfähigkeit der Mitarbeiter im Betrieb und legen nahe, dass Betriebe verstärkt auf interne Flexibilisierung setzen.

Die Anteile der Frauen, der Auszubildenden sowie der Geringqualifizierten stehen für den Einfluss der Beschäftigtenstruktur des Betriebes. Außerdem werden Dummy-Variablen bezüglich der Beschäftigungserwartung aufgenommen. Eine Variable der Ertragserwartung kann zudem Indizien dafür liefern, ob aus Sicht des Betriebes eher negative oder positive Geschäftsschwankungen in Form von Auftragseinbußen bzw. -gewinnen zu verzeichnen waren und ob Betriebe möglicherweise mit internen Maßnahmen auf Auftragsgewinne und mit externen

Tab. 3: Ergebnisse der bivariaten Probitschätzung

Bivariate Probitschätzung	Interne Flexibilisierung als wichtigstes Instrument		Externe Flexibilisierung als wichtigstes Instrument	
Anteil freier Mitarbeiter	0.380	(1.59)	0.878***	(3.46)
Anteil der Leiharbeiter	−0.268	(1.11)	2.338***	(8.94)
Befristungsanteil	−0.089	(0.59)	0.238	(1.36)
Anteil Teilzeitbeschäftigter	0.107	(1.18)	−0.188	(1.40)
Anteil der geringfügig Beschäftigten	0.013	(0.11)	0.319*	(1.83)
Anteil der Praktikanten/Aushilfen	0.386*	(1.86)	0.904***	(3.50)
Betrieb mit Überstunden (ja=1, nein=0)	0.270***	(7.98)	0.101**	(2.11)
Nutzung von Kurzarbeit (ja=1, nein=0)	0.675***	(11.03)	−0.053	(0.64)
Abgangsrate	−0.085	(0.81)	0.845***	(6.56)
Zugangsrate	−0.280***	(2.85)	0.840***	(7.00)
Betriebsteile geschlossen, ausgegliedert (ja=1, nein=0)	−0.074	(1.03)	0.118	(1.34)
Betriebsteile eingegliedert (ja=1, nein=0)	0.165*	(1.90)	0.014	(0.12)
Frauenanteil	−0.267***	(4.23)	−0.233***	(2.62)
Anteil der Azubis	−0.023	(0.14)	0.516**	(2.24)
Betrieb hat in Weiterbildung investiert (ja=1, nein=0)	0.047	(1.38)	−0.046	(0.98)
log. Lohnsumme pro Beschäftigten	0.050***	(3.95)	−0.039**	(2.52)
Tarifvertrag (ja=1, nein=0)	0.014	(0.43)	−0.122***	(2.70)
Unsichere Beschäftigungserwartungen kommendes Jahr (ja=1,sonstige=0)****	−0.026	(0.58)	0.119*	(3.33)
Positive Beschäftigungserwartungen kommendes Jahr (ja=1,sonstige=0)****	−0.075*	(1.80)	0.245***	(3.50)
Negative Beschäftigungserwartungen kommendes Jahr (ja=1,sonstige=0)****	0.126***	(3.82)	0.168***	(1.82)
Ertragslage vergangenes Jahr (1=sehr gut, 5=mangelhaft)	0.135***	(7.77)	0.141***	(6.33)
Exportbetrieb (ja=1, nein=0)	0.023	(0.57)	0.059	(1.07)
Vorleistungen aus Ausland (ja=1, nein=0)	0.096***	(2.77)	0.065	(1.38)
Investition in Produktionsanlagen und Technik/EDV (ja=1, nein=0)	0.075**	(2.26)	0.048	(1.04)
West- oder ostdeutsche Betriebe (West=1, Ost=0)	−0.114***	(3.64)	−0.082*	(1.90)
Statistische Kennzahlen				
Dummys für Wirtschaftszweige	ja			
Likelihood-Ratio-Test	168.27***			
Dummys für Betriebsgrößen	ja			
Likelihood-Ratio-Test	34.82***			
Anzahl der Beobachtungen	9713			

Legende zu Tabelle 3:
* signifikant auf dem 10%-Niveau; ** signifikant auf dem 5%-Niveau; *** signifikant auf dem 1%-Niveau;
**** Referenz: konstante Beschäftigungserwartung; robuste Z-Werte in Klammern
Der negativ signifikante Korrelationskoeffizient der Störterme beider abhängiger Variablen für das gesamte Modell (rho= -0,9385691***; Wald-Test für rho= 80.6401***) bestätigt, dass das bivariate Modell zwei getrennten Probitschätzungen vorzuziehen ist. Das negative Vorzeichen von athrho ist bedingt durch die Konstruktion der Variablen, da Betriebe, die eine interne Maßnahme als wichtigste Anpassung angeben, nicht zugleich eine externe Maßnahme angeben können.
Datenquelle: IAB-Betriebspanel 2003

Maßnahmen bei Auftragseinbußen reagiert haben. Als weitere betriebliche Merkmale werden Dummy-Variablen für die Frage aufgenommen, ob der Betrieb im vergangenen Jahr Investitionen in Produktions- oder EDV-Technik getätigt hat. In der Schätzung wird zudem berücksichtigt, ob der Betrieb Vorleistungen aus dem Ausland bezogen hat, sowie ob ein Teil des Umsatzes aus Exporten stammt. Der Bezug von Vorleistungen aus dem Ausland kann als Anpassungsstrategie an zunehmenden Kostendruck interpretiert werden. Betriebe schützen in diesem Fall ihre Kernbelegschaft, indem über kostengünstige, ausländische Vorleistungen ihre Betriebskosten gesenkt werden. In dem Schätzmodell werden zudem Dummy-Variablen für die Betriebsgröße und die Branchenzugehörigkeit berücksichtigt, um einerseits den Einfluss der Betriebsgrößen und Branchenunterschiede zu analysieren, andererseits, um möglicherweise auftretende Verzerrungen aufgrund der Schichtung der Stichprobe zu vermeiden (Winship/Radbill 1994). Zudem wird eine Dummy-Variable für ost- und westdeutsche Betriebe aufgenommen. In die Regressionen gehen nur Betriebe ein, die auf alle Fragen, die den Variablen zugrunde liegen, geantwortet haben (complete-case-method). Deshalb können von den 15.857 befragten Betrieben nur 9.713 in der Schätzung berücksichtigt werden.

3.3 Interpretation der Schätzergebnisse

Die Betrachtung des Einflusses der unabhängigen Variablen, die mitunter für verschiedene Flexibilisierungsstrategien stehen, deutet darauf hin, dass Betriebe, die vor allem externe Anpassungen vornehmen, vorrangig freie Mitarbeiter, Leiharbeiter, Praktikanten, Aushilfen und geringfügig Beschäftigte einsetzen. Der nicht-signifikante Zusammenhang zwischen befristeter Beschäftigung und Teilzeitbeschäftigungen auf der einen Seite sowie interner und externer Flexibilisierung auf der anderen, ist ein Hinweis darauf, dass ein Großteil der Befristungen und Teilzeitbeschäftigung auf andere Motive als den Ausgleich wirtschaftlicher Schwankungen zurückzuführen ist. Die Vorzeichen deuten jedoch darauf hin, dass befristete Beschäftigung eher in Betrieben, die extern flexibilisieren, zu finden ist und Teilzeitbeschäftigung in Betrieben, die vor allem interne Anpassungen vornehmen.

Interessant ist das Ergebnis der Zugangs- und Abgangsraten: Betriebe, die vor allem intern flexibilisieren, nehmen kaum Ein- und Ausstellungen vor. Der signifikant negative Zusammenhang der Zugangsrate deutet darauf hin, dass Betriebe, die versuchen, über interne Anpassungen die verbleibende Belegschaft zu halten, keine Neueinstellungen vornehmen (können) und Anpassungsprobleme verstärkt über Kurzarbeit und Überstunden lösen. In Betrieben, die vor allem extern flexibilisieren, besteht hingegen ein signifikant positiver Zusammenhang sowohl mit der Zugangs- als auch der Abgangsrate. In diesen dynamischen Betrieben werden zwar Entlassungen vorgenommen, anders als bei den Betrieben, die vor allem interne Anpassungen vornehmen, bestehen aber auch Beschäftigungschancen.

Gleichwohl nutzen Betriebe, die vorrangig auf externe Flexibilisierungsstrategien setzen, auch das Instrument der Überstunden bzw. Sonderschichten. Dies kann als Anhaltspunkt dafür gelten, dass Betriebe, die Personal durch Reduzierung der Randbelegschaft abbauen, zugleich das Arbeitsvolumen der Stammbelegschaft über den Aufbau von Überstunden erhöhen. Zeitliche Flexibilisierung scheint in jedem Fall das dominante Instrument zu sein. Betriebe, die auf interne Flexibilisierung setzen, beschäftigen allerdings auch Praktikanten und Aushilfen sowie Teilzeitbeschäftigte. Insofern geben die empirischen Ergebnisse Hinweise auf komplementäre Beziehungen externer und interner Flexibilisierungsstrategien (Bellmann 2004).

Das humankapitaltheoretische Argument für das betriebliche Interesse an langfristiger Beschäftigung bestätigt sich durch die ökonometrische Analyse anhand der positiven Beziehung zwischen betrieblicher Investition in Weiterbildung und internen Flexibilisierungsstrategien zwar in den Vorzeichen, ist aber nicht signifikant. Der signifikant positive Zusammenhang zwischen Investitionen in Produktionsanlagen und EDV und interner Flexibilisierung ist ein Indiz dafür, dass Betriebe, die aufgrund des technologischen Wandels auf qualifizierte Mitarbeiter angewiesen sind, verstärkt auf interne Anpassungen setzen. Betrachtet man den Anteil der Auszubildenden sowie Ausbildungsbetriebe, lassen sich allerdings keine signifikanten Einflüsse erkennen.

Bei Betrachtung der Tarifgebundenheit der Betriebe in Verbindung mit einer überdurchschnittlich hohen Entlohnung der Beschäftigten bestätigt sich die Vermutung, dass Hochlohnbetriebe ihren qualifizierten Beschäftigten eine erhöhte intern-funktionale Flexibilität abverlangen können, den Weg der „high road" (Kalleberg 2003) einschlagen und interne Anpassungsmaßnahmen bevorzugen. Andererseits könnte der niedrigere Lohn in Betrieben, die vor allem externe Flexibilisierungsstrategien nutzen, die schlechtere Entlohnung der flexiblen Randbelegschaft widerspiegeln. Dieser Zusammenhang ist jedoch nicht zwingend. Er hängt stark von der Größe des externen Randes und den Lohndifferenzialen zwischen externen und internen Belegschaften ab.

Der signifikant negative Einfluss des Frauenanteils sowohl bei internen als auch externen Flexibilisierungsmaßnahmen deutet darauf hin, dass Frauen vor allem in Betrieben im sozialen Dienstleistungsbereich beschäftigt sind, die keinen größeren Schwankungen der Geschäftstätigkeit unterworfen sind.

Bezüglich der Beschäftigungserwartung wird deutlich, dass Betriebe, die keine stabile Beschäftigung im kommenden Jahr erwarten, vor allem externe Flexibilisierungsstrategien wählen. Bei unsicheren Erwartungen, drohenden Beschäftigungsverlusten, aber auch bei erwartetem Beschäftigungswachstum ist ein signifikant positiver Zusammenhang zu externen Strategien zu beobachten. Gleichwohl deutet der signifikant positive Zusammenhang zwischen negativen Beschäftigungserwartungen und internen Flexibilisierungsstrategien darauf hin, dass Betriebe, die Schwankungen ausgesetzt sind, im Vergleich zu Betrieben in stabilem wirtschaftlichem Umfeld tendenziell eher Beschäftigungsverluste erwarten. Ebenso belegt der signifikant negative Einfluss der Ertragserwartung bei beiden abhängigen Variablen, dass vor allem Betriebe, die Geschäftsschwankungen unterworfen sind, eher pessimistisch in die Zukunft blicken. Dies ist ein Indiz dafür, dass im Hinblick auf die subjektive Beurteilung der Betriebe hinsichtlich der Geschäftsschwankungen häufig negative Schwankungen im Sinne von Auftragseinbußen verstanden werden. Der signifikant negative Einfluss des Ost-Westdummys auf beide Flexibilisierungsarten bestätigt erneut, dass ostdeutsche Betriebe stärker wirtschaftlichen Schwankungen ausgesetzt sind.

Die Annahme, Betriebe müssten aufgrund der zunehmenden Volatilität internationaler Märkte auf externe Flexibilisierung zurückgreifen, bestätigt sich in unserer Analyse nicht. Betriebe, die Produkte ins Ausland verkaufen und Vorleistungen aus dem Ausland beziehen, sind insgesamt zwar in stärkerem Ausmaß Schwankungen unterworfen, reagieren jedoch verstärkt mit internen Flexibilisierungsmaßnahmen. Der signifikant positive Zusammenhang zwischen Vorleistungen und internen Flexibilisierungsmaßnahmen deutet darauf hin, dass Vorleistungen aus dem Ausland genutzt werden, um die qualifizierte Stammbelegschaft zu halten.

4. Fazit

In vorliegender Arbeit wurden interne und externe Anpassungsstrategien an wirtschaftliche Volatilitäten analysiert. Es wurde deutlich, dass nach wie vor interne, zeitliche Flexibilisierungsmaßnahmen in wesentlich stärkerem Umfang genutzt werden als externe Anpassungen. Betriebe nutzen dabei durchgängig Arbeitszeitflexibilisierung selbst dann, wenn sie hauptsächlich auf externe Flexibilisierung setzen. Allerdings spielen vor allem Einstellungen und Entlassungen eine wichtige Rolle. Die gleichzeitig hohe Bedeutung von internen Anpassungsmaßnahmen, von Entlassungen und Einstellungen auf der einen Seite und die vergleichsweise geringe Bedeutung atypischer Beschäftigung auf der anderen, geben einen Hinweis darauf, dass Betriebe nach wie vor stabile (oder keine zusätzliche) Beschäftigung vorziehen, anstatt Arbeitskräfte „atypisch" zu beschäftigen.

Allerdings lassen sich sowohl zwischen Ost- und Westdeutschland als auch branchen- und betriebsgrößenspezifische Unterschiede in der Nutzung von Anpassungsmaßnahmen erkennen. Während Leiharbeit vor allem im produzierenden Gewerbe und im Baugewerbe genutzt wird – vor allem in wirtschaftlichen Aufschwungphasen –, spielen in den produktionsfernen personenbezogenen und sozialen Dienstleistungsbereichen vor allem geringfügige Beschäftigung und Befristungen eine wichtige Rolle. Teilzeitarbeit und befristete Beschäftigung werden hingegen nicht in erster Linie als Anpassungsinstrument an wirtschaftliche Schwankungen genutzt. Gleichwohl zeigen die deskriptiven Befunde, dass gerade befristete Beschäftigung dort häufiger anzutreffen ist, wo Unsicherheit über die wirtschaftliche Entwicklung und damit potentieller Anpassungsbedarf besteht.

Literatur

Auer, P.; Cazes, S. (2002): The resilience of the long-term employment relationship. In: Auer P.; Cazes S. (Hg.): Employment stability in an age of flexibility. Genf, S. 22-58

Bellmann, L. (2002): Das IAB-Betriebspanel: Konzeption und Anwendungsbereiche. In: Allgemeines Statistisches Archiv, 86, S. 177-188

Bellmann, L. (2004): Leiharbeit in Deutschland. In: Sozialer Fortschritt, 53, S. 135-143

Bellmann, L.; Alda, H. (2004): Betriebliche Personal- und Beschäftigungspolitik zwischen Flexibilität und Stabilität. In: WSI Mitteilungen, 57, S. 255-261

Boyer, R. (1986): La flexibilité du travail en Europe. Une comparaison européenne entre 7 Etats Membres entre 1973 et 1985. Paris

Brodsky, M. M. (1994): Labour Market Flexibility: A changing international perspective. Monthly Labour Review, November, S. 53-60

Elfring, T. (1988): Service Sector Employment in Advanced Economies. A Comparative Analysis of its Implications for Economic Growth. Aldershot

Erlinghagen, M.; Knuth, M. (2002): Kein Turbo-Arbeitsmarkt in Sicht. Fluktuation stagniert – Beschäftigungsstabilität nimmt zu. IAT-Report 2002-04. Gelsenkirchen

Hall, P. A.; Soskice, D. (2001): An Introduction to Varieties of Capitalism. In: Hall, P. A.; Soskice, D. (Hg.): Varieties of Capitalism: The Institutional Foundations of Comparative Advantage. Oxford, S. 1-70

Kalina, T.; Voss-Dahm, D. (2005): Mehr Minijobs = mehr Bewegung auf dem Arbeitsmarkt? Fluktuation der Arbeitskräfte und Beschäftigungsstruktur in vier Dienstleistungsbranchen. IAT-Report 2005-07. Gelsenkirchen

Kalleberg, A. L. (2003): Flexible Firms and Labor Market Segmentation. Effects of Workplace Restructuring on Jobs and Workers. In: Work and Occupation, 30, S. 154-175

Köhler, C.; Struck, O.; Bultemeier, A.; Grotheer, M.; Schröder, T.; Schwiderrek, F. (2004): Beschäftigungsstabilität und betriebliche Beschäftigungssysteme in West- und Ostdeutschland. Jena: Universität Jena, SFB 580 „Gesellschaftliche Entwicklungen nach dem Systemumbruch. Diskontinuitäten, Tradition und Strukturbildung", Mitteilungen (14)

Linne, G. (2002): Flexibel arbeiten – flexibel leben? Die Auswirkungen flexibler Arbeitszeiten auf Erwerbschancen, Arbeits- und Lebensbedingungen. Düsseldorf

Mückenberger, U. (1985): Die Krise des Normalarbeitsverhältnisses – hat das Arbeitsrecht noch Zukunft? In: Zeitschrift für Sozialreform, 31, S. 415-434; S. 457-475

Nanteuil-Miribel, M. de (2002): Les dilemmes de l'entreprise flexible. Cahiers de l'IAG, No. 61/02, Université catholique de Louvain

Oschmiansky, H. und F. (2003): Erwerbsformen im Wandel: Integration oder Ausgrenzung durch atypische Beschäftigung? Berlin und die Bundesrepublik Deutschland im Vergleich. Berlin: Wissenschaftszentrum Berlin für Sozialforschung (WZB), discussion paper 2003-106

Seifert, H. (1993): Arbeitszeitgestaltung jenseits der Normalarbeitszeit. In: Seifert, H. (Hg.): Jenseits der Normalarbeitszeit. Perspektiven für eine bedürfnisgerechtere Arbeitszeitgestaltung. Köln, S. 271-288

Süddeutsche Zeitung (2006): 1000 Leiharbeiter müssen gehen. Süddeutsche Zeitung vom 18.10.2006

Thelen, K. (2003): How Institutions Evolve. Insights from comparative historical analysis. In: Mahoney, J.; Rueschemeyer, D. (Hg.): Comparative historical analysis in the social sciences. Cambridge, S. 208-240

Vielle, P.; Walthery, P. (2003): Flexibility and social protection. European Foundation for the Improvement of Living and Working Conditions. Dublin

Voß, G. (1997): Zur Entwicklung der Arbeitszeiten in der Bundesrepublik Deutschland. In: SFB 333 – Mitteilungen (10). München, S. 33-58

Voß, G.; Pongratz, H.J. (1994): Das Ende der Teilung von „Arbeit und Leben"? An der Schwelle zu einem neuen gesellschaftlichen Verhältnis von Betriebs- und Lebensführung. In: Beckenbach, N.; Treeck, W. van (Hg.): Umbrüche gesellschaftlicher Arbeit. Soziale Welt Sonderband (9), Göttingen, S. 269-294

Winkelmann, R.; Zimmermann, K. F. (1998): Is Job Stability Declining in Germany? Evidence From Count Data Models. In: Applied Economics, 30, S. 1413-1420

Winship, C.; Radbill, L. (1994): Sampling Weights and Regression Analysis. In: Sociological Methods and Research, 23, S. 230-257

Betriebliche Beschäftigungsstrategien und atypische Arbeitsverhältnisse
Eine Erklärungsskizze aus Sicht einer politischen Personalökonomik

Werner Nienhüser

1. Problemstellung und Vorgehensweise

Atypische Beschäftigungsformen sind weit verbreitet: Rund zwei Drittel aller Betriebe nutzen mindestens eine der drei Formen: Teilzeitarbeit, befristete Beschäftigung oder Leiharbeit.[1] Ausmaß und Formen atypischer Beschäftigung variieren stark; so gibt es etwa große Differenzen zwischen Betrieben unterschiedlicher Größen oder Branchen (Hohendanner/Bellmann in diesem Band). Beispielsweise beschäftigt nur ein Hunderstel der Betriebe mit weniger als zehn Arbeitnehmern Leiharbeiter, bei den Betrieben ab 250 Arbeitnehmern nutzen dagegen ein Drittel diese Form (Bellmann et al. 2006, S. 28).

Die Fragen in diesem Beitrag lauten: *Warum* unterscheiden sich Unternehmen im Ausmaß der Nutzung atypischer Beschäftigungsformen? *Warum* zeigen sich unterschiedliche Konfigurationen oder Kombinationen von atypischen Formen und Normalarbeitsverhältnissen? *Wie* können wir solche Unterschiede theoretisch begründet und empirisch gehaltvoll erklären? Ausgangspunkt der folgenden Beantwortung dieser Fragen ist die Annahme, dass eine sinnvolle Erklärung die betrieblichen, unternehmerischen *Entscheidungen und Handlungen* bezogen auf Beschäftigungsstrategien in den Mittelpunkt rücken muss.

Die Vorgehensweise ist folgendermaßen: Zunächst werden einige allgemeine theoretische Grundannahmen skizziert (Kapitel 2). In Kapitel 3 wird ein Kausalmodell zur Erklärung unterschiedlicher Beschäftigungsstrategien entwickelt. Eine Analyse der unterschiedlichen Relevanz und Funktion atypischer Beschäftigung im Kontext idealtypischer Beschäftigungsstrategien ist Gegenstand von Kapitel 4. Kapitel 5 fasst die wichtigsten Antworten auf die genannten Fragen zusammen. Insgesamt geht es stärker um die Ausarbeitung einer theoretisch fundierten Erklärungsskizze und nicht um das Zusammentragen und die Systematisierung empirischer Befunde.

---

1   In rund einem Zehntel der Betriebe findet sich die Kombination von Teilzeitbeschäftigung und befristeten Arbeitsverhältnissen (Bellmann et al. 2006, S. 27; Zahlen auf Basis des IAB-Betriebspanels 2005).

2. Theoretische Basisannahmen

Im Folgenden wird von einer politisch-ökonomischen Perspektive ausgegangen (Nienhüser 2004), die Elemente ökonomischer Theorien (Bowles 2004; Williamson 1984) und macht- und tauschzentrierter Organisationstheorien (Pfeffer/Salancik 2003) verbindet. Die wesentlichen, nachfolgend dargestellten Annahmen beziehen sich auf den handlungstheoretischen Kern, auf die Bedeutung unternehmerischer Präferenzen und Entscheidungen sowie auf die Funktionen betrieblicher Beschäftigungsstrategien.

(1) Es wird nicht vom Modell eines vollständig rational handelnden Ein-Personen-Unternehmen ausgegangen, sondern von einem durch intendierte, aber beschränkte Rationalität (March/Simon 1958) und durch Interessenkonflikte bei häufig gleichzeitiger Kooperationsnotwendigkeit gekennzeichneten sozialen System (Bowles 2004, S. 93ff.). Aufgrund der beschränkten Rationalität in Verbindung mit Interessenkonflikten sind Macht- und Legitimationssicherung funktional für das „Überleben" des Unternehmens und die Kapitalverwertungsziele (Pfeffer/Salancik 2003; Scott 1995).

(2) Die Erklärung der Nutzung von atypischer Beschäftigung – oder allgemeiner: von Beschäftigungsstrategien – setzt an den unternehmerischen Entscheidungen und weniger an den Präferenzen der Erwerbspersonen an. Wichtiger als die Nachfrage der Arbeitskräfte nach atypischen Vertragsformen sind in der Realität die Entscheidungen von Unternehmen, diese Beschäftigungsform anzubieten. Das bedeutet nicht, dass die Präferenzen der Arbeitnehmerseite generell unwichtig für eine Erklärung wären: Nur in dem Maße, in dem ein Machtungleichgewicht zugunsten der Unternehmerseite besteht – und davon wird hier ausgegangen –, kann man in der Modellierung die Präferenzen der Arbeitnehmer weitgehend ausklammern, sie also analytisch konstant halten.

(3) Im Zentrum der Erklärung stehen betriebliche Beschäftigungsstrategien, ihre Ursachen, Voraussetzungen und Wirkungen. Mit Beschäftigungsstrategie sind nicht Handlungspläne allein gemeint. Der Begriff umfasst darüber hinaus stabile Handlungsmuster und sowohl beabsichtigte als auch unbeabsichtigte Handlungsresultate (zu dieser Strategieauffassung Mintzberg/Waters 1994). Eine Beschäftigungsstrategie umfasst somit die Gesamtheit aller Pläne, Handlungen und Resultate hinsichtlich der Nutzung und Reproduktion des betrieblichen Arbeitsvermögens. Es handelt sich um Konfigurationen, die unterschiedliche, jeweils aufeinander abgestimmte Ausprägungen von Regelungen und Praktiken der Rekrutierung, Selektion, Qualifizierung, Motivierung und Gratifikation, ebenso des Arbeitseinsatzes, der Leistungsabforderung und Leistungskontrolle beinhalten (ähnlich Lutz 1987; siehe auch

Marsden 1999). Beschäftigungsstrategien sind nicht willkürlich, sie hängen mit den im Betrieb dominierenden Arbeitsaufgaben und der „passenden" Wettbewerbs- oder Marktstrategie zusammen. Beschäftigungsstrategien bilden zudem keinen Selbstzweck; sie ordnen sich dem Ziel der Kapitalverwertung unter.

Aus der Perspektive einer politischen Personalökonomik (Nienhüser 2004), „müssen"[2] Beschäftigungsstrategien vier Probleme lösen: das Verfügbarkeitsproblem, das Wirksamkeits- bzw. Transformationsproblem, das Aneignungs- und Herrschaftssicherungsproblem sowie das Kostenproblem (Neuberger 1997; Nienhüser 2004; Kossbiel 2006).

Beschäftigungsstrategien müssen erstens ein *Verfügbarkeitsproblem* lösen, das heißt, dazu beitragen, ein den Arbeitstätigkeiten angemessenes Arbeitsvermögen zu beschaffen und zu reproduzieren. Es geht dabei zum einen um individuelles Humankapital, wobei die Anforderungen sowohl hinsichtlich der Höhe als auch der Betriebsspezifität je nach den betrieblichen Arbeitsaufgaben variieren. Zum anderen geht es um Sozialkapital (zum Begriff Sozial- oder Organisationskapital Coleman 1991; Sadowski 1991), d.h., um Kooperation der Beschäftigten untereinander, um die interpersonellen Bedingungen der Wissensweitergabe usw. Auch hier variiert der Bedarf mit dem Komplexitätsgrad der Arbeitsaufgaben.

Das *Wirksamkeits-* oder *Transformationsproblem* bezeichnet zweitens die Aufgabe, Arbeitsvermögen immer wieder neu in Arbeitsleistung transformieren zu müssen. Arbeitskräfte erbringen nicht notwendigerweise die erwünschte Leistung. So kann es etwa aufgrund von Informationsproblemen oder Opportunismus zu „shirking" kommen.[3] Arbeitnehmer müssen daher motiviert, geführt, kontrolliert usw. werden.

Die Beschäftigungsstrategie muss drittens das *Aneignungs- und Herrschaftssicherungsproblem* lösen, also dazu beizutragen, eine möglichst reibungslose Aneignung der von den Beschäftigten produzierten Werte durch die Kapitalseite (Unternehmer) zu ermöglichen. Dazu gehört auch, die Machtstruktur und Herrschaftsordnung zu legitimieren (Pfeffer 1981).

Das *Kostenproblem* meint, dass es nicht nur darauf ankommt, die ersten drei Probleme zu lösen – es ist viertens wichtig, ein günstiges Verhältnis der Kosten für die zur Problemlösung eingesetzten Mittel zu den Nutzen zu erreichen.

---

2   Die Formulierung „müssen Probleme lösen" ist nicht normativ, sondern funktionalistisch gemeint. Diese genannten Probleme müssen zumindest in kapitalistischen Systemen in Unternehmen gelöst oder gehandhabt werden, um Kapitalverwertung zu gewährleisten.

3   In der Beobachtung dieses mit „shirking" bezeichneten Sachverhaltes sind sich Theoretiker völlig unterschiedlicher Perspektiven einig; siehe dazu Williamson 1984 aus institutionenökonomischer und Hoffmann 1981 aus marxistischer Sicht.

Zweckmäßig ist eine Unterscheidung zwischen Produktionskosten und Transaktionskosten (Williamson 1990). Die Produktionskosten umfassen im Zusammenhang menschlicher Arbeit vor allem die Arbeitskosten (insbesondere die Löhne), den Preis für die „Ware Arbeitskraft". Die Transaktionskosten beziehen sich auf die Kosten des Aufbaus und der Anpassung eines betrieblichen Arbeitsvermögens (z.B. die Kosten der Personalbeschaffung oder -entlassung), aber auch auf die Kosten für die Lösung des Wirksamkeitsproblems sowie des Aneignungs- und Herrschaftssicherungsproblems (Kosten für die Personalführung, für Kontrollmaßnahmen, für Verhandlungen, für manipulative Kommunikation, usw.).

Unter den Aspekt der Verfügbarkeitsproblematik ist das Bestreben zu fassen, die notwendige numerische, zeitliche und funktionale Flexibilität des Arbeitsvermögens zu gewährleisten. Bezogen auf das Kostenproblem ist monetäre Flexibilität sicherzustellen (vgl. zu den Flexibilitätsformen Atkinson 1984; Hohendanner/Bellmann in diesem Band; Keller/Seifert in diesem Band). Die numerische Flexibilität ist definitionsgemäß umso höher, je rascher die Menge der Beschäftigten an wechselnde Nachfragemengen angepasst werden kann. Zeitliche Flexibilität wird erreicht durch Variation der Arbeitszeit. Die funktionale Flexibilität ist umso höher, je leichter das Aggregat der Beschäftigten an wechselnde Arbeitsanforderungen angepasst werden kann. Monetäre Flexibilität bezieht sich auf die Möglichkeit der Variation der Arbeitskosten.

Die Flexibilitätsformen lassen sich in einer weiteren, zweiten Dimension in externe und interne Varianten differenzieren. Externe Formen greifen auf den externen Arbeitsmarkt zurück, etwa durch Anpassung der Anzahl der Beschäftigten. Bei der internen Flexibilität erfolgt eine Anpassung an Nachfrageveränderungen durch Variation interner Parameter, etwa durch Arbeitszeitänderungen (numerische Flexibilität), durch Weiterbildung (funktional), durch Nutzung von Teilzeitarbeit (zeitlich) oder in monetärer Hinsicht durch leistungsbezogene Entlohnung.

Die Nutzung atypischer Beschäftigungsverhältnisse erfüllt Flexibilitätsfunktionen, die sich den Dimensionen (numerisch/funktional/zeitlich/monetär versus intern/extern) zuordnen lassen. Wie wir sehen werden, stellen unterschiedliche Beschäftigungsstrategien zum einen sehr unterschiedliche Anforderungen an die Flexibilität und befriedigen diese Anforderungen auf jeweils andere Art und Weise. Dies bedeutet auch, dass atypische Beschäftigung immer im Zusammenhang mit anderen Flexibilisierungsinstrumenten gesehen werden muss, da diese zum Teil funktionale Äquivalente darstellen. So kann etwa die Variation der Arbeitszeit durch Nutzung von Zeitkonten (interne Dimension) ein funktionales Äquivalent für die Anpassung der Beschäftigtenzahl (externe Dimension) darstellen.

Es stellt sich allerdings die Frage, unter welchen Bedingungen derartige, prinzipielle Substitutionsmöglichkeiten von den Betrieben genutzt werden. Aus einer politisch-personalökonomischen Perspektive spielen die relativen Kosten eines Flexibilisierungsinstruments (neben den anderen Funktionen, etwa der Machtsicherung) eine Rolle. Das bedeutet, dass auch atypische Beschäftigung nicht unter allen Bedingungen gleichermaßen funktional oder dysfunktional ist. Zum einen können die Kosten von atypischen Beschäftigungsverhältnissen relativ zu anderen Flexibilisierungsinstrumenten sich im Laufe der Zeit durch die Gesetzgebung ändern. Zum anderen ist der Bedarf an betriebsspezifischem Humankapital oder auch von Sozialkapital nicht von Betrieb zu Betrieb gleich. Auch die Anforderungen an die Flexibilität variieren; so hängt der Bedarf an numerischer Flexibilität von der Bedeutung saisonaler Nachfrageschwankungen ab. Diese Kontingenzthese wird nicht von allen Autoren geteilt.[4] In diesem Beitrag wird dagegen gezeigt, dass spezifische Formen atypischer Beschäftigung nur im Kontext von bestimmten Beschäftigungsstrategien – aber nicht generell – funktional für unternehmerische Ziele sind (Nienhüser/Baumhus 2002 bezogen auf Leiharbeit).

Diese theoretischen Überlegungen werden nun in Form einer kausalanalytischen Erklärungsskizze konkretisiert.

3. Erklärungsskizze

Wesentliche Bestimmungsgründe von Beschäftigungsstrategien und atypischer Beschäftigung sind in Abbildung 1 grafisch verdeutlicht.

Die *Aufgabenkomplexität*, die mit der Art der zu erstellenden Produkte und Dienstleistungen sowie der Art und Weise der Leistungserstellung zusammenhängt, bildet eine zentrale Ursache für die Herausbildung unterschiedlicher Beschäftigungsstrategien (ähnlich Lutz 1987, S. 21f.). Die Aufgabenkomplexität unterscheidet sich je nach *Wettbewerbsstrategie*, weil einzelne Strategietypen mit unterschiedlichen Arten von Produkten und Prozessen korrespondieren (müssen, um Wettbewerbsfähigkeit sicherzustellen). Im Anschluss an Porter (1992, S. 31ff.) kann man zwischen zwei bzw. drei Strategietypen unterscheiden, die mit unterschiedlicher Aufgabenkomplexität einhergehen. Bei einer Strategie der Kostenführerschaft besteht das Ziel darin, der preisgünstigste Wettbewerber am Markt zu sein. Bei der Strategie der Qualitäts- und Innovationsführerschaft will man sich über höhere Produktqualität, besseren Service, ansprechenderes Design oder über als innovativ geltende Produkte von Wettbewerbern abheben. Bei einer Wettbewerbsstrategie der Kostenführerschaft besteht tendenziell eine geringere

---

4 Pfeffer 1998, S. 165f. ist der Meinung, die Nutzung externer Arbeitskräfte (z.B. von Leiharbeitern) sei generell für alle Unternehmen dysfunktional; Atkinson 1984 unterstellt, dass atypische Beschäftigung unter allen Bedingungen funktional sei.

Aufgabenkomplexität, bei einer Qualitäts- bzw. Innovationsstrategie tendenziell eine hohe Aufgabenkomplexität.[5]

Abb. 1: Kausalmodell zur Erklärung atypischer Beschäftigung

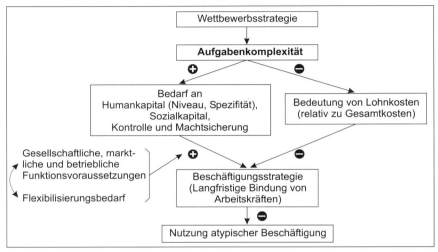

Die Aufgabenkomplexität hat Folgen für den *Bedarf an Humankapital, Sozialkapital, Kontrolle und Machtsicherung.* So bestehen bei geringer Komplexität (relativ) geringe Anforderungen an das Arbeitsvermögen: Man benötigt – bezogen auf die Mehrheit der Beschäftigten – keine betriebsspezifischen und keine besonders hohen Qualifikationen. Bei relativ hoher Komplexität ist dagegen qualifiziertes Personal, oft mit sehr stark betriebsspezifischen Qualifikationen, notwendig. Betriebsspezifische Qualifikationen können nur über einen langen Lernprozess im Betrieb und im Arbeitsprozess selbst erworben werden. Solche Arbeitskräfte sind am externen Arbeitsmarkt nicht ohne weiteres verfügbar; daher versuchen Unternehmen, einen entsprechenden Qualifikationsbestand betriebsintern „vorzuhalten" und zu reproduzieren.

Dies ist die transaktionskostentheoretische Standardsicht (Williamson/Wachter/Harris 1975; Williamson 1984). Sie vernachlässigt jedoch den unterschiedlichen Bedarf an Sozialkapital, etwa den Bedarf an Kooperation der Beschäftigten untereinander, die Notwendigkeit der Wissensweitergabe usw. Bei geringer Komplexität ist der Bedarf an Sozialkapital geringer: Kooperation der Arbeitskräfte

---

5 Empirische Befunde sprechen dafür, dass für Qualitätsführerschaft eine langfristige Bindung des Personals und für Kostenführerschaft eher eine kurzfristige Bindung funktional ist (Bird/Beechler 1994; Jackson/Schuler 1995; Pfeffer 1998).

ist weniger wichtig. Der Bedarf an Kontrolle und Machtsicherung ist nicht unbedingt geringer als bei höherer Komplexität, er kann aber anders befriedigt werden. Bei einfacher Komplexität ist eine langfristige Bindung an das Unternehmen nicht notwendig (Pfeffer/Cohen 1984), organisationale Kontrolle und Machtausübung (im Sinne von Verhaltenskanalisierung, Türk 1981) werden über den Markt reguliert. „Hire and fire" und Marktlöhne wären hier Mittel der Wahl (wobei die Verfügbarkeit dieser Mittel auch gesellschaftlich-rechtlich begrenzt ist). Bei hoher Komplexität und einem hohen Bedarf an spezifischem Humankapital sowie an Sozialkapital können Kontrolle und Machtsicherung dagegen über Medien erfolgen, die gleichsam in die langfristige Bindung der Arbeitskräfte eingelassen sind: erstens sorgfältige Selektion nicht nur nach Qualifikationen im engeren Sinne, sondern auch nach Motivationsgrad, Teamfähigkeit, Kooperationswilligkeit u.ä.; zweitens betriebliche Sozialisation (dazu weiter unten mehr).

Mit zunehmender Aufgabenkomplexität – wie sie insbesondere bei der Strategie der Qualitätsführerschaft auftritt – nimmt die Bedeutung von Lohnkosten ab. Lohnkosten haben bei Qualitätsführerschaft – anders als bei der Kostenführerschaft und geringer Komplexität – nicht nur den Charakter eines Entgelts für geleistete Arbeit, Löhne sind vielmehr auch ein Mittel zur – ökonomisch in diesem Fall, aber eben nicht immer notwendigen – Erzeugung von Zufriedenheit, Bleibebereitschaft, Kooperation usw.

Je stärker eine langfristige Bindung von Arbeitskräften dominiert, desto weniger wird atypische Beschäftigung genutzt (Baron/Pfeffer 1988). Man findet auch die Hypothese, dass Betriebe den „Kern" langfristig Beschäftigter durch einen „Rand" bzw. eine Peripherie von atypisch Beschäftigen gegen Marktunsicherheiten schützen (Doeringer/Piore 1971). Empirische Befunde sprechen eher für als gegen diese Hypothese (Köhler/Preisendörfer 1988; Cappelli/Neumark 2004).

Die Nutzung atypischer Beschäftigungsformen bedarf bestimmter, nicht in jedem Fall gegebener *Funktionsvoraussetzungen*:

Außerbetrieblich müssen vor allem arbeitsmarktliche und -rechtliche Funktionsvoraussetzungen gegeben sein: Erstens muss ein in quantitativer und qualitativer Hinsicht ausreichendes Angebot an Arbeitskräften zur Verfügung stehen, die bereit sind, in der jeweiligen Beschäftigungsform zu arbeiten. Generell werden Arbeitskräfte bei (drohender) Arbeitslosigkeit eher bereit sein, atypische Beschäftigungsformen zu akzeptieren. Somit ist indirekt eine hohe Arbeitslosigkeit positiv funktional für eine Beschäftigungsstrategie, die atypische Beschäftigung als wesentliches Element nutzt. Arbeitskräfte müssen zudem in der richtigen Qualität zur Verfügung stehen. Eine zweite außerbetriebliche Funktionsbedingung besteht im Ausmaß der rechtlichen Regulierung: In Deutschland hat vor allem die rechtliche Liberalisierung die Nutzung atypischer Beschäftigung gefördert.[6]

Zu den *innerbetrieblichen* Bedingungen gehört vor allem eine den atypischen Beschäftigungsformen angepasste Arbeitsorganisation. Damit einzelne Aufgabenkomplexe oder Arbeitstätigkeiten von geringqualifizierten, kurzfristig Beschäftigten übernommen werden können, ist ein hoher Grad an Arbeitsteilung notwendig.

Der *Flexibilisierungsbedarf* ist umso höher – vor allem in numerischer und monetärer Hinsicht, aber auch in zeitlicher –, je stärker die Schwankungen der Nachfrage nach Gütern und Dienstleistungen sind und je schwieriger die Schwankungen prognostiziert werden können. Es kann also sein, dass sich auch ein hoher Bedarf an Humankapital, Sozialkapital usw. nicht bedingungslos in langfristiger Beschäftigung niederschlägt, da wir unterstellen, dass langfristige Beschäftigung eine geringere numerische und monetäre Flexibilität mit sich bringt.

Ein letzter Punkt: Ganz können wir die Beschäftigteninteressen nicht ausklammern. Atypische Beschäftigung – jede Beschäftigungsstrategie – hat Folgen für die Realisierung der Arbeitnehmerinteressen. Je nachdem, inwieweit die Realisierung des Interesses an einem Arbeitsplatz und einem gesicherten, dem Anspruchsniveau genügenden Einkommen positiv oder negativ durch die Beschäftigung in Formen jenseits des Normalarbeitsverhältnisses beeinflusst wird, sind Motivations- und Leistungseffekte sowie Wirkungen auf die sozialen Beziehungen zu erwarten. Solche Wirkungen können – in Abhängigkeit vom Bedarf an Sozialkapital und alternativen Möglichkeiten der Leistungskontrolle – kontraproduktiv sein. Das heißt auch: Die Interessen der Arbeitskräfte müssen vor dem Hintergrund von Kapitalverwertungsinteressen um so stärker einbezogen werden, je höher der Bedarf an Humankapital und Sozialkapital ist.

4. Atypische Beschäftigung im Kontext unterschiedlicher Beschäftigungsstrategien

In der folgenden Übersicht (Abb. 2) ist der Zusammenhang zwischen Wettbewerbsstrategie, Beschäftigungsstrategie und atypischer Beschäftigung schematisch und zusammenfassend dargestellt. Um ein mögliches Missverständnis zu vermeiden: Die Kausalität zwischen Beschäftigungsstrategie und Wettbewerbsstrategie ist tendenziell so, dass die Wettbewerbsstrategie auf die Ausformung der Beschäftigungsstrategie wirkt, allerdings sind auch Rückwirkungen möglich.

---

6 Bei der Leiharbeit war es vor allen die sukzessive Ausweitung der Verleihdauer (Feuerborn/Hamann 1997; Antoni/Jahn 2006; Promberger in diesem Band); bei der Befristung von Arbeitsverhältnissen liegen die gesetzlichen Veränderungen vor allem im Bereich der Befristungsgründe (Rudolph 2005, S. 109; Boockmann/Hagen 2005; Giesecke/Groß in diesem Band).

Die Übersicht ist also in Verbindung mit den kausalanalytischen Überlegungen (Abb. 1) zu lesen.

Abb. 2: Konfigurationen von Wettbewerbsstrategien, Beschäftigungsstrategien und atypischer Beschäftigung

	Kurzfristig-externe Beschäftigungsstrategie	Hybrid-System (insb. Facharbeiter-Beschäftigungsstrategie)	Langfristig-interne Beschäftigungsstrategie
Funktionale Wettbewerbsstrategie	Kostenführerschaft	Qualitätsführerschaft	Qualitätsführerschaft, Innovationsführerschaft
Bedarf an Humankapital, Sozialkapital und Kontrolle	Geringe Anforderungen an allgemeines und betriebsspezifisches Humankapital; geringer Bedarf an Sozialkapital; einfache Kontrolle der individuellen Produktivität	Hohe Anforderungen an allgemeines, geringe Anforderungen an betriebsspezifisches Humankapital; mittlerer bis hoher Bedarf an Sozialkapital; schwierige Kontrolle der individuellen Produktivität	Hohe Anforderungen an allgemeines und spezifisches Humankapital; hoher Sozialkapitalbedarf; schwierige Kontrolle der individuellen Produktivität
Problemlösungen: Sicherung der Verfügbarkeit	Austausch von Arbeitskräften über den externen Arbeitsmarkt	Austausch von Arbeitskräften über den externen Arbeitsmarkt	Langfristige Bindung von Arbeitskräften
Machtsicherung und Koordination	Über Konkurrenz („Markt")	Über Hierarchie und Co-Management („Bürokratie")	Über Sozialisation („Clan")
Dominante Flexibilitätsfunktionen			
Funktional	Flexible Kombination individueller Arbeitsverhältnisse	Breite Qualifizierung	Betriebsspezifische Qualifizierung, training-on-the-job
Numerisch	Nutzung von „hire and fire", kurzfristige Beschäftigung	Schaffung von Institutionen, die zwischenbetriebliche Mobilität erleichtern	Beschränkte Möglichkeiten (Nutzung „natürlicher" Fluktuation; Vorruhestandprogramme u.ä.)
Monetär	Orientierung am Marktlohn	Zeitlohn plus Prämien	Zeitlohn plus Prämien nach Leistungsbewertung, Erfolgsbeteiligung
Zeitlich	Flexible Arbeitszeiten mit geringem Handlungsspielraum für Mitarbeiter	Vorübergehende Variation der Arbeitszeitdauer; (bezahlte) Überstunden, Arbeitszeitkonten	Vorübergehende Variation der Arbeitszeitdauer, (unbezahlte) Überstunden, Arbeitszeitkonten
Konfiguration atypischer Beschäftigung (häufigste Formen)	Große Anteile atypischer Beschäftigung; Kernbestandteil der Beschäftigungsstrategie; sämtliche Formen sind möglich; häufiger als bei den anderen Strategien sind externe Formen wie Leiharbeit	Geringe Anteile, vor allem zur Sicherung der numerischen Flexibilität über Leiharbeit und zum Teil Befristung	Geringe Anteile, vor allem zur Sicherung der funktionalen Flexibilität über Neue Selbständigkeit oder Werkverträge für Experten; von den Arbeitnehmern gewünschte Formen sind stärker vorhanden

Ob atypische Beschäftigungsformen die erwünschten Effekte entfalten, und in welcher Form und in welchem Ausmaß sie genutzt werden, hängt – so eine der Kernthesen dieses Beitrages – ganz entscheidend davon ab, welche Beschäftigungsstrategie ein Unternehmen praktiziert. Atypische Beschäftigung ist *ein* Element einer solchen Strategie, aber eben nur eines.

Im Folgenden wird zwischen drei idealtypischen Beschäftigungsstrategien unterschieden (unter Rückgriff auf Arbeiten von Lutz 1987; Fox 1974; Ouchi 1980; Williamson 1984). Die Beschäftigungsstrategien unterscheiden sich erstens hinsichtlich der Länge des Zeitraums, innerhalb dessen auf Änderungen im Betrieb (z.B. veränderte Qualifikationsanforderungen, Rückgänge des Auftragsvolumens) mit Freisetzung oder Rekrutierung reagiert wird. Zweitens unterscheiden sie sich dadurch, dass Betriebe ihre Arbeitskraftprobleme eher über den externen Arbeitsmarkt lösen und damit die externe Dimension der Flexibilität favorisieren, oder aber interne Formen der Flexibilität nutzen und sich damit auf den internen Markt, auf ihre Stammbelegschaft, ausrichten (Lutz 1987). Die drei zu beschreibenden Strategien stellen typische Konfigurationen dar;[7] zwei bilden gleichsam die Extremtypen, die dritte ist eine Hybridform.

4.1 Kurzfristig-extern ausgerichtete Beschäftigungsstrategie

Bei der kurzfristig-externen Beschäftigungsstrategie erfolgen quantitative und qualitative Anpassungen des Arbeitsvermögens rasch über den externen Markt, d.h. durch Neueinstellungen und Entlassungen (Sengenberger 1987).[8]

Idealtypisch ist diese Strategie unter folgenden Bedingungen funktional: Die Komplexität der Arbeitsaufgaben ist gering; d.h., die Anforderungen an Humankapitalhöhe, Humankapitalspezifität und Sozialkapital[9] sind niedrig. Es sind lediglich „Jedermanns"- oder „Jederfrau"-Qualifikationen erforderlich. Betriebsspezifisches Erfahrungswissen spielt ebenso wie Loyalität und Weitergabe von Werten und Wissen im Arbeitsprozess nur eine geringe Rolle. Besonders häufig wird diese Konstellation mit der *Wettbewerbsstrategie* der Kostenführerschaft (Porter 1992) einhergehen. Die *Verfügbarkeit* von Arbeitsvermögen wird über den externen Arbeitsmarkt sichergestellt. Die *Machtsicherung* erfolgt durch

---

7   Empirisch können in Betrieben abweichend von idealtypischen Konfigurationen Strategie-Mischformen vorkommen (Biehler/Brandes 1981).
8   Dieser Typ wird in vielen Arbeiten beschrieben, auch wenn sich die theoretischen Begründungen unterscheiden: Lutz 1987 bezeichnet diesen Typ als tayloristische Arbeitsorganisation, Williamson 1984 spricht von *spot market*, auch mit der „low trust"-Organisation, die Fox 1974 herausgearbeitet hat, stimmen viele Merkmale dieser Strategie überein.
9   Der Aspekt des Sozialkapitals wird sowohl von Williamson 1984 als auch von Lutz 1987 unzureichend behandelt.

die Konkurrenz der Arbeitskräfte auf dem Arbeitsmarkt und die latente Drohung einer Entlassung. Die *Koordination* der in aller Regel hoch arbeitsteiligen Produktion wird durch eine elaborierte Arbeitsorganisation sichergestellt, Arbeitsvorbereitung, aber auch Logistik spielen eine große Rolle.

Innerhalb dieser Konfiguration wird der Bedarf an *Flexibilität* folgendermaßen realisiert: Die Sicherung *funktionaler Flexibilität* setzt hier auf der Ebene des aggregierten Arbeitsvermögens an. Man versucht, individuelle Arbeitsverhältnisse möglichst so zu kombinieren, dass sie wechselnden Arbeitsaufgaben entsprechen. Voraussetzungen für eine solche Strategie sind ein hohes Ausmaß an Arbeitsteilung und hinreichende quantitative Ergiebigkeit des Arbeitsmarktes. Die qualitative Dimension ist wegen der geringen Qualifikationsanforderungen idealtypisch unbedeutend. Die *numerische Flexibilität* ist das zentrale Element dieser Beschäftigungsstrategie. Sie wird sichergestellt durch die Möglichkeit einer raschen Nutzung des externen Arbeitsmarktes. „Hire and fire" sind in realen Formen allerdings durch rechtliche und andere normative Begrenzungen reguliert. Neben der numerischen ist auch die *monetäre Flexibilität* sehr wichtig: Die Reduktion von Personalkosten wird als eines der wesentlichen Ziele der Nutzung atypischer Beschäftigung angesehen (Pfeffer/Baron 1988; Davis-Blake/ Uzzi 1993; Cappelli 1995). Sie zeigt sich idealtypisch in der raschen Anpassung an den Marktlohn oder zumindest an der Orientierung an einem entsprechenden Lohn. Die *zeitliche Flexibilität* wird tendenziell sichergestellt durch flexible Arbeitszeiten, etwa in Form von Arbeitszeitkonten (Seifert 2001). Allerdings sollte bei der kurzfristig-externen Strategie dieses Instrument im Vergleich zur langfristig-internen Strategie weniger häufig genutzt und stärker zugunsten der Arbeitgeberseite ausgestaltet sein.

Welche Nutzung *atypischer Beschäftigung* ist bei Verfolgung dieser Strategie zu erwarten? Idealtypisch kann die numerische Flexibilität über kurzfristige Beschäftigung sichergestellt werden, denn eine langfristige Bindung der Beschäftigten ist aufgrund der geringen Anforderungen an Human- und Sozialkapital unnötig. Unter diesen Bedingungen sollten höhere Anteile befristet Beschäftigter zu erwarten sein, insbesondere dann, wenn der Bedarf an numerischer Flexibilität wegen Schwankungen in der Nachfrage nach Gütern und Dienstleistungen hoch ist. Wenn dagegen die Schwankungen gering sind, kann durchaus der Fall auftreten, dass eine vom Ergebnis her langfristige Bindung der Beschäftigten neutral wirkt. Es sind vor allem solche Formen atypischer Beschäftigung zu erwarten, die im Vergleich zum Normalarbeitsverhältnis geringere Löhne bzw. Arbeitskosten verursachen. Transaktionskosten durch Suche nach Arbeitskräften, Auswahl, Wiederbeschaffung usw. fallen nur in relativ geringem Maße an. Daher rücken die Lohnkosten in den Vordergrund, dies umso mehr, je stärker Kostenführerschaft als Marktstrategie verfolgt wird. Die latente, permanente Konkurrenz der im Normalarbeitsverhältnis Beschäftigten mit den atypischen Arbeitnehmern dämpft zudem Lohnforderungen und andere kostenverursachende Ansprüche des regulären Personals. Die atypisch Beschäftigten bilden eine interne „Reservearmee" (Marx 1980, S. 502; Behrens 1984; siehe auch Blien 1986). Unzufriedenheit kann hingenommen werden, da der Bedarf an intrinsischer Motivation und Selbststeuerung gering ist und weil der vergleichsweise geringe Kontrollbedarf über extrinsische Motivation (insbesondere über Leistungslöhne) und Fremdsteuerung (z.b. über Arbeitsteilung, technische Einrichtungen, etwa bei Fließbandarbeit) gedeckt werden kann (Türk 1981).

Halten wir fest: In dieser Strategie ist atypische Beschäftigung konstitutiv und weitreichend funktional. Idealtypisch sind vor allem befristete Beschäftigung, aber auch die Nutzung von externen Arbeitskräften funktional, etwa von Leiharbeitern oder neuen Selbständigen. Auch Beschäftigungsformen, die kürzere Arbeitszeiten als beim Normalarbeitsverhältnis aufweisen, sind hier ökonomisch zielführend, denn so kann man Arbeit besser „portionieren", was aufgrund der mit der Wettbewerbsstrategie der Kostenführerschaft einhergehenden starken Arbeitsteilung sowohl möglich als auch notwendig ist. Eine geringere, vom Idealtyp abweichende Nutzung atypischer Beschäftigung, die wir in der Realität vorfinden, ist folgendermaßen zu erklären: Die Nutzung kann erstens durch Gesetze und Normen begrenzt sein oder den Arbeitskräften gelingt es, zweitens längere Beschäftigungsdauern über politische Macht[10] durchzusetzen.

4.2 Langfristig-intern ausgerichtete Beschäftigungsstrategie

Besonders häufig wird die langfristig-intern ausgerichtete Beschäftigungsstrategie gemeinsam mit der *Marktstrategie* der Qualitätsführerschaft oder Innovationsführerschaft (Porter 1992) und der damit einhergehenden hohen Aufgabenkomplexität empirisch vorfindbar sein.[11] Die *Anforderungen* an Fachqualifikationen und an spezifisches Erfahrungswissen (Humankapital) und an Kooperation (Sozialkapital) sind hoch. Die Leistungskontrolle ist bei hoher Aufgabenkomplexität vergleichsweise schwierig: Zum Beispiel kann man die Entlohnung wegen der komplexen Arbeitstätigkeiten nicht (ausschließlich) an Mengenleis-

---

10 Die politische Macht kann z.B. durch einen hohen gewerkschaftlichen Organisationsgrad oder Koalitionen zwischen Gewerkschaft und politischen Parteien hoch sein, obwohl die Marktmacht gering ist. In diesem Punkt zeigt sich ein wesentlicher Unterschied zwischen einem *politisch*-ökonomischen und einem „rein" ökonomischen Ansatz.

11 In der Literatur bezeichnet man diese Beschäftigungsstrategie auch als Internen Arbeitsmarkt (Lutz 1987); als *relational team* (Williamson 1984) oder als *high trust-Organisation* (Fox 1974). In der Personalmanagementlehre spricht man von „high commitment HR strategy" (Watson 2005, S. 31) oder „High Performance Work System" (Becker/ Huselid 1998; Pfeffer 1998; Huselid 2005), wobei interessanterweise beim letzten Begriff im Diskurs der Personalmanagementlehre häufig kein „Gegenstück" genannt wird.

tungen festmachen. Also müssen andere, (transaktions-) kostenträchtige Kontrollmechanismen zum Einsatz kommen. Es sind knappe, nur unter erhöhten Kosten reproduzierbare Qualifikationen notwendig. Betriebsspezifisches Erfahrungswissen ebenso wie Loyalität und Weitergabe von Werten und Wissen spielen eine bedeutende Rolle für die Bewältigung der Arbeitsaufgaben. Dies hat zur Folge, dass eine kurzfristige Anpassung des Arbeitskräftebestandes über den externen Markt problematisch ist, man würde die Erträge von kostspieligen Investitionen in Human- und Sozialkapital verlieren. Um Human- und Sozialkapital aufzubauen und zu erhalten, ist eine langfristige Nutzung und Erhaltung der Human- und Sozialressourcen funktional (Williamson 1984, der sich aber auf den Humankapitalaspekt beschränkt).

Die *Verfügbarkeit* von Arbeitsvermögen wird über den internen Arbeitsmarkt sichergestellt. Langfristige Sozialisation hat nicht nur die Funktion einer Sicherung von Investitionen in Human- und Sozialkapital, sondern auch die der Machtsicherung. In aller Regel geht diese Beschäftigungsstrategie mit betrieblichen Sozialisationsarrangements einher, die sicherstellen, dass die Arbeitskräfte kognitive Wert-Wissens-Systeme ausbilden, die funktional zur Erreichung der Unternehmensziele sind.[12] Diese normativ-kognitive Orientierung an den Unternehmenszielen dient gleichzeitig der Reduktion des Koordinationsbedarfes. Die Anpassungsfähigkeit der Unternehmung und die Integration neuer Qualifikationen werden tendenziell über eine breite Qualifizierung sichergestellt. Die Wirksamkeit, die Motivation der Arbeitnehmer, aber auch die Machtsicherung können bei komplexen Tätigkeiten schwerlich durch Außenkontrolle gewährleistet werden; vielmehr haben „Anreize" wie relative Arbeitsplatzsicherheit und Aufstiegsversprechen in einem langfristig angelegten Austauschverhältnis die Funktion der Sicherung der Innenkontrolle.

Der Bedarf an *Flexibilität* wird in dieser Beschäftigungsstrategie folgendermaßen realisiert: Die *funktionale Flexibilität* ist hier wegen der Qualitätsprodukte oder wegen des hohen Bedarfs an Innovationen das kritische Element. Funktionale Flexibilität setzt anders als bei der ersten Strategie weniger auf der Aggregatebene an, sondern auf der Ebene des individuellen Arbeitsverhältnisses und bei den einzelnen Arbeitskräften. Breite Qualifikationen müssen immer wieder angepasst werden über betriebliche Weiterbildung, aber auch durch training-on-the-job. Die Anpassung ist umso notwendiger, je stärker Produkte und Produktionsprozesse Veränderungen unterworfen sind. Wegen der Aufgabenkomplexität ist Selbstabstimmung der Arbeitskräfte notwendig, mit anderen Worten: der Bedarf an Sozialkapital ist hoch. Eine Erleichterung für die Funktionsfähigkeit dieser Strategie sind vorsozialisierte Arbeitskräfte: Es reduziert den Füh-

---

12 Idealtypisch wird eine derartige Sozialisation z.B. für japanische Unternehmen vermutet, die eine „starke" Unternehmenskultur aufweisen (siehe kritisch Krell 1994).

rungsbedarf erheblich, wenn die Arbeitskräfte kognitiv bereits an der Erreichung von Unternehmenszielen orientiert sind (Türk 1981; Laske/Weiskopf 1996). Personalauswahlverfahren haben daher bei dieser Beschäftigungsstrategie eine deutlich stärkere Bedeutung, sie sind nicht nur auf die Überprüfung von Wissen, Fähigkeiten und Fertigkeiten ausgerichtet, sondern selektieren über Einstellungen und Werte.[13]

Die *numerische Flexibilität* ist in dieser Strategie deutlich weniger wichtig, ohne aber bedeutungslos zu sein. Nur wird eine Anpassung der Lohnkosten an Schwankungen weniger über die Variation der Menge der Arbeitskräfte vorgenommen, sondern über monetäre und zeitliche, auf den internen Arbeitsmarkt ausgerichtete Anpassungsmaßnahmen. Die Anpassung der Arbeitszeit mit entsprechenden Veränderungen der Lohnsumme ist hier das empirisch vorzufindende Mittel (Promberger et al. 1997).

Aufgrund der hohen Anforderungen an die Arbeitsqualität, der schwierigen Erfassung von Einzelleistungen, aber auch der Vermeidung von kooperationsgefährdender Konkurrenz der Beschäftigten untereinander sind Zeitlohnsysteme eher funktional als Leistungslohnsysteme. *Monetäre Flexibilität* hat eine geringere Bedeutung als bei Kostenführerschaft. In den letzten Jahren zeigt sich allerdings eine Tendenz, auch in dieser Beschäftigungsstrategie mit Leistungsbewertung, mit Prämien und Erfolgsbeteiligungen zu operieren (Glißmann/Peters 2001). Die Implementierung solcher leistungsbezogener Entgeltsysteme wird umso einfacher, je höher die gesellschaftliche Akzeptanz des Leistungsprinzips ist. Die kulturelle Hegemonie des Neoliberalismus (Plehwe et al. 2006), die u.a. auch dieses Prinzip beinhaltet, reduziert den betrieblichen Führungs- und Kontrollbedarf (Martin 2001) und erleichtert die Realisierung monetärer Flexibilität.

Die *zeitliche Flexibilität* wird sichergestellt durch flexible Arbeitszeiten, durch Variationen der Dauer und Lage der Arbeitszeit. Insbesondere bei höherqualifizierten Arbeitskräften sind Überstunden ein Mittel, wobei anders als bei der kurzfristig-externen Strategie die Bereitschaft zu unbezahlter Mehrarbeit größer sein dürfte, da im Austausch häufig eine größere Zeitsouveränität gewährleistet wird (Glißmann/Peters 2001). Auch Arbeitszeitkonten, die stärker als bei der kurzfristig-externen Strategie Arbeitnehmerinteressen berücksichtigen dürften, sind ein geeignetes Mittel, Tauschverhältnisse im Bereich der Arbeitszeit zu regulieren.

---

13 So weisen kritische Elitenforscher immer wieder darauf hin, dass besonders im Führungskräftebereich der Habitus, der eng mit kognitiven Orientierungen einhergeht, wichtiger für die Personalauswahl ist als Qualifikationen im engeren Sinne (Bourdieu 1998; Hartmann 2002). Allerdings gilt dies nicht nur für Führungskräfte, sondern auch für andere Arbeitskräfte mit den genannten Anforderungen.

Was würde geschehen, wenn man innerhalb dieser Beschäftigungsstrategie mit ihren Funktionsanforderungen einen großen Anteil an atypischen Beschäftigungsverhältnissen zu nutzen versuchte? Viele Arbeiten deuten darauf hin, dass die Abkehr vom Normalarbeitsverhältnis die Austauschbeziehungen bzw. ihre Wahrnehmung durch die Arbeitnehmer erheblich beeinflusst und daher negative Effekte auf Vertrauen, auf zusätzliches Engagement und Wissensweitergabe entstehen (Pfeffer/Baron 1988; Pearce 1993; Pfeffer 1994; Robinson 1996; Seifert/Pawlowsky 1998; Sennett 1998). Darüber hinaus kann man kaum erwarten, dass zwischen dem Stammpersonal und kurzfristig Beschäftigten ein nennenswerter Wissenstransfer stattfindet (Matusik/Hill 1998). Die Weitergabe von implizitem Wissen, das für viele Unternehmen eine wichtige Ressource darstellt (Leana/van Buren 1999), setzt ein über das Normale hinausgehendes Engagement voraus, das von lediglich vorübergehend im Unternehmen tätigem Personal kaum zu erwarten ist. Ein Wissenstransfer-Problem kann auch daraus resultieren, dass das Stammpersonal Mitglieder der Randbelegschaft nicht mit Informationen über Kniffe, Tricks, informell genutzte Werkzeuge usw. versorgt.

Atypische Beschäftigungsverhältnisse, zumindest die meisten Formen, bilden innerhalb der langfristig-internen Beschäftigungsstrategie auf den ersten Blick eine Art Fremdkörper. Idealtypisch sind alle Arbeitskräfte langfristig an das Unternehmen gebunden. Allerdings wird hier erstens Teilzeitarbeit vorzufinden sein, wobei der Anteil der Beschäftigten, die diese Form selbst wählen, vermutlich sehr viel größer sein wird als bei der kurzfristig-externen Beschäftigungsstrategie. Diese Arbeitsverhältnisse können zumindest das Problem der eingeschränkten zeitlich-numerischen Flexibilität reduzieren, sofern Teilzeitarbeitskräfte Mehrarbeit oder vorübergehende Aufstockungen der vertraglichen Stundenzahl akzeptieren. Dasselbe gilt auch für andere, durch kürzere individuelle Arbeitszeiten charakterisierte Formen atypischer Beschäftigung, etwa für Minijobs, die von den Beschäftigten selbst gewollt sind (Voß-Dahm 2006). Zudem ist mit solchen Formen die passgenaue zeitliche Zuordnung von Arbeitsvermögen zu Arbeitsplätzen erleichtert.

Insbesondere dann, wenn dem Qualifikationsbedarf durch interne Rekrutierung nicht rasch genug entsprochen werden kann, ist der Einsatz „Neuer Selbständiger" zu erwarten. Auch hier gilt: Je besser bereits in der Vorsozialisation dieser Arbeitskräfte Wert-Wissens-Systeme ausgebildet wurden, in denen „Selbständigkeit", „Entrepreneurship" u.ä. positiv konnotiert sind (Wilkens 2006), um so leichter, auch: um so transaktionskostengünstiger sind solche „Arbeitskraft-Unternehmer" einsetzbar (Pongratz/Voß 2003). Da für viele Aufgaben eine langfristige Einarbeitung notwendig ist, wird man hier vor allem solche Selbständigen vorfinden, die langfristig für denselben Auftraggeber tätig sind oder die früher im Normalarbeitsverhältnis für das jeweilige Unternehmen tätig waren. Formen atypischer Beschäftigung, die im Vergleich zum Normalarbeitsverhältnis insgesamt geringere Arbeitskosten verursachen (wie etwa Leiharbeit), sind hier weniger von Bedeutung. Formelhaft und nur die ökonomische Dimension einbeziehend gesprochen: Die Vermeidung von Transaktionskosten ist wichtiger als die Senkung von Produktionskosten.

4.3 Hybridform zwischen langfristig-intern und kurzfristig-extern ausgerichteter Beschäftigungsstrategie (Facharbeiter-Beschäftigungsstrategie)

Dieser Typ ist aus transaktionskostentheoretischer Sicht (Williamson 1984) vor allem dann zu erwarten, wenn die Anforderungen tendenziell betriebsunspezifisch, aber vergleichsweise hoch sind, und wenn darüber hinaus die Leistungskontrolle problematisch ist.[14] Eine typische, historisch-empirisch in der Bundesrepublik sehr wichtige Ausformung ist die Facharbeiter-Beschäftigungsstrategie (Lutz 1987). Die Sicherung der *Verfügbarkeit* und der Anpassungsfähigkeit verläuft ebenso wie beim ersten Typ über einen Austausch der Arbeitskräfte über den externen Arbeitsmarkt. Um die erforderliche hohe Mobilität der qualifizierten Arbeitskräfte sicherzustellen, müssen standardisierte Normen der Gratifikation, der Arbeitsorganisation etc. vorhanden sein, damit die Interessen der Arbeitskräfte nicht bei einem Wechsel zwischen Unternehmen gefährdet werden. Für das einzelne Unternehmen gehört daher eine Anpassung an diese insbesondere über Branchentarifverträge standardisierten Normen zu den wesentlichen Funktionsvoraussetzungen dieser Strategie.

Auf den ersten Blick zeichnet sich dieser Typ zwar durch eine rasche Reaktion an interne Veränderungen durch Nutzung des externen Arbeitsmarktes aus (Lutz 1987, S. 24f.). Allerdings ist die Bandbreite der Anpassungsreaktionen beschränkt, sofern sie gegen die Interessen der in einem Unternehmen Beschäftigten verstoßen. Dies ist insbesondere bei Personalabbau der Fall: Der „soziale Friede" und damit das bei komplexen, wenn auch wenig betriebsspezifisches Humankapital erfordernden Aufgaben oftmals nötige Sozialkapital würde hierdurch gefährdet. Insofern wird es kaum möglich bzw. sinnvoll sein, eine hohe Reaktionsgeschwindigkeit hinsichtlich der Personalanpassung über den externen Arbeitsmarkt zu erreichen. Daher finden sich bei diesem Typ Ergänzungen über interne Flexibilisierungsformen, z.B. eine Anpassung der Qualifikationen der bereits beschäftigten Fachkräfte durch Weiterbildung. Hinzu kommt eine Einbindung über Co-Management und ein ausgebautes, arbeitnehmermitbestimmtes System von Regeln zur Regulierung des Lohnleistungs-Verhältnisses (Ouchi 1984; Marsden 1999).

---

14 Grundsätzlich ist analytisch auch eine Kombination von spezifischen Anforderungen in Verbindung mit relativ einfacher Kontrolle der Leistung möglich; diese Konstellation wird bei Williamson 1984 behandelt.

In geringerem Maße als bei der kurzfristig-externen Strategie, aber dennoch nicht bedeutungslos für die Lohnkosten sind latente Bedrohungseffekte durch die interne Reservearmee. Zwar kann kaum die *gesamte* Stammbelegschaft z.B. durch Leiharbeiter substituiert werden, und die Beschäftigungssicherheit des Kernpersonals als Kollektiv nimmt eventuell durch deren Einsatz sogar zu (Atkinson 1984). Allerdings ist die Größe der Stammbelegschaft keine fixe, den Arbeitnehmern bekannte Größe. Die Rationalität ist eben beschränkt, und *einzelne* Arbeitstätigkeiten, Arbeitskräfte oder sogar ganze Unternehmensbereiche stehen prinzipiell und faktisch in zunehmendem Maße zur Disposition. Damit schwebt das Damoklesschwert des Arbeitsplatzverlustes permanent auch über vielen Stammarbeitnehmern; damit wird die Kernbelegschaft eher bereit sein, ungünstigere Arbeits- und Entlohnungsbedingungen zu akzeptieren (O'Connell Davidson 1991, S. 251f.).

Welches Ausmaß und welche Formen von atypischer Beschäftigung sind bei dieser Strategie zu erwarten? Die langfristige Bindung spielt kaum eine Rolle, von Bedeutung sind relativ hohe Qualifikationen, deren Integration das Sozialkapital nicht oder wenig gefährdet. Insgesamt spricht dies für einen eher geringen Anteil atypisch Beschäftigter, der zwischen dem in der langfristig-internen und dem in der kurzfristig-externen Strategie liegt. Empirisch vorzufinden, so meine Hypothese, ist vor allem Leiharbeit, um Probleme einer zu geringen numerischen Flexibilität auszugleichen. Vermutlich wird man nicht selten den Einsatz in räumlich-organisatorisch separierten Arbeitsfeldern vorfinden, um den sozialen Vergleich zu erschweren und Ungerechtigkeitswahrnehmungen zu vermeiden.

5. Fazit

Zurück zur Ausgangsfrage: Unter welchen Bedingungen sind welche Formen und Nutzungsgrade atypischer Beschäftigung zu vermuten? Bei der kurzfristig-externen Strategie sind hohe Anteile atypischer und kurzfristiger Beschäftigung vorzufinden. Darüber hinaus sind solche Formen zu erwarten, die im Vergleich zum Normalarbeitsverhältnis geringere Arbeitskosten verursachen. Bei der langfristig-internen Strategie werden wir insgesamt einen geringen Anteil atypisch Beschäftigter beobachten. Da der Flexibilitätsbedarf nicht Null ist, sind bestimmte Formen zwar vorhanden, aber eher langfristig ausgerichtete und von den Beschäftigten selbst präferierte Beschäftigungsverhältnisse wie Teilzeitarbeit oder auch Minijobs. Auch der Einsatz „Neuer Selbständiger" ist möglich, vor allem in der Variante mit einer langen Bindung an den Auftraggeber. Bei der Hybridform, der Facharbeiter-Beschäftigungsstrategie, dürfte der Anteil atypisch Beschäftigter zwischen dem bei der langfristig-internen und dem der kurzfristig-externen Strategie liegen. Vor allem Leiharbeit gleicht eine zu geringe numerische Flexibilität aus. Andere Formen werden eher in zufälligen Variationen um den Durchschnitt vorkommen.

Literatur

Antoni, M.; Jahn, E. J. (2006): Arbeitnehmerüberlassung: Boomende Branche mit hoher Fluktuation. IAB-Kurzbericht, 14. Nürnberg

Atkinson, J. (1984): Manpower Strategies for Flexible Organizations. In: Personnel Management, 16, S. 28-31

Baron, J. N.; Pfeffer, J. (1988): Taking the Workers Back Out: Recent Trends in the Structuring of Employment. In: Staw, B. M.; Cummings, L. L. (Hg.) (1988): Research in Organizational Behavior, 10, S. 257-303

Becker, B. E.; Huselid, M. A. (1998): High Performance Work Systems and Firm Performance: A Synthesis of Research and Managerial Implications. In: Research in Personnel and Human Resources Journal, 16, S. 53-101

Behrens, J. (1984): Die Reservearmee im Betrieb. Machttheoretische Überlegungen zu den Konzepten der „Kontrolle", der „Eigentumsrechte" und der „Sozialen Schließung". In: Jürgens, U.; Naschold, F. (Hg.): Arbeitspolitik. Materialien zum Zusammenhang von politischer Macht, Kontrolle und betrieblicher Organisation der Arbeit, Leviathan, Sonderheft 5. Opladen, S. 133-155

Bellmann, L. et al. (2006): Personalbewegungen und Fachkräfterekrutierung. Ergebnisse des IAB-Betriebspanels 2005. IAB-Forschungsbericht, 11. Nürnberg

Biehler, H.; Brandes, W. (1981): Arbeitsmarktsegmentation in der Bundesrepublik Deutschland: Theorie und Empirie des dreigeteilten Arbeitsmarktes. Frankfurt/M. u.a.O.

Bird, A.; Beechler, S. (1994): Links between Business Strategy and Human Resource Management Strategy in U.S.-based Japanese Subsidiaries: An Empirical Investigation. In: Journal of International Business Studies, 26, S. 23-46

Blien, U. (1986): Unternehmensverhalten und Arbeitsmarktstruktur. Nürnberg

Boockmann, B.; Hagen, T. (2005): Befristete und andere ‚atypische' Beschäftigungsverhältnisse: Wird der Arbeitsmarkt funktionsfähiger? In: Zeitschrift für Arbeitsmarktforschung, 38, S. 305-324

Bourdieu, P. (1998): State Nobility: Elite Schools in the Field of Power (7. Aufl.). Stanford

Bowles, S. (2004): Microeconomics. Behavior, Institutions, and Evolution. New York u.a.O.

Braverman, H. (1980): Die Arbeit im modernen Produktionsprozess. Frankfurt/M., New York

Cappelli, P. (1995): Rethinking Employment. In: British Journal of Industrial Relations, 33, S. 563-602

Cappelli, P.; Neumark, D. (2004): External Churning and Internal Flexibility: Evidence on the Functional Flexibility and Core-Periphery Hypotheses. In: Industrial Relations, 43, S. 148-182

Coleman, J. S. (1991): Grundlagen der Sozialtheorie. Bd. 1: Handlungen und Handlungssysteme. München

Davis-Blake, A.; Uzzi, B. (1993): Determinants of Employment Externalization: A Study of Temporary Workers and Independent Contractors. In: Administrative Science Quarterly, 38, S. 195-223

Doeringer, P. B.; Piore, M.J. (1971): Internal Labor Markets and Manpower Analysis. Lexington/Mass.

Feuerborn, A.; Hamann, W. (1997): Liberalisierung der Arbeitnehmerüberlassung durch das Arbeitsförderungs-Reformgesetz. In: Betriebs-Berater, 49, S. 2530-2535

Fox, A. (1974): Beyond Contract: Work, Power and Trust Relations. London

Glißmann, W.; Peters, K. (2001): Mehr Druck durch mehr Freiheit. Die neue Autonomie in der Arbeit und ihre paradoxen Folgen. Hamburg

Hartmann, M. (2002): Der Mythos von den Leistungseliten. Frankfurt/M., New York

Hoffmann, R.-W. (1981): Arbeitskampf im Arbeitsalltag. Frankfurt/M., New York

Huselid, M. A. (2005): The Impact of Human Resource Management Practices on Turnover, Productivity, and Corporate Financial Performance. In: Huselid, M.A. (Hg.): Strategic Human Resource Management. London u.a.O., S. 121-146

Jackson, S.; Schuler, R. (1995): Understanding Human Resource Management in the Context of Organizations and their Environments. In: Annual Review of Psychology, 46, S. 237-264

Jaehrling, K.; Weinkopf, C. (2006): Einfacharbeit im Wandel. In: Nienhüser, W. (Hg.): Beschäftigungspolitik von Unternehmen. Theoretische Erklärungsansätze und empirische Erkenntnisse. München, Mering, S. 95-113

Keller, B.; Seifert, H. (1995) (Hg.): Atypische Beschäftigung. Verbieten oder gestalten? Köln

Köhler, C.; Preisendörfer, P. (1988): Innerbetriebliche Arbeitsmarktsegmentation in Form von Stamm- und Randbelegschaften: Empirische Befunde aus einem bundesdeutschen Großbetrieb. In: Mitteilungen aus der Arbeitsmarkt- und Berufsforschung, 21, S. 268-277

Kossbiel, H. (2006): Personalwirtschaft. In: Bea, F. X.; Friedl, B.; Schweitzer, M. (2006) (Hg.): Allgemeine Betriebswirtschaftslehre. Bd.3: Leistungsprozess (9. Aufl.). Stuttgart, S. 517-622

Krell, G. (1994): Vergemeinschaftende Personalpolitik. München, Mering

Laske, S.; Weiskopf, R. (1996): Personalauswahl – Was wird denn da gespielt? Ein Plädoyer für einen Perspektivenwechsel. In: Zeitschrift für Personalforschung, 10, S. 295-332

Leana, C. R.; van Buren III, H. J. (1999): Organizational Social Capital and Employment Practices. In: Academie of Management Review, 24, S. 538-555

Lutz, B. (1987): Arbeitsmarktstruktur und betriebliche Arbeitskräftestrategie. Eine theoretisch-historische Skizze zur Entstehung betriebszentrierter Arbeitsmarktsegmentation. Frankfurt/M.

March, J. G.; Simon, H. A. (1958): Organizations. New York

Marsden, D. (1999): A Theory of Employment Systems: Microfoundations of Societal Diversity. Oxford u.a.O.

Martin, A. (2001): Personal – Theorie, Politik, Gestaltung. Stuttgart u.a.O.

Martin, A.; Nienhüser, W. (Hg.) (2002): Neue Formen der Beschäftigung – neue Formen der Personalpolitik? München, Mering

Marx, K. (1980): Das Kapital. Bd. 1: Der Produktionsprozess des Kapitals. Berlin

Matusik, S. F.; Hill, C. W. L. (1998): The Utilization of Contingent Workforce, Knowledge Creation, and Competive Advantage. In: Academy of Management Review, 23, S. 680-697

Meyer, H.-J. (1989): Kapazitätsorientierte variable Arbeitszeit (KAPOVAZ). Neuwied u.a.O.

Mintzberg, H.; Waters, J. A. (1994): Of Strategies, Deliberate and Emergent. In: Tsoukas, H. (Hg.): New Thinking in Organizational Behaviour. Oxford, S. 188-208

Neuberger, O. (1997): Personalwesen (1). Stuttgart

Nienhüser, W. (2004): Political (Personnel) Economy – a Political Economy Perspective to Explain Different Forms of Human Resource Management. In: management revue, 15, S. 228-248

Nienhüser, W.; Baumhus, W. (2002): ‚Fremd im Betrieb' – Der Einsatz von Fremdfirmenpersonal als Arbeitskräftestrategie. In: Martin, A.; Nienhüser, W. (Hg.): Neue Formen der Beschäftigung – neue Formen der Personalpolitik? München, Mering, S. 61-120

O'Connell Davidson, J. (1991): Subcontract, Flexibility and Changing Employment Relations in the Water Industry. In: Blyton, P.; Morris, J. (Hg.): A Flexible Future? Prospects for Employment and Organizations. Berlin, New York, S. 241-258

Ouchi, W. G. (1980): Markets, Bureaucracies, and Clans. In: Administrative Science Quarterly, 25, S. 129-141

Pearce, J. L. (1993): Toward an Organizational Behavior of Contract Laborers: Their Psychological Involvement and Effects on Employee Co-Workers. In: Academy of Management Journal, 36, S. 1082-1096

Pfeffer, J. (1981): Management as Symbolic Action: The Creation and Maintenance of Organizational Paradigms. In: Staw, B. M.; Cummings, L. L. (Hg.): Research in Organizational Behavior, 3, Greenwich, S. 1-52

Pfeffer, J. (1994): Competitive Advantage through People. Boston/Mass.

Pfeffer, J. (1998): Human Equation. Building Profits by Putting People First. Boston/Mass.

Pfeffer, J.; Baron, J. N. (1988): Taking the Workers Back Out: Recent Trends in the Structuring of Employment. In: Staw, B. M.; Cummings, L. L. (Hg.): Research in Organizational Behavior, 10, S. 257-303

Pfeffer, J.; Cohen, Y. (1984): Determinants of Internal Labor Markets in Organizations. In: Administrative Science Quarterly, 29, S. 550-572

Pfeffer, J.; Salancik, G. R. (2003): The External Control of Organizations. A Resource Dependence Perspective. Stanford

Plehwe, D.; Walpen, B.; Neunhöffer, G. (2006): Neoliberal Hegemony: A Global Critique. London u.a.O.

Pongratz, H. J.; Voß, G. G. (2003): Arbeitskraftunternehmer – Erwerbsorientierungen in entgrenzten Arbeitsformen. Berlin

Porter, M. (1992): Wettbewerbsstrategie (7. Aufl.). Frankfurt/M., New York

Promberger, M.; Rosdücher, J.; Seifert, H.; Trinczek, R. (1997): Weniger Geld, kürzere Arbeitszeit, sichere Jobs. Soziale und ökonomische Folgen beschäftigungssichernder Arbeitszeitverkürzungen. Berlin

Robinson, S. L. (1996): Trust and Breach of the Psychological Contract. In: Adminstrative Science Quarterly, 41, S. 574-599

Rudolph, H. (2005): Beschäftigungsformen: ein Maßstab für Flexibilität und Sicherheit? In: Kronauer, M.; Linne, G. (Hg.): Flexicurity. Die Suche nach Sicherheit in der Flexibilität. Berlin, S. 109-125

Sadowski, D. (1991): Humankapital und Organisationskapital: zwei Grundkategorien einer ökonomischen Theorie der Personalpolitik in Unternehmen. In: Ordelheide, D. (Hg.): Betriebswirtschaftslehre und ökonomische Theorie. Stuttgart, 127-141

Schuler, R. S.; Jackson, S. E. (1987): Linking Competitive Strategies with Human Resource Management Practices. In: Academy of Management Executive, 1, S. 207-219

Scott, W. R. (1995): Institutions and Organizations. Thousand Oaks

Seifert, H. (2001): Zeitkonten: Von der Normalarbeitszeit zu kontrollierter Flexibilität. In: WSI Mitteilungen, 54, S. 84-91

Seifert, M.; Pawlowsky, P. (1998): Innerbetriebliches Vertrauen als Verbreitungsgrenze atypischer Beschäftigungsformen. In: Mitteilungen aus der Arbeitsmarkt- und Berufsforschung, 31, S. 599-611

Sengenberger, W (1987): Struktur und Funktionsweise von Arbeitsmärkten. Frankfurt/M.

Sennett, R. (1998): Der flexible Mensch. Die Kultur des neuen Kapitalismus. Berlin

Türk, K. (1981): Personalführung und soziale Kontrolle. Stuttgart

Voss-Dahm, D. (2006): Minijobs als Triebkräfte der Ausdifferenzierung betrieblicher Beschäftigungssysteme. In: Nienhüser, W. (Hg.): Beschäftigungspolitik von Unternehmen. Theoretische Erklärungsansätze und empirische Erkenntnisse. München, Mering, S. 75-94

Watson, T. (2005): Organisations, Strategies and Human Resourcing. In: Leopold, J.; Harris, L.; Watson, T. (Hg.): The Strategic Managing of Human Resources. Harlow, S. 6-33

Wilkens, U. (2006): Der psychologische Vertrag hochqualifizierter Arbeitskraftunternehmer als Herausforderung für die Personalpolitik wissensintensiver Unternehmen. In: Nienhüser, W. (Hg.): Beschäftigungspolitik von Unternehmen. Theoretische Erklärungsansätze und empirische Erkenntnisse. München, Mering, S. 115-149

Williamson, O. E. (1984): Efficient Labour Organization. In: Stephen, F. H. (Hg.): Firms, Organization and Labour. London, Basingstoke, S. 87-118

Williamson, O. E.; Wachter, M. L.; Harris, J. (1975): Understanding the Employment Relation: the Analysis of Idiosyncratic Exchange. In: The Bell Journal of Economics, 6, S. 250-278

Williamson, O. E. (1990): Die ökonomischen Institutionen des Kapitalismus: Unternehmen, Märkte, Kooperationen. Tübingen

(De)Stabilisierung der Arbeitsmarktsegmentation?
Überlegungen zur Theorie atypischer Beschäftigung

Werner Sesselmeier

1. Einleitung

Immer schon gab es unterschiedliche Formen der Erwerbstätigkeit. Erst im Zuge der Industrialisierung setzten sich bestimmte Beschäftigungsformen als normbildend durch. Mit dem sozioökonomischen Strukturwandel wurden die Erwerbsformen bunter und gleichzeitig negativ konnotiert. Mit der Abweichung von der Norm „Normalarbeitsverhältnis" entstanden so genannte „atypische Beschäftigungsverhältnisse". Das zeigt, welchen Rang das Normalarbeitsverhältnis noch heute hat. Es ist also zunächst zu klären, was ist die Norm und wie definieren sich in Abgrenzung die Abweichungen. Die weitergehende Analyse fragt nach den theoretischen Erklärungen für die Entstehung atypischer Beschäftigung.

Die in diesem Zusammenhang weit verbreitete These lautet, dass atypische Beschäftigungsverhältnisse in Zeiten eines höheren Anpassungsdrucks der Unternehmen deren Flexibilität erhöhen (Keller/Seifert und Hohendanner/Bellmann in diesem Band). Im Unterschied dazu soll hier versucht werden, Alternativen zum Normalarbeitsverhältnis über die Veränderung in der Nachfrage nach Humankapital zu begründen.

Daraus ergeben sich folgende Fragen: Was sind atypische Beschäftigungsverhältnisse? Welches sind die theoretischen Erklärungsmuster für die dominierenden Beschäftigungsverhältnisse, die so genannten Normalarbeitsverhältnisse? Wie trägt der sozioökonomische Strukturwandel zu einer Veränderung der Humankapitalnachfrage bei und in welche Richtung geht diese Veränderung? Warum führt diese Nachfrageveränderung zu atypischen Beschäftigungsverhältnissen?

Der Beitrag skizziert eine humankapitaltheoretisch- und transaktionskostenbasierte Begründung für den Wandel der Beschäftigungsverhältnisse. Weil diese Änderungen vermutlich alle Wohlfahrtsstaaten in gleicher Weise betreffen, die jeweils spezifische Organisation der unterschiedlichen Wohlfahrtsstaaten diese Entwicklung jedoch zusätzlich fördert oder eher relativiert, besteht auch eine enge Verknüpfung zu institutionenökonomischen Ansätzen (Aiginger/Guger 2005; Beyer 2006).

2. Atypische Beschäftigungsverhältnisse: Wie und warum?

Atypische Beschäftigungsverhältnisse werden üblicherweise aus ihrer Abweichung gegenüber dem Benchmark Normalarbeitsverhältnis charakterisiert. Der entscheidende Punkt für die Wahrnehmung dieser Beschäftigungsverhältnisse als atypisch ist die sozialpolitische Inklusion der Wirtschaftssubjekte über das Normalarbeitsverhältnis. Das Festhalten an der Kopplung der Sozialversicherungen an den Faktor Arbeit ist daher Hauptursache für die Fokussierung auf Normalarbeitsverhältnisse und für die geringe Akzeptanz nicht sozialversicherungspflichtiger Beschäftigungsverhältnisse (Dietz/Walwei in diesem Band). Das Abweichen von dem vertrauten wohlfahrtsstaatlichen Pfad, der sich im Normalarbeitsverhältnis widerspiegelt, in Richtung Prekarität und weniger in Richtung atypisch problematisiert die Akzeptanz (Brinkmann et al. 2006; Dörre 2006; Klammer/Leiber in diesem Band; Eichhorst/Sesselmeier 2006).

Dass es diese atypischen Beschäftigungsformen gibt, ist das eine. Das andere ist die Frage, warum sie entstanden sind. Hier bietet die Literatur zwei Antworten (Struck/Köhler 2004): Eine Begründung ist die Änderung der Rahmenbedingungen in Folge des sozioökonomischen Strukturwandels, die eine Vielzahl unterschiedlicher Beschäftigungsformen mit sich bringt (Bizer/Sesselmeier 2004), auf die im weiteren aufgebaut wird.

Eine andere Begründung ergibt sich aus der Mainstream-Begründung zur Bekämpfung der Arbeitslosigkeit. Arbeitsmarktreformen in Deutschland sind der anhaltend hohen Arbeitslosigkeit geschuldet und der Erkenntnis, dass andere Länder erfolgreicher mit ihren Arbeitsmarktproblemen umgingen und umgehen (Thode 2006). Im Mittelpunkt der Ursachenforschung steht die Aussage, dass der deutsche Arbeitsmarkt zu rigide sei, damit Vollbeschäftigung entstehen könne (Enste/Hardegge 2006). Dabei wird jedoch kaum hinterfragt, was unter rigiden bzw. flexiblen Arbeitsmärkten zu verstehen sein könnte. Üblicherweise wird darunter eine externe Flexibilität verstanden, die die Einstellung, aber auch die Entlassung von Arbeitskräften erleichtern soll, also das „Modell USA" (Entorf 2001).

Der deutsche Arbeitsmarkt lässt diese Art von Flexibilität eher vermissen und setzt dafür mehr auf interne Flexibilität, die bei langfristigen Beschäftigungsverhältnissen und der Bereitschaft zu Qualifikation funktioniert. Diese interne Flexibilität korrespondiert mit einem starken internen Arbeitsmarkt und damit mit dem Normalarbeitsverhältnis. Dies zeigt bereits, dass die Wahl der Flexibilität und die damit verbundenen Beschäftigungsverhältnisse nicht nur Folge arbeitsökonomischer Zusammenhänge sind, sondern auch und gerade von der jeweiligen wohlfahrtsstaatlichen Ausstattung abhängen. Differenziert man nun interne und externe Flexibilitätsmuster weiter aus, so zeigt sich, dass atypische Beschäftigungsverhältnisse in beiden Kategorien zu finden sind. Mit diesen neuen Beschäftigungsformen findet folglich kein genereller Wechsel in den Flexibilisierungsmustern statt. Vielmehr geht es um ein Aufweichen des Normalarbeitsverhältnisses durch verschiedene davon abweichende Beschäftigungsmuster interner und externer Flexibilität (Keller/Seifert 2005, S. 131).

Ausgehend von den beiden Begründungssträngen für atypische Beschäftigung – sozioökonomischer Strukturwandel und anhaltende Arbeitslosigkeit – ist als nächstes nach den Nachfragern für diese Formen interner und externer Flexibilität zu fragen. Dabei lassen sich drei Nachfrager nach Flexibilität identifizieren (Hohendanner/Bellmann in diesem Band): Erstens Unternehmen aufgrund ihrer Anpassungserfordernisse an das wirtschaftliche Umfeld; zweitens Arbeitnehmer, da atypische Beschäftigungsformen einen Zusatzverdienst ermöglichen oder die Vereinbarkeit von Familie und Erwerbsleben erleichtern; drittens der Staat, weil er hofft, die Arbeitsmarktintegration zu fördern. Damit zeigen sich im Hinblick auf die zwei Begründungsstränge ganz unterschiedliche Bezugspunkte. Die staatlichen Akteure unterliegen weitgehend der Vorstellung einer Stärkung der externen Flexibilität zur Verbesserung der Arbeitsmarktsituation. Das Verhalten der Arbeitnehmer, aber auch der Unternehmen ist durch die Veränderungen der Rahmenbedingungen geprägt.

Bei dem Versuch, die Frage nach den Ursachen atypischer Beschäftigungsverhältnisse zu beantworten, muss also von diesen drei Nachfragern und deren jeweiliger Motivation ausgegangen werden. Allerdings ist plausibel anzunehmen, dass die Arbeitsnachfrageseite bei der Ausgestaltung der Beschäftigungsformen die entscheidende Rolle spielt, weshalb zunächst die Begründung für das typische Beschäftigungsverhältnis skizziert werden muss, um anschließend zu fragen, inwiefern sich die Voraussetzungen dafür geändert haben, sodass die Unternehmen davon abweichen wollen und können. Es geht um eine Erklärung, die erst in zweiter Linie von den institutionellen Gegebenheiten ausgeht, in erster Linie jedoch nach den Veränderungen in den Begründungen für interne Arbeitsmärkte bzw. typische Beschäftigungsverhältnisse fragt.

3. Die transaktionskostentheoretischen Grundlagen der typischen Beschäftigungsverhältnisse

Die transaktionskostentheoretische Begründung interner Arbeitsmärkte kann als die ökonomische Basis für diese typischen Beschäftigungsformen gesehen werden, die auf Grund der diversen institutionellen Ausprägungen in den Wohlfahrtsstaaten in unterschiedlichem Maße auftreten können. Auf der Basis notwendiger Weise unspezifizierter Arbeitsverträge lassen sich mit Brandes/Buttler (1988, S. 99ff) zwei „zentrale Phänomene für die Unvermeidbarkeit interner Arbeitsmärkte" feststellen: Beschäftigungsfixkosten und die Zurechenbarkeit individueller Fixkosten (Sesselmeier et al. 2007; Dietz 2006 sowie kritisch zum transaktionskostentheoretischen Ansatz Jans 2002).

Beschäftigungsfixkosten umfassen alle Kosten im Zusammenhang mit der Einstellung von Arbeitnehmern, sobald die Voraussetzungen der idealtypischen Modellwelt nicht mehr gegeben sind. Denn in dieser wäre der Austausch von Arbeitskräften für ein Unternehmen kostenlos, und die Beschäftigungsfixkosten wären somit trivial. Allgemein sind Beschäftigungsfixkosten für das Unternehmen zusätzliche, überwiegend mit der Zahl der Beschäftigten variierende „non-wage-labour-costs". Diese Personalnebenkosten können weiter in variable und fixe Kosten unterteilt werden. Zu den variablen Personalnebenkosten zählen beispielsweise an das Einkommen gekoppelte Sozialversicherungsabgaben. Erreicht das Einkommen die Beitragsbemessungsgrenze, würden diese Kosten zu den fixen Personalnebenkosten zählen.[1]

Eine zweite relevante Gruppe von Beschäftigungsfixkosten bilden die betrieblichen Rekrutierungs- und Ausbildungskosten. Hier ergibt sich zunächst ein quantitatives Problem für das Unternehmen, das erst durch die Existenz des internen Arbeitsmarktes sichtbar wird. Wenn der Wechsel von Arbeitskräften hohe Fluktuationskosten verursacht, wird das betroffene Unternehmen bemüht sein, diesen durch sowohl monetäre als auch nicht-monetäre Anreize zu verhindern, um eine optimale Amortisation der betrieblichen Humankapitalinvestitionen zu ermöglichen. Unter der Annahme, dass Beschäftigungsfixkosten nur einmal bei Einstellung eines Arbeitnehmers anfallen, wird ein Arbeitnehmer nur dann eingestellt, wenn sich die damit zusammenhängenden Beschäftigungsfixkosten in den folgenden Perioden amortisieren. Die Beschäftigungsfixkosten entsprechen im Gleichgewicht dem Gegenwartswert von Wertgrenzprodukt und Lohn. Um die Fixkosten zu amortisieren, muss die Entlohnung im Unterschied zum herkömmlichen Arbeitsnachfragemodell in mindestens einer Periode unter dem Wertgrenzprodukt liegen. Je länger das erwartete Beschäftigungsverhältnis andauert, desto höher können ceteris paribus die Beschäftigungsfixkosten sein oder desto geringer kann die Rente je Periode bei gegebenen Beschäftigungsfixkosten sein. Im Entlassungsfall werden die Beschäftigungsfixkosten vom Unternehmen als *sunk costs* gewertet. Die Entlassungswahrscheinlichkeit für den Arbeitnehmer sinkt mit steigendem Anteil der Rente am Wertgrenzprodukt.

Diese quantitativen Probleme der Arbeitskräftebeschaffung bedürfen einer ergänzenden Berücksichtigung der qualitativen Aspekte des Arbeitskräfteangebots bezüglich des Zusammenhangs von Beschäftigungsfixkosten und der Klas-

---

1   Auf die umfangreiche Literatur zu den beschäftigungswirksamen Folgen der mit den Sozialversicherungsbeiträgen einhergehenden Abgabenschere zwischen den gesamten Arbeitskosten je Arbeitnehmer und dessen Nettolohn sei an dieser Stelle nur verwiesen, siehe beispielsweise Meinhardt/Zwiener 2004; Schmähl 2003; Walwei/Zika 2005.

sifikation von Humankapitalinvestitionen. Dazu ist es sinnvoll, die Beschäftigungsfixkosten weiter zu differenzieren in:

- Selektionsinvestitionen, die der Suche, Auswahl und Einstellung heterogener Arbeitnehmer dienen;
- Verbesserungsinvestitionen, die die Produktivität der Arbeitnehmer im Betrieb erhöhen helfen;
- Protektionsinvestitionen, die die Selektions- und Verbesserungsinvestitionen durch Vermeidung von Kündigungen und Verlängerung der Arbeitsverhältnisse sichern sollen.

Diese Investitionen fallen je nach Kategorie der funktionalen Qualifikation – unspezifisch, branchen- oder unternehmensspezifisch – in unterschiedlichem Ausmaß an. Je spezifischer die funktionale Qualifikation, umso höher die damit verbundenen Investitionskosten. Bereits vor der Einstellung müssen Probleme der adversen Selektion[2] überwunden werden. Während der Beschäftigungsphase werden gerade die spezifisch Qualifizierten auch weitergebildet und müssen letztendlich gegenüber der Konkurrenz auch gehalten werden (Neubäumer 2006). Gleichermaßen wichtig dürften für ein Unternehmen jedoch auch die extrafunktionalen Qualifikationen sein, die auch die Person des Arbeitnehmers sowie dessen Sozialisation umfassen. Hier ergeben sich für die Unternehmungen insbesondere Informations- und folglich screening-Probleme, denn während die funktionalen Qualifikationen mit Zertifikaten und Zeugnissen belegt werden können, kristallisieren sich die extrafunktionalen Qualifikationen erst im Laufe des Arbeitsverhältnisses heraus.

Unterstellt man zudem Kontroll- und Zurechnungsprobleme, also Probleme bei der Zurechnung individueller Grenzproduktivitäten, und kombiniert diese Problematik mit unterschiedlichen Humankapitalanforderungen, so ergeben sich mehrere unternehmensinterne Koordinationsmöglichkeiten (Williamson 1981, S. 566; ebd. 1985, S. 247; vgl. Tab. 1).

Das erste Feld stellt den in der Neoklassik üblichen externen Arbeitsmarkt dar, der natürlich auch innerhalb eines Unternehmens im Sinne eines sekundären, internen Teilarbeitsmarktes, der Randbelegschaft, existieren kann. Die Arbeitsbeziehungen sind dadurch gekennzeichnet, dass keine beziehungsspezifischen Investitionen[3] getätigt werden und damit keine sunk costs entstehen. Das

---

2   Hierbei geht es allgemein um Probleme asymmetrischer Informationsverteilung zwischen den Akteuren und deren Auswirkungen auf das Marktgleichgewicht (Fritsch et al. 2005). Im konkreten Fall haben potenzielle Arbeitgeber Probleme, die Qualifikation von Bewerbern vor Abschluss des Arbeitsvertrags zu erkennen, was wiederum zu Ungleichgewichten am Arbeitsmarkt führt (Sesselmeier et al. 2007).
3   Prinzipiell kann davon ausgegangen werden, dass mit der Beziehungsspezifität auch die Selektions-, Verbesserungs- und Protektionsinvestitionen steigen, wenn auch letztere

Vertragsverhältnis kann, ohne dass einer der beiden Vertragsseiten Verluste entstehen, jederzeit aufgelöst werden. Arbeitnehmer sind also nicht auf bestimmte Unternehmen angewiesen, da sie durch einen Wechsel keinen Produktivitätsverlust erleiden. Ebenso können die Unternehmen, ohne relevante beziehungsspezifische Kosten investieren zu müssen, Arbeitskräfte ersetzen.

Tab. 1: Outputmessung und Humankapital

individuelle Outputmessung	Humankapital	
	unspezifisch	spezifisch
leicht	1. Auktionsmarkt	3. obligational market
schwer	2. einfaches Team	4. relationales Team

Das als „einfaches Team" bezeichnete Koordinationsergebnis von Feld 2 ist das klassische Team von Alchian/Demsetz (1972). Zwar benötigen die Arbeitnehmer keine betriebsspezifischen Humankapitalinvestitionen zur Erfüllung ihrer Tätigkeiten, das Ergebnis ihrer Arbeit ist jedoch nicht individuell zurechenbar. Die Unmöglichkeit der individuellen Outputzurechnung eröffnet den Arbeitnehmern die Möglichkeit zu opportunistischem Verhalten gegenüber den anderen Teammitgliedern. Aus dieser Tatsache, dass nur das Teamergebnis, nicht aber die Leistung des Einzelnen für das Unternehmen zu kontrollieren ist, erwächst für den einzelnen Arbeitnehmer der Anreiz, seine Leistung bei gegebenen Verhaltensweisen der restlichen Teammitglieder zu reduzieren. Das einfache Team verkörpert somit eine typische Gefangenendilemmasituation, indem individuell rationales Verhalten nicht zu einem effizienten, paretooptimalen Ergebnis führt.

Das dritte Feld ist durch die genau entgegengesetzte Kombination – spezifisches Humankapital, aber individuell zurechenbarer Output – charakterisiert. Probleme der Outputmessung treten also hier gegenüber dem Problem unternehmensspezifischer Humankapitalinvestitionen in den Hintergrund. Arbeitnehmer und Unternehmer haben ein gemeinsames Interesse – die Nutzung des unternehmensspezifischen Humankapitals – an dauerhaften Arbeitsbeziehungen und diese garantierenden, wechselseitig verpflichtenden („obligational") Sicherungsvorkehrungen. Die Arbeitnehmer würden schließlich durch einen Unternehmenswechsel einen Produktivitäts- und – damit verbunden – Einkommensverlust erleiden. Sie sind also aufgrund ihrer idiosynkratischen und damit nur für dieses Arbeitsverhältnis getätigten Investitionen in ihrer zwischenbetrieblichen Mobilität eingeschränkt, da diese in anderen Beschäftigungsverhältnissen gar nicht oder zumindest sehr begrenzt verwertbar sind. Den Unternehmen würden ebenfalls Kosten durch die Fluktuation ihrer Arbeitnehmer entstehen, so dass

---

nicht im gleichen Umfang, da eine höhere Beziehungsspezifität die Arbeitnehmer wegen der geringeren externen Verwertungschancen auch so schon an das Unternehmen bindet.

dies eine typische Situation für ein bilaterales Monopol verbunden mit den bereits beschriebenen hold up-Problemen im Zusammenhang mit der beziehungsspezifischen Quasirente darstellt.

Das letzte Feld als Kombination der Möglichkeiten zwei und drei stellt auf „relationale Teams" ab, die „weiche Kontrahierungsformen" (Ochsenbauer 1989, S. 216) bedingen. Die Teammitglieder sind also nicht nur durch ihre unternehmensspezifischen Humankapitalinvestitionen und die problematische Outputmessung gekennzeichnet, sondern insbesondere durch von ihnen getätigte „Beziehungsinvestitionen" (Brandes/Buttler 1988, S. 102), in denen sowohl Teile der extrafunktionalen Qualifikationen als auch herausgebildete betriebliche Normen und Identifikationen mit dem Unternehmen und seinen Zielen zur Übernahme begrenzter Gruppenziele eine herausragende Rolle spielen. Diese Beziehungsinvestitionen sollen in diesem Feld nicht mögliche Kontrollmechanismen ersetzen.

Ausgehend von diesen unterschiedlichen Kooperationsbeziehungen zwischen Arbeitnehmern und Unternehmen sind verschiedene Muster der Personalpolitik zwischen Vermarktlichung und Vergemeinschaftung denkbar (Diewald et al. 2005, S. 228ff.). Beziehungsspezifische Investitionen und unvollkommene Kontrollmöglichkeiten verbunden mit Beschäftigungsfixkosten begründen somit interne Arbeitsmärkte und typische Beschäftigungsverhältnisse, wie sie für die Felder drei und vier charakteristisch sind. Umgekehrt würden sich atypische Beschäftigungsverhältnisse externer Flexibilitätsmuster im ersten Feld wiederfinden und solche interner Flexibilität im zweiten Feld. Bildlich gesprochen, stellt sich die Frage, ob es Gründe für eine Linksverschiebung eines Teils der Beschäftigungsverhältnisse aus den Feldern drei und vier in die Felder eins und zwei gibt. Ob damit auch eine generelle Verschiebung oder Relativierung bestehender Segmentationslinien verbunden ist, wäre eine weitergehende Frage.

4. Der sozioökonomische Strukturwandel und sein Einfluss auf die Humankapitalnachfrage

Die Frage lautet, wie sich die Voraussetzungen für interne Arbeitsmärkte geändert haben, so dass zwar die Stammbelegschaften vom Niveau her immer noch die dominierende Gruppe bleiben, die Dynamik jedoch in den atypischen Beschäftigungsverhältnissen festzustellen ist. Ausgangspunkt dieser Betrachtung ist der bereits erwähnte sozioökonomische Strukturwandel, der – so die These – die Nachfrage nach Humankapital so verändert, dass die Unternehmen von der Form des Normalarbeitsverhältnisses abweichen können, ohne dass ihnen dadurch zusätzliche Kosten entstehen. Bezogen auf die gerade skizzierte Begründung sollte insbesondere die Rolle der beziehungsspezifischen Investitionen relativiert werden.

Gegenwärtig sind die Wohlfahrtsstaaten von einer Reihe grundlegender Veränderungen betroffen, die üblicherweise unter dem Begriff sozioökonomischer Strukturwandel zusammengefasst werden und hier nicht näher beschrieben werden müssen, da sie mittlerweile allseits bekannt sind (Bizer/Sesselmeier 2004; Sesselmeier 2007):

- ökonomische Globalisierung;
- Alterung und Schrumpfung der Bevölkerung;
- Heterogenisierung der Lebensstile;
- zudem wird die Arbeitswelt durch den Einsatz der Informations- und Kommunikationstechnologien ökonomisch und technisch revolutioniert. Dabei wird sowohl die Art und Weise der Erstellung von Gütern und Leistungen verändert als auch ein neuer und neben den drei klassischen Sektoren stehender Informationssektor generiert.
- Schließlich verändert sich die Beschäftigungsstruktur durch einen starken Tertiarisierungstrend. Diese Entwicklung auf den Arbeitsmärkten führt in Folge des für weite Teile der Dienstleistungen geltenden uno-actu-Prinzips[4] zu einer Heterogenisierung der Beschäftigungsverhältnisse und je nach sozialpolitischer Ausgestaltung auch zu deren Prekarisierung.

Für die weitere Argumentation sind vor allem der sektorale Wandel und die Informatisierung der Arbeitswelt von Interesse. Die bisherige Argumentation lautet, dass der sozioökonomische Strukturwandel erhöhte Ansprüche an das Humankapital stellt (Bellmann et al. 2002; Bizer/Sesselmeier 2004).[5] Implizit ist damit meist ein spezifisches Humankapital gemeint, wie es im Rahmen der Transaktionskostentheorie auch zur Erklärung von internen Arbeitsmärkten dient. Nicht vom Niveau, wohl aber von der Dynamik her ist das Entstehen von eher externen Teilarbeitsmärkten zu beobachten. Dies könnte nun daran liegen, dass das Humankapital zwar tatsächlich eine wichtige Rolle spielt, aber eben anders als unterstellt. Viele Anzeichen sprechen dafür, dass die Anforderungen an die Qualifikationen der Erwerbspersonen steigen, diese Anforderungen jedoch weniger in spezifisches als vielmehr in allgemeines Humankapital münden, also in Humankapital, das sich die Unternehmen einkaufen können. Mit dieser Vermarktlichung der Personalpolitik relativieren sich das Problem der Beschäftigungsfixkosten sowie das der mangelnden Outputzurechnung bzw. Kontrolle, und der Arbeitsvertrag wandelt sich in Richtung Werkvertrag.

---

4   Dies bedeutet, dass Dienstleistungen im Moment ihrer Erstellung auch konsumiert werden. Es gibt keine Lagermöglichkeit für Dienstleistungen im Unterschied zu Produktionsgütern.
5   Eine alternative Erklärungsvariante sieht dagegen eine Polarisierung der Qualifikationsanforderungen zulasten des mittleren Qualifikationssegments der Lehrberufe (Pechar 2006).

(De)Stabilisierung der Arbeitsmarktsegmentation? 75

Mit der Tertiarisierung geht ein Trend zur Entberuflichung einher, der die Grenzen zwischen allgemeinem und berufsspezifischem Humankapital auflöst und dessen Relevanz gegenüber unternehmensspezifischen Qualifikationen aufwertet. Die Ursachen hierfür sind vielfältig, wirken aber alle in die gleiche Richtung.

Die erste Ursache hierfür ist die Art und Weise der Leistungsorganisation. Denn während in der Industrie der Dienstleistungsanteil steigt, lassen sich Dienstleistungen selbst bzw. deren Erstellung zunehmend standardisiert anbieten. Dienstleistungsunternehmen bieten ihren Kunden vermehrt standardisierte Leistungspakete an Stelle individueller, auf den jeweiligen Kunden zugeschnittener Dienstleistungen an, was für die Kunden kostengünstiger ist. Diese Entwicklung ist u.a. eine Folge der Ausgliederungsstrategien der Unternehmen, die Unternehmensteile auslagern, die nicht zum Bereich der jeweiligen Kernkompetenz gehören, oder innerhalb des Unternehmens eigenverantwortliche Profitcenter generieren, deren Leistungen sie dann einkaufen, und die wiederum ihre Leistungen auch anderen Unternehmen anbieten. Statt den für die Existenz von internen Arbeitsmärkten unterstellten langfristigen Kooperationen kommt es außerdem zu Projekten mit unterschiedlichen Auftraggebern.

In der Folge steigt auch der Bedarf an allgemeinem Humankapital, das sich Unternehmen bei Bedarf einkaufen und das in verschiedenen Unternehmen einsetzbar ist. Es kommt zu einer neuen Art von make-or-buy-Entscheidungen und zwar auf allen Qualifikationsstufen. Die zunehmende Standardisierung von EDV-Programmen verallgemeinert die dafür notwendigen Qualifikationen und schafft im Sinne der Segmentationsansätze primäre externe Arbeitsplätze.[6] Verwendet ein Unternehmen beispielsweise SAP-Programme, so kauft es sich die dafür notwendigen Qualifikationen punktuell ein statt EDV-Mitarbeiter einzustellen. Mit der Standardisierung gehen Teile der beziehungsspezifischen Investitionen verloren, und das Kontrollproblem wird durch Werkverträge an Stelle von Arbeitsverträgen gelöst.

Im medizinischen Bereich stellen Leihärzte den neuesten Trend dar. Auch hier zeigt sich der Wandel des Humankapitals. Sie müssen hoch qualifiziert sein, aber eben nicht unternehmens-, sondern branchenspezifisch.[7] Deren Qualifika-

---

6   Im Unterschied zum angestellten Betriebsarzt, dessen Position man als intern-sekundär bezeichnen könnte.
7   Der Grad der Spezifität wird hier zum einen durch die mit den eher langfristig nachwirkenden Investitionen in Sachkapital verknüpften Qualifikationsanforderungen verbunden sein, aber auch durch spezifische Betriebsabläufe beeinflusst. Daneben sollten gerade im Arzt-Patienten-Verhältnis auch die extrafunktionalen Qualifikationen eine nicht zu unterschätzende Rolle spielen.

tion ist auf den externen Arbeitsmarkt ausgerichtet und gerade so formiert, dass es handelbar und nicht abhängig vom einem Arbeitgeber bzw. Nachfrager ist.

Bei einfacheren Dienstleistungen etwa im Reinigungsgewerbe oder auch im Pflegebereich werden den Arbeitskräften immer mehr standardisierte Arbeitsabläufe verbunden mit entsprechenden Zeitvorgaben an die Hand gegeben, so dass die Leistungserstellungen auch in diesen Bereichen fordistischer und unabhängiger vom jeweiligen Nachfrager werden. Auch hier ergeben sich ein Abbau beziehungsspezifischer Investitionen und die Lösung des Kontrollproblems durch Outsourcing oder Fremdvergabe. Leiharbeit und befristete Beschäftigung als Konkretisierungen numerischer externer Flexibilität sind die Folge.

Die zweite Ursache findet sich im Bildungsbereich. Hier hat sich in den letzten Jahren insbesondere unter dem Eindruck der Massenarbeitslosigkeit ein Wandel weg von der Beruflichkeit der Ausbildung hin zur Beschäftigungsfähigkeit (employability)[8] ergeben (Sesselmeier 2006a), der in der berufpädagogischen Forschung seine Spiegelung in der Entwicklung von der Qualifikations- zur Kompetenzorientierung (Bohlinger 2006) findet. Employability zielt weniger auf berufsfachliche Qualifizierung und den Erwerb arbeitsbezogener Kompetenzen, sondern vielmehr auf die berufliche Handlungskompetenz sowie den Ausbau der individuellen Fähigkeiten und eines arbeitsmarktorientierten Verhaltens der Individuen. Weiterbildung vollzieht sich in diesem Zusammenhang gegenwärtig als so genanntes blended learning oder hybrides Lernen, was als eine Art standardisiertes E-learning kombiniert mit Elementen des Präsenzlernens verstanden werden kann (Sauter 2002). Auch hier steht allgemeines Humankapital im Mittelpunkt. Weiterbildung als Instrument interner funktionaler Flexibilität wird somit arbeitnehmerseitig individualisiert und externalisiert.

Die dritte Ursache ist darin zu sehen, dass im Bereich der Dienstleistungen neben den formalen und arbeitsbezogenen Qualifikationen insbesondere soft skills bzw. extrafunktionales Humankapital gefragt sind, die üblicherweise auch eher unter allgemeinem Humankapital firmieren. Darunter versteht man „Einstellungsmuster und Verhaltensdispositionen, insbesondere Kommunikations- und Kooperationsfähigkeit, die für gruppenspezifische Prozesse outputrelevant werden" (Fischer/Heier 1983, S. 181f). Diese extrafunktionalen Qualifikationen sind im tertiären Bereich in allen Positionen mit Kundenkontakt von Nöten und zwar unabhängig von der formalen Qualifikation. Der akademisch ausgebildete Softwareingenieur braucht sie genau so wie die angelernte Verkäuferin im Einzelhandel. Hierbei geht es um sicherlich nur teilweise erlernbare Fähigkeiten,

---

8 Employability spielt im Zuge der europäischen Beschäftigungsstrategie und der damit verbundenen offenen Methode der Koordination zur Erreichung der Ziele des Lissabon-Prozesses eine wichtige Rolle. Letztendlich geht es um die Frage der Inklusion Arbeitsloser durch Wiederherstellung ihrer Beschäftigungsfähigkeit (Sesselmeier 2006b).

die stark mit der jeweiligen Persönlichkeit verbunden sind, die im Zuge der zunehmenden Aktivierungs- und Eigenverantwortungsstrategien auf die Arbeitsangebotsseite verlagert werden und somit auch nicht vor temporalen Flexibilisierungsmustern schützen.

Viertens ist festzuhalten, dass die Unternehmensgröße durch marktliche Spezialisierung und Tertiarisierung sinkt. Kleinere Unternehmen sind tendenziell durch offene Beschäftigungssysteme gekennzeichnet, wohingegen größere Unternehmen durch geschlossene Beschäftigungssysteme mit internen Arbeitsmärkten charakterisiert werden können (Hardes 1989). Dies führt zu einer generellen Betonung externer Flexibilisierungsmuster.

Zusammengefasst führen Tertiarisierung und Informatisierung der Arbeit in Verbindung mit einer Standardisierung von Dienstleistungen zu einer Relativierung der für interne Arbeitsmärkte und Normalarbeitsverhältnisse notwendigen Voraussetzungen. Je weniger unternehmens- und beziehungsspezifisch die Qualifikationen sind, umso eher können sie punktuell eingekauft statt dauerhaft angestellt werden. Mit der Kaufentscheidung wird aus dem Arbeitsvertrag ein Werkvertrag, was wiederum die Problematik von Outpuzurechnung und Kontrolle relativiert. Allgemeine Kompetenzen helfen, beziehungsspezifische Investitionen zu vermeiden. Wenn Letztere nicht in Form eines Normalarbeitsverhältnisses getätigt werden, entstehen keine Kontrollkosten auf Grund des unvollkommenen Arbeitsvertrags und ebenso keine Beschäftigungsfixkosten.

5. Fazit

Die Erklärung atypischer Beschäftigungsverhältnisse mit einem höheren Flexibilitätsbedarf der Unternehmen und damit verbundener Kosteneinsparungen greift unter der Annahme rationaler Unternehmer zu kurz, da damit unterstellt wäre, dass bislang ein ineffizienter Arbeitseinsatz getätigt worden wäre. Es braucht also einen weitergehenden Erklärungsansatz, der auf die theoretischen Grundlagen interner Arbeitsmärkte zurückgreift und fragt, welche der dort thematisierten Bedingungen für Normalarbeitsverhältnisse sich verändert haben. Hier zeigt sich die entscheidende Rolle beziehungsspezifischer Investitionen und Qualifikationen. Ändert sich diese Rolle jedoch im Zuge des sozioökonomischen Wandels, hat dies wiederum Auswirkungen auf die Organisation der Beschäftigungsverhältnisse.

Die Entwicklung in Richtung allgemeines Humankapital oder Kompetenz oder Beschäftigungsfähigkeit bedingt nicht nur die Ausweitung atypischer Beschäftigungsverhältnisse, sondern forciert die Frage nach dem Erwerb dieser Fähigkeiten und der Finanzierung dieses Erwerbs. Die Unternehmen werden den Erwerb allgemein einsetzbarer Kompetenzen nicht finanzieren, da sie befürchten müssen, dass die Arbeitnehmer anschließend diese kostenlos erworbenen Kompetenzen auf dem Arbeitsmarkt vermarkten. Denkbar wäre nur der Fall, dass die Arbeitnehmer während dieser Ausbildungsphase bereits so produktiv sind, dass sich die mit der Ausbildung verbundenen Kosten bereits während dieser Phase amortisieren. Alternativ müsste der Lohnsatz entsprechend gering sein. Da es vor allem darum geht, „die Beschäftigungsfähigkeit der Arbeitnehmer durch die Entwicklung übertragbaren Humankapitals zu steigern, ... (was) primär eine Angelegenheit der Beschäftigten selbst (ist)" (Zimmermann 2006, S. 12), stellt sich die Frage, ob die Arbeitnehmer diese Problematik erkennen und auch zur Finanzierung dieses Kompetenzerwerbs in der Lage sind. Sollten weder die Arbeitnehmer noch die Unternehmen in allgemeines Humankapital investieren, kommt es folglich zu Unterinvestitionen mit negativen externen Effekten auf die Wohlfahrt der Volkswirtschaft.

Die Arbeitnehmer müssen ihre Investitionsentscheidungen in allgemeines Humankapital unter Unsicherheit treffen, die zum einen aus dem allgemeinen Strukturwandel rührt und zum anderen aus der Verwertbarkeitsproblematik. Die Unternehmen wiederum sehen sich zunächst nicht in der Pflicht, könnten dann aber mit Produktivitäts- und Flexibilitätsproblemen zu kämpfen haben. Immerhin sieht bereits heute ein Drittel der Unternehmen ihre Anpassungsfähigkeit in hohem Maße durch vielseitige, also allgemein einsetzbare Qualifikationen ihrer Mitarbeiter gewährleistet (o.V. 2006). Prekarität würde dann nicht nur mikroökonomisch, sondern auch makroökonomisch auftreten. Sollten die Arbeitsmarktakteure die Notwendigkeit von Investitionen in allgemeines Humankapital nicht erkennen, wäre dies ein klassischer Fall von Marktversagen in Form von Nichtrationalität (Fritsch et al. 2005), und es müsste über geeignete staatliche Maßnahmen zur Behebung dieses Marktversagens nachgedacht werden.

Der skizzierte Trend zur Vermarktlichung von Arbeit wird sicherlich nicht in einer Ablösung des Normalarbeitsverhältnisses durch atypische Beschäftigungsverhältnisse münden (Minssen 2006), wohl aber in einer „gespaltenen Arbeitsrealität" (Baethge et al. 2005, S. 109), die die Arbeitsmarktsegmentation eher vertieft als relativiert (Oberst et al. 2006). Zudem wird die Gruppe der atypisch Beschäftigten hinsichtlich ihrer Arbeitsmarkt- und Einkommensperformanz heterogener, so dass die Entwicklung in ihrer Gesamtheit im Moment wohl weder als positiv noch als negativ einzuschätzen ist.

Literatur

Aiginger, K.; Guger, A. (2005): Das europäische Gesellschaftsmodell. Wien
Alchian, A.; Demsetz, H. (1972): Production, Information Costs, and Economic Organization. In: American Economic Review, 62, S. 777-795

Baethge, M.; Bartelheimer, P.; Fuchs, T.; Kratzer, N.; Willkens, I. (2005): Berichterstattung zur sozioökonomischen Entwicklung in Deutschland – Arbeit und Lebensweisen – Erster Bericht. Wiesbaden

Bellmann, L.; Kölling, A.; Lahner, M. (2002): Determinanten der Arbeitsnachfrage. In: Kleinhenz, G. (Hg.): IAB-Kompendium Arbeitsmarkt- und Berufsforschung. Nürnberg, S. 265-275

Beyer, J. (2006): Pfadabhängigkeit. Über institutionelle Kontinuität, anfällige Stabilität und fundamentalen Wandel. Frankfurt/M., New York

Bizer, K.; Sesselmeier, W. (2004): Reformprojekt D. Darmstadt

Bohlinger, S. (2006): Von der Ganzheitlichkeit zur Kompetenzentwicklung. Stand und Perspektiven der Debatte um die Ziele beruflicher Bildung aus deutscher und europäischer Sicht. In: Die berufsbildende Schule, 58, S. 154-158

Brandes, W.; Buttler, F. (1988): Die Unvermeidbarkeit interner Arbeitsmärkte. In: Reyher, L.; Kühl, J. (Hg.): Resonanzen. Nürnberg, S. 94-113

Brinkmann, U.; Dörre, K.; Röbenack, S. gemeinsam mit Kraemer, K.; Speidel, F. (2006): Prekäre Arbeit – Ursachen, Ausmaß, soziale Folgen und subjektive Verarbeitungsformen unsicherer Beschäftigungsverhältnisse, FES Bonn

Dietz, M. (2006): Der Arbeitsmarkt in institutionentheoretischer Perspektive. Stuttgart

Diewald, M.; Brose, H.-G.; Goedicke, A. (2005): Flexicurity im Lebenslauf. Wechselwirkungen zwischen pluralen Lebensformen und betrieblichen Beschäftigungspolitiken. In: Kronauer, M.; Linne, G. (Hg.): Flexicurity. Die Suche nach Sicherheit in der Flexibilität. Berlin, S. 223-247

Dörre, K. (2006): Prekäre Arbeit und soziale Desintegration. In: Aus Politik und Zeitgeschichte, 40-41, S. 7-14

Eichhorst, W.; Sesselmeier, W. (2006): Die Akzeptanz von Arbeitsmarktreformen am Beispiel von Hartz IV, FES Bonn

Enste, D.; Hardege, S. (2006): Regulierung und Beschäftigung – eine empirische Wirkungsanalyse für 22 OECD-Länder. In: IW-Trends, 33, S. 33-46

Entorf, H. (2001): Erscheinungsformen und Erklärung von Mismatch am Arbeitsmarkt: Ansatzpunkte für eine zielgerichtete Arbeitsmarktpolitik. In: Steiner, V.; Wolff, H. (Hg.): Mismatch am Arbeitsmarkt – Was leistet die Arbeitsmarktpolitik? Ein Werkstattbericht zur Evaluation der Arbeitsmarktpolitik. Münster u.a.O., S. 11-32

Fischer, C.; Heier, D. (1983): Entwicklungen der Arbeitsmarkttheorie. Frankfurt/M., New York

Fritsch, M.; Wein, Th.; Ewers, H.-J. (2005): Marktversagen und Wirtschaftspolitik (6. Aufl.). München

Hardes, H.-D. (1989): Zur Bedeutung längerfristiger Arbeitsbeziehungen und betriebsinterner Arbeitsmärkte. In: MittAB, 22, S. 540-552

Jans, M. (2002): Überlegungen zur Güte der transaktionskostenökonomischen Erklärung betrieblicher Personalstrategien. Diskussionsbeiträge aus dem Fachbereich Wirtschaftswissenschaften der Universität Essen, Nr. 122. Essen

Keller, B.; Seifert, H. (2005): Atypische Beschäftigungsverhältnisse und Flexicurity. In: Kronauer, M.; Linne, G. (Hg.): Flexicurity. Die Suche nach Sicherheit in der Flexibilität. Berlin, S. 127-147

Meinhardt, V.; Zwiener, R. (2004): Gesamtwirtschaftliche Wirkungen einer Steuerfinanzierung versicherungsfremder Leistungen in der Sozialversicherung. Berlin

Minssen, H. (2006): Arbeits- und Industriesoziologie. Eine Einführung. Frankfurt/M., New York

Neubäumer, R. (2006): Warum bilden Betriebe ihre Mitarbeiter weiter – oder auch nicht? Ein theoretischer Ansatz zur Erklärung unterschiedlicher Weiterbildungsaktivitäten von Betrieben. In: Weiß, M. (Hg.): Evidenzbasierte Bildungspolitik: Beiträge der Bildungsökonomie. Berlin, S. 93-113

Oberst, M.; Schank, T.; Schnabel, C. (2006): Interne Arbeitsmärkte und Einsatz temporärer Arbeitsverhältnisse: Eine Fallstudie mit Daten eines deutschen Dienstleistungsunternehmens, DP No. 46; Lehrstuhl für Arbeitsmarkt- und Regionalpolitik, Friedrich-Alexander-Universität. Erlangen

Ochsenbauer, C. (1989): Organisatorische Alternativen zur Hierarchie. München

o.V. (2006): Anpassungsfähigkeit gestärkt. In: iwd 32 (49), S. 8

Pechar, H. (2006): Bildungsökonomie und Bildungspolitik. Münster u.a.O.

Sauter, W. (2002): Blended Learning – effiziente Integration von E-Learning und Präsenztraining. Neuwied

Schmähl, W. (2003): Senkung der Lohnnebenkosten in Deutschland – Optionen und Potentiale. In: Sozialer Fortschritt, 52, S. 83-90

Sesselmeier, W. (2006a): Arbeitsmarktpolitik in Deutschland: Auf dem Weg zu schweizerischen Verhältnissen. In: Carigiet, E.; Mäder, U.; Opielka, M.; Schulz-Nieswandt, F. (Hg.): Wohlstand durch Gerechtigkeit. Deutschland und die Schweiz im sozialpolitischen Vergleich. Zürich, S. 215-226

Sesselmeier, W. (2006b): Wohlfahrtsstaaten im institutionellen Vergleich. In: Held, M.; Kubon-Gilke, G.; Sturn, R. (Hg.): Normative und institutionelle Grundfragen der Ökonomik, Jahrbuch 5: Soziale Sicherung in Marktgesellschaften. Marburg, S. 201-219

Sesselmeier, W. (2007): Zur Zukunft des kontinentaleuropäischen Wohlfahrtsstaates. In: Hauff, M. von (Hg.): Die Perspektiven der Sozialen Marktwirtschaft. Marburg (im Erscheinen)

Sesselmeier, W.; Funk, L.; Waas, B. (2007): Arbeitsmarkttheorien. Eine ökonomisch-juristische Einführung. Heidelberg (im Erscheinen)

Struck, O.; Köhler, C. (2004) (Hg): Beschäftigungsstabilität im Wandel? Empirische Befunde und theoretische Erklärungen für West- und Ostdeutschland. München, Mering

Thode, E. (2006): Benchmarking Deutschland – Der Arbeitsmarkt im Spiegel der OECD-Länder. In: Empter, S.; Vehrkamp, R. (Hg.): Wirtschaftsstandort Deutschland. Wiesbaden, S. 229-262

Walwei, U.; Zika, G. (2005): Arbeitsmarktwirkungen einer Senkung der Sozialabgaben. In: Sozialer Fortschritt, 54, S. 77-90

Williamson, O. (1981): The Economics of Organization: The Transaction Cost Approach. In: American Journal of Sociology, 87, S. 548-577

Williamson, O. (1985): The Economic Institutions of Capitalism. New York

Zimmermann, K. (2006): Lebenslange Weiterbildung ist Pflicht! In: IZA compact Oktober 2006, S. 12

II.

Formen

Flexibilisierung durch Befristung
Empirische Analysen zu den Folgen befristeter Beschäftigung

Johannes Giesecke, Martin Groß

1. Einleitung

Im internationalen Vergleich zeichnet sich der deutsche Arbeitsmarkt durch eine hohe Beschäftigungssicherheit aus (OECD 1999), die den Arbeitnehmern eine starke Stellung in Verhandlungen mit den Arbeitgebern über Löhne, Arbeitsbedingungen und soziale Sicherungsmaßnahmen garantiert. Die Befristung von Beschäftigungsverhältnissen untergräbt diese Beschäftigungssicherheit. Entsprechend werden nachteilige Konsequenzen für die Arbeitnehmer befürchtet: ihre Verhandlungsposition würde geschwächt, die Berufskarrieren würden unsicherer, die Einkommenschancen sänken.

Nachfolgend wird gezeigt, dass solche Befürchtungen durchaus begründet sind. Allerdings sind nicht alle Arbeitnehmer in gleicher Weise von der Befristung ihres Arbeitsvertrages betroffen. Befristete Beschäftigungsverhältnisse können nicht als homogenes Phänomen angesehen werden, da sie sehr unterschiedliche Funktionen im Arbeitsmarkt übernehmen können – entsprechend unterschiedlich fallen die Konsequenzen der Befristung für die Arbeitnehmer aus.

2. Theoretische Überlegungen

2.1 Funktionen der Befristung: Kostensenkung durch Flexibilisierung

Durch den Einsatz befristeter Beschäftigungsverhältnisse versuchen Unternehmen in erster Linie Produktionskosten zu senken. Eine erhöhte Flexibilität des Personaleinsatzes kann in einer Reihe von Situationen zur Geltung kommen (Bollinger et al. 1991; Bothfeld/Kaiser 2003; Linne/Vogel 2003; Walwei 1995). Befristete Beschäftigungsverhältnisse

- ermöglichen eine zeitnahe Anpassung der Produktion und Dienstleistungen an Nachfrageschwankungen,
- können dazu verwendet werden, Personalschwankungen auszugleichen,
- erleichtern organisatorische oder technische Veränderungen innerhalb eines Unternehmens,
- ermöglichen die Erledigung außergewöhnlicher oder unregelmäßig wiederkehrender Aufgaben durch befristet eingestellte Spezialisten,

- können dazu eingesetzt werden, die herkömmlichen Probezeiten zu verlängern,
- können als Leistungsanreiz (auch für die unbefristet Beschäftigten) dienen,
- können von Unternehmen dazu genutzt werden, die direkten Arbeitskosten zu senken, indem die Stundenlöhne für befristete Stellen auf einem unterdurchschnittlichen Niveau gehalten werden.

Nimmt man alle diese Punkte zusammen, liegt aus der Sicht der Unternehmen in befristeten Beschäftigungsverhältnissen ein enormes Potential zur Einsparung von Produktionskosten. Dennoch bergen befristete Beschäftigungsverhältnisse auch erhebliche Kostenrisiken für die Arbeitgeber. Zwei Punkte sind in diesem Zusammenhang besonders hervorzuheben.

Erstens können befristete Beschäftigungsverhältnisse demotivierend wirken. Diejenigen befristet beschäftigten Arbeitnehmer, die keine Übernahmeaussichten haben, werden in der Regel eine durchschnittliche oder sogar unterdurchschnittliche Leistungsbereitschaft aufweisen. Zweitens riskieren Unternehmen, durch befristete Beschäftigung Humankapitalinvestitionen zu verlieren. Manche Tätigkeitsbereiche erfordern zum Teil langwierige und teure Qualifizierungsmaßnahmen. Die Kosten dieser Maßnahmen werden teils von den Arbeitnehmern getragen (z.B. in Form verringerter Verdienste während der Ausbildungsphase), teils aber von den Arbeitgebern (direkte Schulungskosten, die Gewährleistung voller Gehälter auch bei noch verminderter Produktivität der Arbeitnehmer). Für beide Parteien lohnen sich solche Investitionen nur bei einer langfristigen Bindung zwischen Arbeitnehmer und Arbeitgeber, eine kurzfristige Auflösung des Beschäftigungsverhältnisses würde zu erheblichen Verlusten führen.

2.2   Selektivität/Anwendungsbereiche

Aufgrund der unterschiedlichen Einsatzbereiche der Befristung einerseits, ihrer Risiken für die Unternehmen andererseits hängt die Frage, ob sich der Einsatz befristeter Beschäftigungsverhältnisse als effizient erweist, von einer Vielzahl von Faktoren ab. So beeinflussen Art und Ausmaß von Nachfrageschwankungen und Personalfluktuationen in einer gegebenen Branche den Umfang des Einsatzes befristeter Beschäftigung. Betriebe mit längerfristigen und zeitlich vorhersagbaren Schwankungen werden sich eher zeitlich befristeter Beschäftigungsverhältnisse als Flexibilisierungsinstrument bedienen. Weiterhin dürfte das Ausmaß des Kostendrucks, unter dem die Unternehmen stehen, eine nicht unerhebliche Rolle für den Einsatz befristeter Verhältnisse spielen. Schließlich beeinflussen die Qualifikationsanforderungen des Arbeitsplatzes beziehungsweise Art und Umfang der Qualifikation der Arbeitnehmer die Entscheidung, befristete Arbeitsverhältnisse einzurichten, in dreierlei Hinsicht.

Erstens werden Befristungen unwahrscheinlich, wenn die Ausführung beruflicher Tätigkeiten spezifisches Humankapital erfordert, d.h. Kenntnisse und Fertigkeiten, die nur in einem bestimmten Betrieb erworben und verwendet werden können. In der Regel sind sowohl Arbeitgeber als auch Arbeitnehmer an den Investitionskosten in spezifisches Humankapital beteiligt, daher sind beide Parteien an langfristigen Arbeitsverträgen interessiert.

Zweitens sind Befristungen aus Sicht der Betriebe eher möglich, wenn die beruflichen Tätigkeiten keine oder nur wenige Qualifikationen erfordern. In solchen Fällen verlieren Unternehmen keine Investitionen, wenn die Arbeitnehmer den Betrieb verlassen. Für gering qualifizierte Arbeitnehmer wiederum sind unbefristete Verträge zwar wünschenswert, doch haben sie angesichts hoher Arbeitslosenquoten nur ein geringes Potential, diese auch durchzusetzen.

Drittens sind Befristungen wahrscheinlicher, wenn Arbeitsstellen hauptsächlich generelles Humankapital erfordern. Generelles Humankapital umfasst alle nicht an einen spezifischen Betrieb gebundene Fertigkeiten und Kenntnisse, die in der Regel außerhalb des Betriebes (Schule, externe Ausbildungsstätten, Universitäten) erworben werden. Daher verlieren die Betriebe keine Investitionen, wenn die Arbeitnehmer den Betrieb verlassen. Gleichzeitig sind aus Sicht der Arbeitnehmer die ihrerseits getätigten Investitionen in generelles Humankapital selbst bei kurzfristigen Arbeitsverhältnissen nicht in Gefahr, da sie ihre Fähigkeiten in anderen Betrieben ebenfalls einsetzen können.

2.3 Besetzungsprozess befristeter Stellen

Aus den genannten Gründen ist anzunehmen, dass die Befristungshäufigkeit nach betrieblichen wie individuellen Merkmalen variiert. Einige dieser Faktoren sollen hier hervorgehoben werden.

Aus Sicht der Arbeitsnachfrage hängt die Entscheidung zur Einrichtung befristeter Stellen mit Betriebs- und Branchenmerkmalen zusammen. So sollten befristete Stellen eher in *Großbetrieben* zu finden sein, da in Kleinbetrieben der Kündigungsschutz ohnehin nicht gilt und der Personalbestand daher einfacher der Auftragslage anzupassen ist. Befristete Beschäftigungsverhältnisse dürften auch eher in Branchen mit erheblichen, aber vorhersagbaren Nachfrageschwankungen und mit hohen Anteilen gering qualifizierter Beschäftigung zum Einsatz kommen. Besonders hervorzuheben ist aber ein sektoraler Effekt: Es lässt sich erwarten, dass die Befristungsquoten im *öffentlichen Dienst* weit höher sind als in der Privatwirtschaft. Die hohe Beschäftigungssicherheit regulär Beschäftigter im öffentlichen Dienst erschwert Umstrukturierungen, die aufgrund des stark gestiegenen Kostendrucks notwendiger werden. Befristete Beschäftigungsverhältnisse bieten in einem solchen Szenario eine leicht zu implementierende Möglichkeit, dringende öffentliche Aufgaben trotz schrumpfender Personalhaushalte zu erfüllen.

Auf der Seite des Arbeitsangebots ist zu erwarten, dass die Wahrscheinlichkeit, eine befristete Stelle zu erhalten, vor allem mit Art und Höhe des verfügbaren Humankapitals variiert (hierzu auch Sesselmeier in diesem Band). So lässt sich erstens vermuten, dass die Bildung eine erhebliche Rolle bei der Allokation von Personen auf befristete Stellen spielt. Arbeitnehmer mit nur niedrigen *Bildungsabschlüssen* besitzen eine erhöhte Befristungswahrscheinlichkeit, da sie nur über wenig verwertbares Humankapital verfügen. Jedoch sollten auch Personen mit tertiären Bildungsabschlüssen überdurchschnittlich befristet beschäftigt sein, da ihre Kenntnisse und Fähigkeiten überbetrieblich einsetzbar sind – ihr Humankapital ist eher genereller Natur. Personen mit beruflichen (mittleren) Bildungsabschlüssen werden hingegen meist produktionsnah eingesetzt, und zwar in Arbeitsumgebungen, die qualifizierte Tätigkeiten beinhalten. Solche Tätigkeiten erfordern aber nicht nur eine gute allgemein einsetzbare Ausbildung, sondern auch betriebsspezifische Weiterbildungsmaßnahmen und persönliche Erfahrung, also spezifisches Humankapital. Daher werden Personen mit mittlerer beruflicher Bildung oft in Arbeitsumgebungen zu finden sein, die eine längerfristige Bindung an den Betrieb erforderlich machen, was die Befristung von Arbeitsverhältnissen ausschließt.

Zweitens sollte sich die Rolle der Berufserfahrung als wichtige Form des spezifischen Humankapitals in einem nichtlinearen Effekt des Alters auf die Befristungswahrscheinlichkeit niederschlagen: zu erwarten ist, dass Arbeitnehmer im mittleren Alter ein geringeres Risiko aufweisen, einen befristeten Arbeitsvertrag zu besitzen, als jüngere Berufsanfänger. Allerdings kann sich spezifisches Humankapital im Laufe der Zeit entwerten, was dazu führt, dass im späteren Karriereverlauf das Befristungsrisiko wieder ansteigt.

2.4 Konsequenzen der Befristung für berufliche Mobilität

Die Befristung von Arbeitsstellen ändert einen wesentlichen Aspekt des Normalarbeitsverhältnisses (Mückenberger 1985), da sie die Sicherheit kontinuierlicher Beschäftigung auf drastische Weise in Frage stellt. Entsprechend sind Auswirkungen auf die Karrieremobilität der Arbeitnehmer zu erwarten.

Arbeitnehmer in unbefristeten Beschäftigungsverhältnissen befinden sich hinsichtlich ihrer Karriere in einer günstigen Ausgangsposition. Solange ihr Arbeitsvertrag nicht explizit gekündigt wird, können sie ihre Arbeitsstelle oder ihren Beruf nach eigenem Belieben wechseln und werden das nur dann tun, wenn die neue Beschäftigung eine Verbesserung im Vergleich zu der alten darstellt. Arbeitnehmern in befristeter Beschäftigung droht nach Ablauf des Vertrages die Arbeitslosigkeit. Sie werden daher auch bereit sein, eine Arbeitsstelle zu akzeptieren, die keine Verbesserung oder gar eine Verschlechterung hinsichtlich Einkommen, Arbeitsbedingungen etc. darstellt. Insbesondere werden sie auch bereit sein,

Flexibilisierung durch Befristung 87

wiederum eine befristete Stelle anzutreten. Mithin ist zu erwarten, dass befristete Stellen wiederum befristete Stellen oder alternativ Phasen der Arbeitslosigkeit nach sich ziehen. Es entstehen individuelle Ketten *instabiler Beschäftigung*.

2.5 Konsequenzen der Befristung für die Arbeitseinkommen

Die Beschäftigungslage in befristeten Arbeitsstellen lässt auch Auswirkungen auf das Einkommen erwarten. Arbeitgeber könnten versucht sein, die unsichere Lage der Arbeitnehmer in befristeten Positionen zum Unterlaufen tarifvertraglicher Regelungen (sofern überhaupt vorhanden) auszunutzen und durch den Einsatz befristeter Beschäftigung die Lohnkosten ihres Betriebes zu senken. Zudem kommen Beschäftigte in befristeten Arbeitspositionen nicht in den Genuss von Lohnsteigerungen, die sich mit einer längeren Betriebszugehörigkeit ergeben. Erhält ein Arbeitnehmer nach Ablauf seines befristeten Arbeitsvertrages eine neue befristete Stelle, muss er sich mit hoher Wahrscheinlichkeit wieder mit einem „Einstiegsgehalt" zufrieden geben. Eine „Befristungskette" kann so zu geringeren Verdiensten von Arbeitnehmern in befristeten Beschäftigungsverhältnissen im Vergleich zu ihren unbefristeten Kollegen führen.

Mithin kann angenommen werden, dass Arbeitnehmer in befristeten Stellen *durchschnittlich* weniger verdienen als vergleichbare Arbeitnehmer in unbefristeten Stellen. Allerdings lassen sich auch hinsichtlich der Einkommenseffekte befristeter Beschäftigung Unterschiede je nach Merkmalen der Arbeitnehmer beziehungsweise der Betriebe, in denen sie beschäftigt sind, erwarten. Zum einen kann man vermuten, dass der besonders unter Kostendruck geratene *öffentliche Dienst* versucht, über befristete Beschäftigung Kosten zu reduzieren, und die Minderverdienste der befristeten Beschäftigten dort besonders deutlich werden. Zum anderen ist auch mit unterschiedlichen Einkommenseffekten je nach *Qualifikation* der Arbeitnehmer zu rechnen. Beschäftigte mit niedrigen Qualifikationen befinden sich ohnehin in der untersten Einkommensgruppe, dementsprechend ist nicht davon auszugehen, dass die Befristung eine nennenswerte Lohnreduktion nach sich zieht. Das Potential der Befristung sollte hingegen bei Arbeitnehmern mit höheren Qualifikationen deutlicher zum Tragen kommen.

3. Daten und Variablen

Für die hier vorliegende Analyse wurden Daten des Sozio-ökonomischen Panels (SOEP) verwendet.[1] Aufgrund der speziellen Filterführung bei den Fragen zur

---
1 Für weitere Informationen SOEP Group 2001 oder die Seiten der SOEP-Gruppe im Internet (www.diw.de/deutsch/sop/index.html).

Erwerbstätigkeit und des späten Ersterhebungszeitpunktes der Stichprobe G (Hocheinkommensbezieher) konnten nur elf Wellen des SOEP (1995-2005) mit den darin eingehenden Stichproben A-F genutzt werden.

Die verwendeten abhängigen und unabhängigen Variablen sollen sowohl individuelle Merkmale als auch Charakteristiken von Beschäftigungsverhältnissen erfassen. Als individuelle Merkmale fungieren Bildung, Alter, Nationalität. Die Variable Bildung unterscheidet zwischen einem niedrigen, einem mittleren beruflichen, einem mittleren allgemeinen und einem hohen Bildungsniveau.[2] Alter ist in Jahren gemessen, das quadrierte Alter wird zur Überprüfung eines nicht-linearen Zusammenhangs mit in die Modelle aufgenommen. Die Variable Nationalität unterscheidet Deutsche von Nicht-Deutschen.

Neben diesen individuellen Variablen wurden eine Reihe arbeitsplatzspezifischer Merkmale in die Analysen einbezogen. Das für diesen Aufsatz entscheidende Merkmal Vertragsart unterscheidet unbefristete von befristeten Beschäftigungsverhältnissen. Der Bruttostundenlohn ergibt sich aus dem Verhältnis des monatlichen Bruttolohns und der auf den Monat hochgerechneten tatsächlichen wöchentlichen Arbeitszeit.[3] Die Variable Wirtschaftssektor hat insgesamt fünf Kategorien: das Baugewerbe, die Landwirtschaft, die Industrie, der Dienstleistungsbereich sowie der Bereich des öffentlichen Dienstes. Die Betriebsgröße unterscheidet zwischen Großunternehmen (mehr als 200 Angestellte), mittleren Unternehmen (20 bis 199 Angestellte) und Kleinbetrieben. Weitere Variable kontrollieren den Effekt der Arbeitszeit sowie jenen eines Stellenwechsels seit Beginn des dem Befragungszeitpunkt vorangegangenen Jahres.

Für die empirischen Analysen wurde die verwendete Stichprobe in mehrfacher Hinsicht eingeschränkt. Erstens basieren die Vergleiche von befristet und unbefristet Beschäftigten (etwa bei Befristungsquoten) ausschließlich auf Beschäftigungsverhältnissen von abhängig Beschäftigten, die zum Befragungszeitpunkt nicht arbeitslos gemeldet waren. Erwerbsverhältnisse von Selbständigen werden bei solchen Vergleichen ausdrücklich nicht berücksichtigt. Die Analysen beziehen auch die Beschäftigungsverhältnisse von Beamten mit ein, was bei der Interpretation der Ergebnisse aufgrund der spezifischen Karrieremuster dieser Gruppe zu berücksichtigen ist. Wie in Arbeitsmarktstudien üblich, sind zweitens nur die Informationen der Personen im erwerbsfähigen Alter berücksichtigt (d.h. Personen zwischen 16 und 65 Jahren (Männer) bzw. 63 Jahren (Frauen)). Drittens wurden die Beschäftigungsverhältnisse von Personen in schulischen oder

---

2   Diese Einteilung ist an die CASMIN-Klassifikation (König et al. 1987) angelehnt.
3   Damit werden regelmäßig anfallende unbezahlte Überstunden bei der Berechnung des Stundenlohns mit berücksichtigt. Für die Einkommensanalysen wird der Bruttostundenlohn logarithmiert, was dem üblichen Vorgehen in Lohnmodellen entspricht.

Flexibilisierung durch Befristung 89

beruflichen Ausbildungsverhältnissen in den Analysen nicht berücksichtigt.[4] Viertens schließlich wurden in den Analysen nur Informationen von Personen verwendet, die zu den jeweiligen Erhebungszeitpunkten in den alten Bundesländern lebten. Somit beziehen sich die Aussagen ausschließlich auf den westdeutschen Arbeitsmarkt.[5]

4. Besetzungsmuster befristeter Stellen

Um einen ersten Eindruck von dem Verbreitungsgrad und von möglichen Entwicklungstrends befristeter Beschäftigung zu erhalten, stellt Abbildung 1 die Befristungsquoten (Anteil der befristet Beschäftigten an der in abhängigen Beschäftigungsverhältnissen erwerbstätigen Bevölkerung) für diejenigen Personen dar, die die oben genannten Auswahlkriterien erfüllen. Anhand dieser Darstellung werden drei Punkte deutlich.

Erstens lässt sich erkennen, dass im westdeutschen Arbeitmarkt nur ein kleiner Teil (ca. 5 bis 7%) der abhängig Beschäftigten in einem befristeten Arbeitsverhältnis tätig ist.[6] Befristete Beschäftigungsverhältnisse sind demnach kein Massenphänomen (wie etwa in Spanien, wo ca. ein Drittel der Beschäftigten befristete Arbeitsverträge besitzt, Fassler-Ristic 1999). Dennoch stellen diese Anteile durchaus ernstzunehmende Größenordnungen dar, verbirgt sich hinter ihnen doch eine nicht unerhebliche Anzahl betroffener Arbeitnehmer und Arbeitnehmerinnen. So ergab eine Hochrechnung mit den Daten des SOEP, dass im westdeutschen Arbeitsmarkt im Jahre 2005 knapp 1,5 Mio. Erwerbstätige einer befristeten Beschäftigung nachgingen.

Zweitens ist mit Blick auf die zeitliche Entwicklung der befristeten Beschäftigung zu erkennen, dass der Anteil der befristet Beschäftigten bis 2004 leicht anstieg. Ein Grund für diese Entwicklung könnte in der Konjunktur- und Arbeitsmarktentwicklung liegen: Unternehmen sind in konjunkturell schwachen bzw. unsicheren Zeiten weniger an einer langfristigen Bindung von Arbeitskräften interessiert und greifen daher vermehrt auf das Instrument der zeitlich befristeten

---

4 Eine Berücksichtigung der befristeten Arbeitsverträge von Auszubildenden würde z.B. zu einer klaren Überschätzung der Chancen eines Übergangs aus befristeter Beschäftigung in Dauerstellen führen.

5 Die hier getroffene Beschränkung auf den westdeutschen Arbeitsmarkt erfolgt hauptsächlich aufgrund der starken strukturellen Unterschiede zwischen dem ostdeutschen und dem westdeutschen Arbeitsmarkt, die eine getrennte Betrachtung der beiden Arbeitsmärkte erforderlich machen. Eine solche separate Analyse würde jedoch den Rahmen des vorliegenden Beitrags deutlich sprengen.

6 Diese Quoten entsprechen in etwa den Befristungsquoten, die mit ähnlichen Auswahlkriterien (insbesondere: keine Auszubildenden) auf der Grundlage des Mikrozensus ermittelt wurden (Statistisches Bundesamt 2004 oder Keller/Seifert in diesem Band).

Einstellung neuer Mitarbeiter zurück. Gleichzeitig steigt bei anhaltend hoher Arbeitslosigkeit die Bereitschaft der Arbeitnehmer, auch befristete Beschäftigungsverhältnisse anzunehmen.

Drittens schließlich zeigt der Blick auf die geschlechtsspezifischen Befristungsquoten, dass Frauen zumindest seit dem Jahre 2000 häufiger als Männer in befristeten Beschäftigungsverhältnissen zu finden sind. Die höheren Befristungsquoten für Arbeitnehmerinnen könnten sich daraus erklären, dass insbesondere solche Positionen, die überdurchschnittlich häufig von Frauen besetzt werden, mit befristeten Arbeitsverträgen versehen sind (wie etwa im Bereich des Sozial- und Gesundheitswesens). Gleichzeitig ist es jedoch auch denkbar, dass Unternehmen weiblichen Arbeitskräften aufgrund ihrer potentiellen zukünftigen Erwerbsunterbrechungen nur zeitlich befristete Arbeitsverträge anbieten. Unklar ist, ob die sich 2005 andeutende Verringerung des Abstands zwischen Männern und Frauen noch als Ausdruck zufälliger Schwankungen oder als ernsthafte Trendumkehr aufzufassen ist.

Abb. 1: Befristungsquote allgemein sowie nach Geschlecht

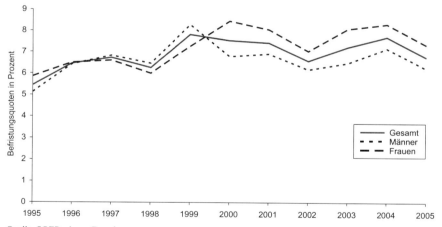

Quelle: SOEP; eigene Berechnungen

In einem zweiten Schritt wurde mittels multivariater statistischer Modelle überprüft, inwieweit die im Abschnitt 2.3 getroffenen Vermutungen über den Besetzungsprozess befristeter Stellen tatsächlich zutreffen. Dazu wurden Modelle berechnet, deren abhängige Variable für jeden Arbeitnehmer unterscheidet, ob der jeweilige Arbeitsvertrag zeitlich befristet oder zeitlich unbefristet ist.[7] Aufgrund der speziellen Datenstruktur des SOEP (mit mehrfachen Beobachtungen pro Person) ist es möglich, statistische Schätzverfahren für Paneldaten zu benutzen, die für unbeobachtete Heterogenität zwischen den Personen kontrollieren. Für die nachfolgende Analyse wurde ein random-effects-Ansatz verwendet (Wooldridge 2002).

Tab. 1: Einflüsse auf die Befristungswahrscheinlichkeit

	Männer		Frauen	
Bildung (Referenz: geringe Bildung)				
mittlere berufliche Bildung	–0.20**	(2.96)	–0.29**	(4.31)
mittlere allgemeine Bildung	0.14	(1.31)	0.03	(0.29)
höhere Bildung	–0.04	(0.49)	0.12	(1.43)
Alter	–0.15**	(10.54)	–0.10**	(7.01)
Alter zum Quadrat	0.00**	(8.18)	0.00**	(5.16)
Branche (Referenz: Dienstleistung)				
Bau	–0.13	(1.60)	–0.14	(0.63)
Landwirtschaft	–0.02	(0.09)	0.28	(1.04)
Industrie	0.00	(0.09)	0.08	(1.31)
öffentlicher Dienst	0.55**	(9.17)	0.43**	(8.69)
Betriebsgröße (Referenz: unter 20 Mitarbeiter)				
20 bis unter 200 Mitarbeiter	0.35**	(5.88)	0.17**	(3.22)
200 Mitarbeiter und mehr	0.34**	(5.72)	0.22**	(4.10)
Konstante	0.33	(1.16)	–0.26	(0.91)
Zahl der Beobachtungen (Personenjahre)	35760		28169	
Pseudo-R^2	0.28		0.23	
LR-Test (Zahl der Freiheitsgrade)	1807.95 (28)		1390.03 (28)	

*$p<0.05$, **$p<0.01$; in Klammern: t-Werte (absoluter Betrag)
Zwecks übersichtlicher Darstellung enthält die Tabelle nur die wichtigsten Effekte. Es wurde zusätzlich zu den aufgeführten Variablen nach dem Zeitpunkt der Erhebung, der Staatsangehörigkeit, der Arbeitszeit (Vollzeit, Teilzeit, geringfügige Beschäftigung) und einem kürzlichen Stellenwechsel kontrolliert. Zudem wurden, falls vorhanden, für jede Variable fehlende Werte als eigene Kategorie ausgewiesen, um keine Fälle zu verlieren.
Quelle: SOEP; eigene Berechnungen

Um geschlechtsspezifische Einflüsse der verwendeten unabhängigen Merkmale zu überprüfen, wurden die Modelle für Männer und Frauen getrennt berechnet

---

7 Konkret wurde ein logit-Modell geschätzt, das die Wahrscheinlichkeit, zu einem bestimmten Zeitpunkt eine befristete Stelle innezuhaben, modelliert.

Es zeigt sich allerdings, dass die wesentlichen Effekte auf die Befristungswahrscheinlichkeiten für Männer und Frauen sehr ähnlich ausfallen. Anhand dieser Modelle wird deutlich, dass zwischen Humankapitalausstattung und Befristungswahrscheinlichkeit ein enger Zusammenhang existiert. Die Ergebnisse zeigen zum einen, dass Bildung einen nicht-linearen Einfluss auf die Befristungswahrscheinlichkeit ausübt. Arbeitnehmer mit mittleren beruflichen Ausbildungsabschlüssen sind unterdurchschnittlich häufig in einer befristeten Stelle beschäftigt. Umgekehrt weisen sowohl niedrig qualifizierte Arbeitnehmer als auch diejenigen Beschäftigten mit mittlerem allgemeinem oder hohem Qualifikationsniveau überdurchschnittliche Befristungsquoten auf (vgl. Bielenski et al. 1994 oder Büchtemann 1989).

Zum anderen zeigt sich ein ebenfalls nicht-linearer Effekt des Alters, der darauf hindeutet, dass spezifisches Humankapital, welches im mittleren Lebensalter den größten Umfang aufweist, das Befristungsrisiko senkt. Die zugrunde liegende Funktion entspricht einer U-förmigen Kurve mit einem Minimum bei ca. 53 Jahren (sowohl für Männer als auch für Frauen), was darauf schließen lässt, dass insbesondere junge Arbeitnehmer ein erhöhtes Risiko aufweisen, einer befristeten Beschäftigung nachzugehen. Für ältere Arbeitnehmer steigt die Befristungswahrscheinlichkeit ebenfalls leicht an, jedoch erweist sich das Befristungsrisiko jüngerer Arbeitnehmer im Vergleich zu älteren Erwerbstätigen als deutlich höher.

Hinsichtlich der Unterschiede in den Befristungswahrscheinlichkeiten zwischen den Branchen zeigt sich, dass die Befristungsquote im öffentlichen Dienst deutlich höher ausfällt als in der Privatwirtschaft. Zwischen den privatwirtschaftlichen Branchen sind keine nennenswerten Unterschiede festzustellen.

Schließlich bleibt festzuhalten, dass die Befristungswahrscheinlichkeiten in mittleren und größeren Betrieben deutlich größer sind als in Kleinbetrieben. Dies mag zum einen aus den erhöhten Flexibilitätsbedürfnissen mittlerer und größerer Unternehmen aufgrund der insbesondere in den neunziger Jahren gestiegenen internationalen Konkurrenzsituation zu erklären sein.[8] Zum anderen machen die speziellen Regelungen für Kleinstbetriebe (z.B. der Geltungsbereich des Kündigungsschutzgesetzes) sicherlich auch den Einsatz befristeter Beschäftigung für Kleinbetriebe nicht unbedingt nötig.

Insgesamt scheinen diese Befunde zu bestätigen, dass bestimmte angebots- und nachfrageseitige Faktoren einen Einfluss darauf nehmen, ob ein Beschäftigungsverhältnis auf zeitlich befristeter oder auf unbefristeter Basis eingerichtet

---

8　In diesem Zusammenhang zeigen Giesecke/Groß 2002, dass es einen deutlichen Zeiteffekt hinsichtlich des Zusammenhangs von Befristung und Betriebsgröße gibt: erst in den neunziger Jahren erhöhte die Zugehörigkeit zu einem Großunternehmen die Befristungswahrscheinlichkeit.

Flexibilisierung durch Befristung 93

und besetzt wird. Insbesondere sind Arbeitnehmer mit produktionsbezogenem Wissen, welches vor allem in der beruflichen Ausbildung vermittelt wird, vor befristeten Beschäftigungsverhältnissen stärker geschützt als Arbeitnehmer ohne produktionsrelevante Fähigkeiten. Befristungen kommen vor allem im öffentlichen Dienst zum Einsatz, der gesteigerte Flexibilitätserfordernisse in hohem Maße mit Hilfe befristeter Beschäftigung gerecht werden will. Auch für größere Betriebe, die dem Kündigungsschutzrecht unterliegen, scheinen befristete Beschäftigungsverhältnisse ein bedeutendes Mittel zur Flexibilitätssteigerung darzustellen.

5. Effekte befristeter Beschäftigungsverhältnisse auf die berufliche Mobilität

Im Folgenden soll der Frage nachgegangen werden, ob und inwieweit befristete Beschäftigungsverhältnisse die Wahrscheinlichkeit erhöhen, künftig wieder eine befristete Stelle zu erhalten, oder das Risiko steigern, in eine Phase der Arbeitslosigkeit zu wechseln. Es wurden daher statistische Modelle berechnet, die die Wahrscheinlichkeit abbilden mit der befristet bzw. unbefristet beschäftigte Arbeitnehmer nach Ablauf von drei Jahren a) befristete (versus unbefristete) Stellen besetzen sowie b) überhaupt noch erwerbstätig (versus arbeitslos) sind. Zunächst stellt Abbildung 2 den Erwerbsstatus befristet und unbefristet Beschäftigter drei Jahre nach der jeweils aktuellen Befragung dar. Drei Gesichtspunkte sollen hier besonders hervorgehoben werden.

Erstens fällt auf, dass die Mehrheit der ehemals befristet Beschäftigten in unbefristete Stellen wechseln konnte. Ungefähr zwei Drittel der ehemals befristet beschäftigten Männer und Frauen sind nach drei Jahren in unbefristeten Stellen tätig. Insgesamt stellen sich befristete Stellen damit in vielen Fällen als Zwischenstation auf dem Weg in dauerhafte Beschäftigung dar, obwohl hier noch keine Aussage über die Qualität sowie Stabilität der erlangten unbefristeten Arbeitsverhältnisse getroffen werden kann. Der Vergleich mit den Übergangsquoten der (ehemals) unbefristet Beschäftigten zeigt jedoch, dass unbefristete Arbeitsstellen als ein Element erheblicher Stabilität in der Erwerbskarriere zu verstehen sind: ca. 88% der Männer und ca. 80% der Frauen mit unbefristeten Arbeitsstellen sind drei Jahre später immer noch in unbefristeten Beschäftigungsverhältnissen tätig.

Zweitens zeigen die Ergebnisse allerdings auch, dass ein nicht unerheblicher Anteil der befristet Beschäftigten (rund 20% der Männer und rund 16% der Frauen) nach drei Jahren immer noch in befristeten Stellen tätig ist, sei es in derselben oder in einer neuen Stelle. Insgesamt scheint sich für diese Gruppe von befristet beschäftigten Personen eine Integration im Sinne eines Übergangs in eine unbefristete Beschäftigung gewollt oder ungewollt zu verzögern. Der Vergleich mit den Übergangsquoten der ehemals unbefristet Beschäftigten zeigt, dass die Wahrscheinlichkeit befristet beschäftigt zu sein, offenbar von der vorherigen Arbeitsmarktsituation abhängig ist: Personen mit befristeten Arbeitsverträgen sind deutlich häufiger nach drei Jahren befristet beschäftigt als Arbeitnehmer, deren Stelle unbefristet war. Insofern geben diese Ergebnisse einen ersten Hinweis darauf, dass befristete Beschäftigungsverhältnisse weitere befristete Arbeitsverhältnisse nach sich ziehen.

Drittens lassen die Ergebnisse ein erhöhtes Arbeitslosigkeitsrisiko erkennen, das von befristeten Beschäftigungsverhältnissen ausgeht. Im Vergleich zu den unbefristet Beschäftigten haben ehemals befristet beschäftigte Arbeitnehmer ein höheres Risiko, nach drei Jahren arbeitslos zu sein (dies gilt insbesondere für Männer). Für einen Teil der befristet beschäftigten Arbeitnehmer scheint daher eine Integration in den Arbeitsmarkt via befristete Beschäftigung (zunächst) nicht zu gelingen. Somit führen befristete Stellen nicht zwangsläufig zu einer Stabilisierung der Erwerbskarriere, sondern bergen zumindest für eine bestimmte Gruppe von Arbeitnehmern die Gefahr einer Destabilisierung durch nachfolgende Arbeitslosigkeitsphasen in sich.

Abb. 2: Übergänge aus befristeter und unbefristeter Beschäftigung (drei Jahre später)

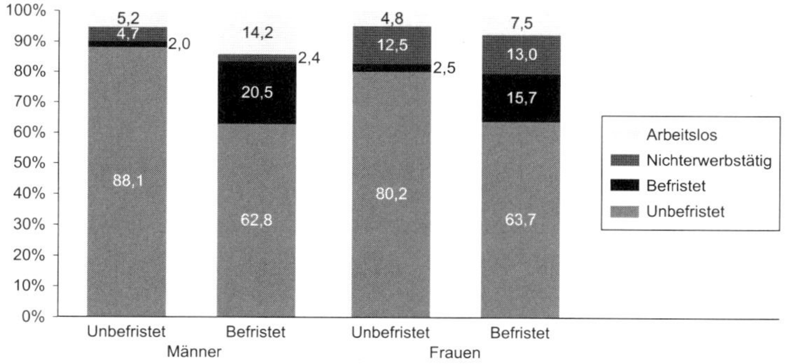

Quelle: SOEP; eigene Berechnungen

5.1 Verbleib in Befristung

Anhand multivariater Modelle kann nun geklärt werden, ob befristete Stellen auch nach Kontrolle anderer relevanter Faktoren das Risiko von Befristungsketten in sich tragen und wenn sie dies tun, welche Merkmale ein solches Risiko erhöhen. Dazu wurden Modelle berechnet, die die Wahrscheinlichkeit einer Be-

Flexibilisierung durch Befristung 95

fristung zu einem späteren Zeitpunkt (hier: drei Jahre später) auf individuelle und arbeitsplatzbezogene Merkmale des aktuell betrachteten Zeitpunkts zurückführen. An dieser Stelle sollen nur die wichtigsten Ergebnisse dieser recht komplexen Modelle diskutiert werden. Abbildung 3 stellt dazu die Zusammenhänge für ausgewählte Merkmalsausprägungen exemplarisch dar.

Abb. 3: Befristungswahrscheinlichkeit drei Jahre später

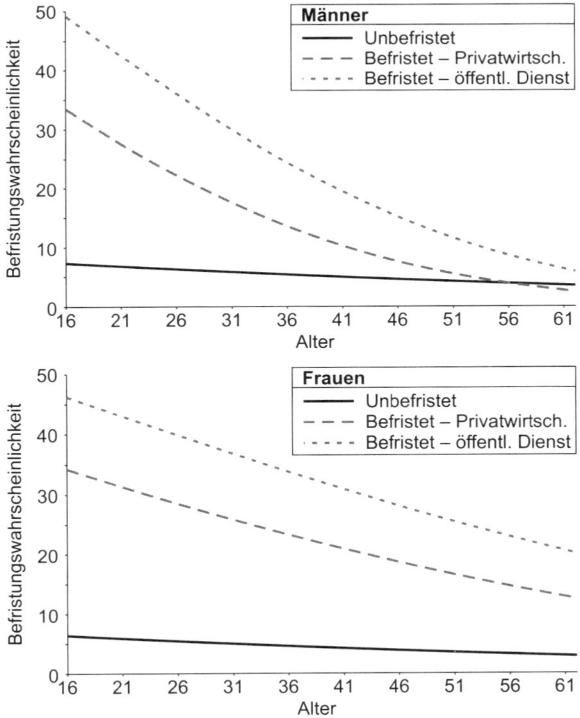

Quelle: SOEP; eigene Berechnungen

Anhand dieser Ergebnisse wird deutlich, dass ein Teil der befristet Beschäftigten (graue Linien) drei Jahre später immer noch in befristeten Stellen tätig ist (bei den hier dargestellten Gruppen zwischen 5 und 50%). Es zeigt sich aber auch, dass die Wahrscheinlichkeit des Übergangs in eine Dauerstelle mit steigendem Alter in einem nicht unerheblichen Maße zunimmt. Weiterhin wird deutlich, dass insbesondere die befristeten Stellen des öffentlichen Dienstes das Risiko von Befristungsketten erhöhen. Von befristeten Stellen in der Privatwirtschaft geht zwar ebenso ein erhöhtes Befristungsrisiko aus, allerdings liegt dieses Risiko unter dem der befristeten Stellen des öffentlichen Sektors. Unbefristete Stellen (schwarze Linie) sind hingegen mit einem insgesamt nur geringen Befristungsrisiko verbunden (weniger als 10%). Da die Modelle wichtige individuelle sowie arbeitsplatzbezogene Merkmale kontrollieren, deuten diese empirischen Befunde eindeutig darauf hin, dass befristete Stellen für Erwerbstätige (insbesondere im öffentlichen Dienst) mit dem Risiko von Befristungsketten verbunden sind, auch wenn sich dieses Risiko mit dem Alter abschwächt.[9]

5.2 Übergang in Arbeitslosigkeit

Auch für die Übergänge in Phasen der Arbeitslosigkeit gilt es mittels geeigneter statistischer Verfahren zu untersuchen, ob das erhöhte Arbeitslosigkeitsrisiko befristet Beschäftigter durch die Erwerbsform an sich oder vielmehr durch die spezifischen Eigenschaften dieser Personengruppe bzw. der mit befristeten Stellen verbundenen arbeitsplatzbezogenen Merkmale hervorgerufen wird. Zusätzlich ist zu klären, inwieweit solche Merkmale einen Einfluss auf das Arbeitslosigkeitsrisiko befristet Beschäftigter nehmen. Um diese Zusammenhänge zu überprüfen, wurden mit den vorliegenden Daten Modelle berechnet, deren abhängige Variable die Wahrscheinlichkeit darstellt, nach Ablauf eines Zeitintervalls von drei Jahren arbeitslos zu sein. Wie bereits im vorherigen Abschnitt werden die wichtigsten Ergebnisse dieser Modelle anhand ausgewählter Merkmalsausprägungen grafisch veranschaulicht (Abb. 4 für Männer sowie Abb. 5 für Frauen).

Für männliche Erwerbstätige ist deutlich zu erkennen, dass das Risiko, in Arbeitslosigkeit zu wechseln, für befristet Beschäftigte (graue Linien) in vielen Fällen über dem Arbeitslosigkeitsrisiko unbefristet Beschäftigter (schwarze Linien) liegt. Dieses Risiko variiert jedoch stark mit dem Bildungsniveau, dem Alter sowie dem Wirtschaftssektor. Allerdings wird ebenfalls deutlich, dass auch von unbefristeten Stellen ein nicht zu unterschätzendes Arbeitslosigkeitsrisiko ausgehen kann, insbesondere für ältere Arbeitnehmer. Schließlich zeigt sich, dass es im öffentlichen Dienst zu einer klaren Differenzierung des Arbeitsmarktrisikos „Arbeitslosigkeit" zwischen den (relativ stark abgesicherten) unbefristet Beschäftigten und den (deutlich weniger geschützten) befristet beschäftigten Arbeitnehmern kommt.

---

9 Interessanterweise lassen sich keine Bildungseffekte nachweisen, was bedeutet, dass offenbar das Bildungsniveau für den Übergang aus einer befristeten in eine unbefristete Stelle keine Rolle spielt.

Abb. 4: Arbeitslosigkeitswahrscheinlichkeit drei Jahre später, Männer

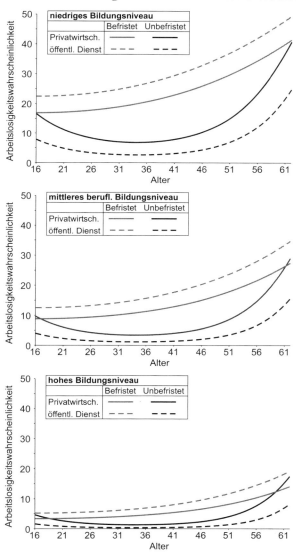

Quelle: SOEP; eigene Berechnungen

Abb. 5: Arbeitslosigkeitswahrscheinlichkeit drei Jahre später, Frauen

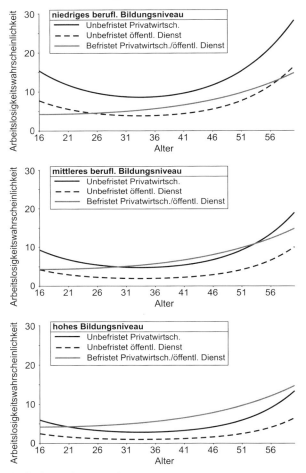

Quelle: SOEP; eigene Berechnungen

Für weibliche Erwerbstätige lassen sich deutliche Unterschiede im Arbeitslosigkeitsrisiko zwischen den einzelnen Bildungsgruppen erkennen. Interessant ist insbesondere, dass sich die unbefristeten Beschäftigungsverhältnisse niedrig qualifizierter Frauen als vergleichsweise unsicher erweisen. Für diese Arbeitsmarktgruppe scheinen unbefristete Stellen in der Privatwirtschaft sogar ein etwas höheres Arbeitslosigkeitsrisiko als befristete Positionen aufzuweisen. Dieses Ergebnis unterscheidet sich klar von den Befunden für die männlichen Erwerbstätigen. Die Vermutung, befristete Stellen seien insbesondere für Niedrigqualifizierte mit einem überdurchschnittlichen Arbeitslosigkeitsrisiko verbunden, kann somit für weibliche Arbeitskräfte nicht bestätigt werden. Die Befunde legen den Schluss nahe, dass befristete Beschäftigungsverhältnisse für Frauen nicht durchgängig mit einem überdurchschnittlichen Arbeitslosigkeitsrisiko einhergehen.

Schließlich zeigt sich, dass unbefristete Stellen des öffentlichen Dienstes am stärksten vor einem Übergang in Arbeitslosigkeit schützen. Der Unterschied im Arbeitslosigkeitsrisiko zwischen befristeten und unbefristeten Stellen fällt daher im öffentlichen Dienst größer aus als in der Privatwirtschaft.

6. Einkommenseffekte befristeter Beschäftigung

Zur Untersuchung der Auswirkung befristeter Beschäftigung auf die Verdienste wurden Einkommensmodelle berechnet, die für Männer und Frauen getrennt die Effekte einer Reihe von arbeitsmarktrelevanten Variablen auf die logarithmierten Stundenlöhne der Arbeitnehmer schätzen. Neben den üblichen Humankapitalindikatoren (Bildung, Alter und quadriertes Alter), Betriebsmerkmalen (Betriebsgröße, Sektor des Betriebes) und Arbeitsplatzcharakteristiken (Teilzeitstatus, Dauer der Betriebszugehörigkeit, kürzlicher Stellenwechsel) wurden auch Familienstand, Zahl der Kinder unter 16 Jahren und Staatsangehörigkeit kontrolliert. An dieser Stelle interessieren allerdings nur die Effekte der Befristung und ihre Interaktionen mit der Bildung des Befragten und dem Sektor der Beschäftigung; nur diese sind in der Tabelle 2 für die Männer aufgeführt.

In der ersten Spalte der Tabelle 2 findet sich der Effekt der Befristung unter Kontrolle der genannten Variablen. Es wird deutlich, dass Männer in befristeter Beschäftigung etwa 13% weniger verdienen als ihre Kollegen in unbefristeter Beschäftigung. Damit wird bestätigt, dass die unsichere Lage in befristeter Beschäftigung durchaus genutzt wird, Produktionskosten durch „Lohndrückerei" zu senken. Es ist hervorzuheben, dass die geringeren Verdienste in befristeter Beschäftigung nicht durch die spezielle Strukturierung der Gruppe der befristet Beschäftigten (etwa hinsichtlich Alter oder Bildung) erklärt werden können, da in den Modellen nach wichtigen Strukturmerkmalen kontrolliert wurde. Die Tatsache, dass der Befristungseffekt auch nach Berücksichtigung relevanter Kontrollvariablen robust bleibt, belegt deutlich, dass die *Befristung* an sich zu geringeren Verdienstmöglichkeiten führt.

Modell 2 berücksichtigt außerdem die Interaktion der Befristung mit dem Beschäftigungssektor und hat zum Ergebnis, dass die Benachteiligung in der Ent-

Tab. 2: Effekte der Befristung auf das Einkommen, Männer

Modell	(1)	(2)	(3)	(4)	(5)	(6)
	OLS-Schätzer			Fixed-Effects-Schätzer		
Befristung	–0.13**	–0.11**	–0.08**	–0.03**	–0.02**	–0.02
	(11.18)	(7.63)	(3.83)	(5.48)	(3.52)	(1.53)
Interaktionen						
Befristung* Öffentlicher Dienst (Referenz: Privatwirtschaft)		–0.08** (3.33)			–0.04** (3.02)	
Befristung* berufliche Bildung			–0.05*			–0.00
			(2.02)			(0.06)
Befristung* generelle mittlere Bildung			–0.07			–0.01
			(1.55)			(0.19)
Befristung* höhere Bildung			–0.10**			–0.05*
			(2.66)			(2.55)
Zahl der Beobachtungen (Personenjahre)	34.287	34.287	34.287	34.287	34.287	34.287
R^2	0.36	0.36	0.36	0.10	0.10	0.10

* $p<0.05$, ** $p<0.01$; in Klammern: t-Werte (absoluter Betrag), für die OLS-Schätzung wurden robuste Varianzschätzer berechnet
Zur Erläuterung der Modelle und der verwendeten Variablen siehe Text.
Quelle: SOEP; eigene Berechnungen

lohnung im öffentlichen Dienst stärker ausfällt als im privatwirtschaftlichen Sektor. Während im privatwirtschaftlichen Bereich befristet Beschäftigte „nur" ca. 11% weniger verdienen als ihre dauerhaft beschäftigten Kollegen, vergrößert sich das Minus der befristet Beschäftigten im öffentlichen Dienst um weitere acht Prozentpunkte (Mertens/McGinnity 2004, 2005; Hagen 2002).

Modell 3 bestätigt die Annahme, dass sich eine Befristung des Arbeitsvertrages in den höheren Bildungsgruppen stärker bemerkbar macht als in den unteren. Unqualifizierte Arbeitnehmer in befristeter Beschäftigung verdienen ca. 8% weniger als Unqualifizierte, die dauerhaft beschäftigt sind. Gegenüber den Unqualifizierten verdienen die Beschäftigten mit beruflicher Bildung in befristeter Beschäftigung nochmals fünf Prozentpunkte weniger, die Hochqualifizierten gar zehn Prozentpunkte. Der Abstand zwischen Beschäftigten mit mittlerer allgemeiner Bildung zu den Unqualifizierten beträgt durchschnittlich sieben Prozentpunkte, dieser Effekt ist jedoch (vermutlich aufgrund der geringen Fallzahl in dieser Bildungsgruppe) statistisch nicht signifikant.

Nun ließe sich einwenden, dass trotz der Vielzahl der kontrollierten Variablen die Minderverdienste in befristeter Beschäftigung nicht unmittelbar von der Befristung selbst verursacht werden, sondern von Merkmalen der Beschäftigten, die hier nicht kontrolliert worden sind. So könnte man argumentieren, dass etwa individuelle Defizite (Unzuverlässigkeit, mangelnde Motivation etc.) einer dauerhaften Beschäftigung im Wege stehen, und solche Arbeitnehmer überproportional in befristeter Beschäftigung zu finden sind, die aufgrund dieser individuellen Defizite weniger produktiv sind. Die geringeren Verdienste resultierten aus der geringeren Produktivität der Arbeitnehmer in befristeter Beschäftigung – und nicht aus der Befristung selbst.

Eine solche „unbeobachtete Heterogenität" der Befragten lässt sich zumindest teilweise im Rahmen einer Panelanalyse kontrollieren (vgl. auch Abschnitt 4). In der vorliegenden Analyse wurde eine fixed-effects-Schätzung verwendet, die immer dann eingesetzt werden kann, wenn vermutet wird, dass eine der erklärenden Variablen (in diesem Fall die Variable befristete Beschäftigung) mit den unbeobachteten Individueneffekte korreliert ist. Die Ergebnisse entsprechender Modelle sind in den Spalten 4 bis 6 zu finden. Tatsächlich fallen die Effekte der verwendeten Variablen geringer aus als in den korrespondierenden OLS-Regressionen, was darauf schließen lässt, dass in der Tat auch individuelle Unterschiede für die Minderverdienste verantwortlich sind. Der Tendenz nach bleiben die Ergebnisse jedoch stabil: Männer verdienen in befristeter Beschäftigung durchschnittlich weniger als in unbefristeter Beschäftigung, diese Diskrepanz ist im öffentlichen Dienst stärker ausgeprägt als in der Privatwirtschaft, und sie fällt bei den Hochqualifizierten besonders stark aus.

Tabelle 3 enthält die entsprechenden Ergebnisse für Frauen. Die meisten Effekte der Befristung auf die Stundenlöhne sind geringer als bei Männern. In den OLS-Regressionen zeigt sich ein genereller Minderverdienst von „nur" 7%, Interaktionen mit dem Beschäftigungssektor oder der Bildung sind nicht zu finden. Die Fixed-Effects-Schätzer weisen größere Ähnlichkeit mit den entsprechenden Schätzern für Männer auf: Die durchschnittlichen Minderverdienste haben die gleiche Größenordnung, und auch die besondere Benachteiligung der Hochqualifizierten wird deutlich. Allerdings lassen sich wie auch in der OLS-Regression keine spezifischen Benachteiligungen im öffentlichen Dienst nachweisen.

Zusammenfassend lässt sich festhalten, dass befristete Beschäftigungsverhältnisse sich nachteilig auf die Einkommenschancen der Arbeitnehmer und Arbeitnehmerinnen auswirken (für letztere allerdings weniger stark), dass diese Benachteiligung im öffentlichen Dienst besonders deutlich zu Tage tritt und nach Bildungsgruppen variiert: Die Diskrepanzen in den Einkommenschancen zwischen befristet und unbefristet Beschäftigten sind für Arbeitnehmer mit beruflicher Bildung und mit höheren Bildungsabschlüssen besonders groß.

Tab. 3: Effekte der Befristung auf das Einkommen, Frauen

Modell	(1)	(2)	(3)	(4)	(5)	(6)
	OLS-Schätzer			Fixed-Effects-Schätzer		
Befristung	–0.07**	–0.07**	–0.04	–0.02**	–0.03**	–0.01
	(6.77)	(5.47)	(1.62)	(3.06)	(3.04)	(0.41)
Interaktionen						
Befristung*Öffentlicher Dienst		0.01			0.02	
(Referenz: Privatwirtschaft)		(0.29)			(1.10)	
Befristung*berufliche Bildung			–0.03			0.00
			(1.25)			(0.02)
Befristung*generelle mittlere Bildung			–0.05			–0.01
			(1.28)			(0.26)
Befristung*höhere Bildung			–0.06			–0.07**
			(1.61)			(2.95)
Zahl der Beobachtungen (Personenjahre)	26.703	26.703	26.703	26.703	26.703	26.703
R^2	0.32	0.32	0.32	0.06	0.06	0.06

* $p<0.05$, ** $p<0.01$; in Klammern: t-Werte (absoluter Betrag), für die OLS-Schätzung wurden robuste Varianzschätzer berechnet
Zur Erläuterung der Modelle und der verwendeten Variable siehe Text.
Quelle: SOEP; eigene Berechnungen

7. Fazit

In der Zusammenfassung der Ergebnisse der empirischen Analysen sollen sechs Punkte hervorgehoben werden. Erstens hat sich gezeigt, dass nur 5 bis 7% der abhängig Beschäftigten einen befristeten Arbeitsvertrag besitzen. Die Befristung erweist sich in Deutschland somit trotz hoher Einsparpotentiale bisher als kein Massenphänomen. Zweitens variiert die Wahrscheinlichkeit, eine befristete Stelle zu erhalten, mit Alter und Bildung der Arbeitnehmer. Je höher das spezifische Humankapital der Arbeitnehmer (das sind vor allem Arbeitnehmer mittleren Alters mit berufsbildenden Abschlüssen), desto geringer die Wahrscheinlichkeit, eine befristete Stelle zu erhalten. Der Einsatz befristeter Beschäftigung variiert drittens auch mit betrieblichen und sektoralen Merkmalen: befristete Beschäftigungsverhältnisse sind vor allem in Großbetrieben und im öffentlichen Dienst zu finden. Viertens gelingt der Mehrheit der befristet Beschäftigten im Verlauf ihrer beruflichen Karriere ein Wechsel auf eine unbefristete Stelle. Dennoch ist festzuhalten, dass Befristungen Teil recht unsicherer Karrieren sein können, da sie sowohl die Wahrscheinlichkeit, bei einem Stellenwechsel wieder befristet beschäftigt zu werden, als auch das Arbeitslosigkeitsrisiko deutlich erhöhen. Das Wiederbefristungsrisiko ist fünftens besonders stark im öffentlichen Dienst und betrifft dort alle Bildungsgruppen gleichermaßen. Auch das Risiko der Arbeitslosigkeit ist für befristet Beschäftigte im öffentlichen Dienst größer als für befristet Beschäftigte in der Privatwirtschaft, konzentriert sich aber auf die unteren Bildungsgruppen. Sechstens führt die Befristung von Arbeitsstellen zu verminderten Einkommenschancen der Arbeitnehmer, besonders im öffentlichen Dienst und für höhere Bildungsgruppen.

Was bedeuten diese Ergebnisse für eine Bewertung befristeter Beschäftigung als arbeitsmarktpolitisches Instrument? Die Beantwortung dieser Frage fällt je nach Perspektive, die man einnimmt, unterschiedlich aus.

Aus Sicht der Arbeitnehmer sind befristete Beschäftigungsverhältnisse in den meisten Fällen als nachteilig zu betrachten. Sie schwächen entscheidend die Verhandlungsposition der Arbeitnehmer am Arbeitsmarkt, was nicht nur in den unsicheren Beschäftigungskarrieren sondern besonders auch in den verminderten Einkommenschancen sichtbar wird. Allerdings sind die Konsequenzen befristeter Beschäftigungsverhältnisse für den einzelnen Arbeitnehmer abhängig von den Funktionen, die mit der befristeten Stelle verbunden sind. Eine Befristung zur verlängerten Erprobung von Arbeitnehmern oder zur Erfüllung besonderer Aufgaben wirkt sich weniger nachteilig aus als eine Befristung zur Überwindung von Produktionsengpässen oder zur Senkung direkter Lohnkosten.

Aus Sicht der Arbeitslosen kann eine befristete Stelle jedoch eine Chance zur Wiedereingliederung in den Arbeitsmarkt darstellen (Boockmann/Hagen 2005, 2006). Ob die Einrichtung befristeter Stellen aber tatsächlich die Arbeitslosenquote senkt, ist ungewiss. Das wäre nur dann der Fall, wenn Unternehmen befristete Arbeitsverhältnisse tatsächlich dazu verwenden, ihre Produktion auszuweiten, auf andere Maßnahmen für diesen Zweck (wie Überstunden) verzichten und keine unbefristete Stellen eingerichtet hätten, wäre eine Befristungsmöglichkeit nicht gegeben gewesen. Wenn befristete Stellen lediglich Normalarbeitsverhältnisse ersetzen, gibt es keine Beschäftigungseffekte durch befristete Stellen. Empirische Befunde zu dieser Frage sind nicht eindeutig (OECD 2002).

Weiterhin ist zu berücksichtigen, dass befristete Beschäftigungsverhältnisse Konsequenzen für Ausmaß und Struktur sozialer Ungleichheit haben. Arbeitnehmer in befristeten Beschäftigungsverhältnissen besitzen eine vergleichsweise schwache Verhandlungsposition gegenüber den Arbeitgebern. Dem entsprechend ist davon auszugehen, dass die Befristung die Einkommensungleichheit vergrößert. Dieser Effekt wird durch eine größere Streuung der Einkommen in befristeten Beschäftigungsverhältnissen noch verstärkt (Giesecke/Groß 2005). Ebenso können befristete Beschäftigungsverhältnisse zur Spaltung des Arbeitsmarktes beitragen, indem die Risiken einer notwendigen Flexibilisierung auf spezifische

Arbeitnehmergruppen abgewälzt werden. Soweit unqualifizierte sowie jüngere bzw. ältere Arbeitnehmer ein überproportionales Befristungsrisiko aufweisen, verschärft sich die ohnehin prekäre Lage dieser arbeitsmarktpolitischen Problemgruppen (Giesecke 2006).

Gegen alle diese Punkte ließe sich nun einwenden, dass die Befristung von Arbeitsverhältnissen numerisch eher ein marginales Phänomen darstellt. Es ist aber davon auszugehen, dass ähnliche Effekte bei anderen Formen der externen Flexibilisierung, die die Basis des Normalarbeitsverhältnisses untergraben, zu finden sind. Da ferner abzusehen ist, dass in naher Zukunft weitere Flexibilisierungsprozesse auf dem deutschen Arbeitsmarkt stattfinden werden[10], ist mit durchaus ernstzunehmenden Konsequenzen nicht nur für den Arbeitsmarkt, sondern für die gesamte Struktur sozialer Ungleichheit zu rechnen.

Literatur

Bielenski, H.; Kohler, B.; Schreiber-Kittl, M. (1994): Befristete Beschäftigung und Arbeitsmarkt. Empirische Untersuchung über befristete Arbeitsverträge nach dem Beschäftigungsförderungsgesetz (BeschFG 1985/1990). Bonn

Bollinger, D.; Cornetz, W.; Pfau-Effinger, B. (1991): „Atypische" Beschäftigung – Betriebliche Kalküle und Arbeitnehmerinteressen. In: Semlinger, K. (Hg.): Flexibilisierung des Arbeitsmarktes: Interessen, Wirkungen, Perspektiven. Frankfurt/M., S. 177-199

Boockmann, B.; Hagen, T. (2005): Die Bedeutung befristeter Arbeitsverhältnisse für die Zugänge und den Verbleib in Beschäftigung. In: Kronauer, M.; Linne, G. (Hg.): Flexicurity. Die Suche nach Sicherheit in der Flexibilität. Berlin, S. 149-168

Boockmann, B.; Hagen, T. (2006): Befristete Beschäftigungsverhältnisse – Brücken in den Arbeitsmarkt oder Instrumente der Segmentierung. Baden-Baden

Bothfeld, S.; Kaiser, L. C. (2003): Befristung und Leiharbeit: Brücken in reguläre Beschäftigung. In: WSI Mitteilungen, 56, S. 484-493

Büchtemann, C. F. (1989): Befristete Arbeitsverträge nach dem Beschäftigungsförderungsgesetz (BeschFG 1985). Ergebnisse einer empirischen Untersuchung im Auftrag des Bundesministers für Arbeit und Sozialordnung. Bonn

Fassler-Ristic, M. (1999): Atypische Beschäftigung in Spanien. In: Tálos, E. (Hg.): Atypische Beschäftigung. Internationale Trends und sozialstaatliche Regelungen. Wien, S. 359-390

Giesecke, J.; Groß, M. (2002): Befristete Beschäftigung: Chance oder Risiko? In: Kölner Zeitschrift für Soziologie und Sozialpsychologie, 54, S. 85-108

Giesecke, J.; Groß, M. (2005): Arbeitsmarktreform und Ungleichheit. In: Aus Politik und Zeitgeschichte, 16, S. 25-31

---

10 Als Beispiel sei an dieser Stelle auf die aktuelle Diskussion um das Absenken des Kündigungsschutzes bei Neueinstellungen hingewiesen.

Giesecke, J. (2006) Arbeitsmarktflexibilisierung und Soziale Ungleichheit. Sozio-ökonomische Konsequenzen befristeter Beschäftigungsverhältnisse in Deutschland und Großbritannien. Wiesbaden

Hagen, T. (2002): Do Temporary Workers Receive Risk Premiums? Assessing the Wage Effects of Fixed-Term Contracts in West Germany by a Matching Estimator Compared with Parametric Approaches. In: Labour: Review of Labour Economics and Industrial Relations, 16, S. 667-705

König, W.; Lüttinger, P.; Müller, W. (1987): Eine vergleichende Analyse der Entwicklung und Struktur von Bildungssystemen. Methodologische Grundlagen und Konstruktion einer vergleichenden Bildungsskala (CASMIN-Arbeitspapier, 12). Mannheim

Linne, G.; Vogel, B. (2003): Leiharbeit und befristete Beschäftigung. Neue Formen sozialer Gefährdung oder Chance auf Arbeitsmarktintegration? (Arbeitspapier 68). Düsseldorf

Mertens A.; McGinnity F. (2004): Wages and Wage Growth of Fixed-Term Workers in East and West Germany. In: Applied Economics Quarterly, 50, S. 139-163

Mertens, A.; McGinnity, F. (2005): Einkommensverluste durch befristete Beschäftigung? Ein Überblick über den Stand der Debatte in Deutschland. In: Kronauer, M.; Linne, G. (Hg.): Flexicurity. Die Suche nach Sicherheit in der Flexibilität. Berlin, S. 169-182

Mückenberger, U. (1985): Die Krise des Normalarbeitsverhältnisses – Hat das Arbeitsrecht noch Zukunft? In: Zeitschrift für Sozialreform, 31, S. 415-434; S. 457-475

OECD (1999): Employment Protection and Labour Market Performance. In: OECD (Hg.): OECD Employment Outlook. Paris, S. 48-132

OECD (2002): Taking the measure of temporary employment In: OECD (Hg.): OECD Employment Outlook. Paris, S. 127-185

SOEP Group (2001): The German Socio-Economic Panel (GSOEP) after more than 15 years – Overview. In: Proceedings of the 2000 Fourth International Conference of German Socio-Economic Panel Study Users (GSOEP2000). In: Vierteljahrshefte zur Wirtschaftsforschung, 70, S. 7-14

Statistisches Bundesamt (2004): Pressekonferenz „Leben und Arbeiten in Deutschland – Ergebnisse des Mikrozensus 2003". URL: www.destatis.de/presse/deutsch

Walwei, U. (1995): Atypische Beschäftigungsformen: Kongruenz und Divergenz der Interessen. In: Keller, B.; Seifert, H. (Hg.): Atypische Beschäftigung: verbieten oder gestalten? Köln, S. 9-24

Wooldridge, J. M. (2002): Econometric Analysis of Cross Section and Panel Data. Cambridge

Was heißt hier „geringfügig"?
Minijobs als wachsendes Segment prekärer Beschäftigung

Gerhard Bäcker

1. Beschäftigungsexpansion durch Ausweitung von Minijobs?

Die mit der Hartz-Gesetzgebung verfolgte Strategie, die Arbeitslosigkeit durch eine Beschäftigungsexpansion auf dem ersten Arbeitsmarkt merklich abzubauen, war auch handlungsleitend für die zum 1.April 2003 in Kraft getretene erneute Neuregelung der geringfügigen Beschäftigungsverhältnisse (Zweites Gesetz für moderne Dienstleistungen am Arbeitsmarkt). Während die in den Anfangsjahren der rot-grünen Koalition durchgesetzte Reform von 1999 noch darauf abgestellt hatte, die Ausbreitung der geringfügigen Beschäftigung wegen ihrer problematischen Folgewirkungen (unzureichende soziale Sicherungsansprüche sowie Einnahmenausfälle in den Sozialversicherungen) zu stoppen und die Anreize zur Substitution regulärer sozialversicherungspflichtiger Arbeitsplätze zu begrenzen, haben sich nur wenige Jahre später die Prioritäten verschoben (Bäcker/Koch 2003). Es ging und geht um die *Ausweitung* der nunmehr „Minijobs" genannten Beschäftigungsverhältnisse, die Schaffung von Arbeitsplätzen im Niedriglohnbereich und um die Arbeitsmarktintegration von Arbeitslosen, vor allem von niedrig qualifizierten Langzeitarbeitslosen durch die erhoffte „Brücken- und Einstiegsfunktion" der Mini- und Midi-Jobs. Damit verbunden war zugleich die Erwartung, über die sozialversicherungs- und steuerrechtliche Förderung von Minijobs in Privathaushalten Schwarzarbeit zu legalisieren und private Dienstleistungen als Beschäftigungspotenzial zu nutzen.

Die Eckpunkte der seit dem 01.04.2003 geltenden Regelung lassen sich wie folgt zusammenfassen:

- Minijobs sind für die Beschäftigten weiterhin sozialabgabenfrei, die Einkommensgrenze wurde von 325 Euro auf 400 Euro monatlich angehoben und die bisherige Arbeitszeitschwelle von unter 15 Stunden wöchentlich gestrichen.
- Neben einer sozialversicherungspflichtigen Hauptbeschäftigung ist die Ausübung einer geringfügig entlohnten Nebenbeschäftigung möglich, ohne dass sie durch die Zusammenrechnung mit der Hauptbeschäftigung sozialversicherungspflichtig wird. Die 1999 eingeführte Steuer- und Sozialversicherungspflichtigkeit der Nebenbeschäftigung wird damit wieder abgeschafft.
- Die Arbeitgeber-Pauschalabgaben werden auf 25% festgelegt (12% GRV, 11% GKV und 2% Steuern mit Abgeltungswirkung). Hinzu kommen die

Beiträge zur Unfallversicherung (Berufsgenossenschaft) und die Umlage zur Finanzierung der Entgeltfortzahlung (Ausgleichskasse für Kleinbetriebe nach dem Aufwendungsausgleichsgesetz). Ab dem 01.07.2006 sind diese Pauschalabgaben auf insgesamt 30% erhöht worden (15% GRV, 13% GKV und 2% Pauschalsteuer).
- Die Arbeitgeber-Pauschalabgaben verringern sich bei einer geringfügigen Beschäftigung in Privathaushalten auf jeweils 5% Beiträge zur GKV und GRV und 2% Steuern, also insgesamt auf 12%. Hinzu kommen Umlagen zum Ausgleichsverfahren nach dem Aufwendungsausgleichsgesetz in Höhe von 0,1% sowie die Beiträge zur gesetzlichen Unfallversicherung in Höhe von 1,6%. Zudem erfolgt eine steuerliche Förderung (Abzug von der Steuerschuld) von 10%, höchstens 510 Euro jährlich, bei Inspruchnahme eines Dienstleistungsunternehmens 20% und höchstens 600 Euro pro Jahr.
- Mit der Neuregelung der Minijobs wurde zeitgleich für Monatseinkommen zwischen 400,01 und 800 Euro eine Gleitzone eingeführt, in der die Arbeitnehmerbeitragssätze zur Sozialversicherung, einschließlich Arbeitslosenversicherung, von 4% schrittweise bis auf den vollen Beitragssatz von etwa 21% angehoben werden. Bei diesen Midi-Jobs fallen für die Arbeitgeber durchgängig die vollen Beitragssätze an.

Im Prinzip führt dieses Regelungsgeflecht zu einer spezifischen Variante einer arbeitnehmerorientierten Lohnsubvention bzw. eines Kombilohns im unteren Einkommensbereich. Beim Unterschreiten eines Monatsbruttoentgelts – unabhängig von der individuellen Arbeitszeit, unabhängig von einem Hauptbeschäftigungsverhältnis und auch unabhängig von der Einkommenslage auf der Ebene des Haushaltes (verfügbares Einkommen) – werden die Beschäftigten von den Arbeitnehmerbeiträgen zur Sozialversicherung vollständig (Minijobs) oder teilweise (Midi-Jobs) entlastet. Zu einer Entlastung der Arbeitgeber kommt es hingegen nicht, da die Pauschalabgaben bei den Minijobs sogar höher sind als die Arbeitgeberbeiträge bei versicherungspflichtigen Beschäftigungsverhältnissen, vorausgesetzt es erfolgen keine Rückwälzungen der Abgaben auf die Beschäftigten.

Finanziert werden diese arbeitnehmerseitigen Subventionen durch die Beitragszahler, denn die durch die Beitragsentlastungen entstehenden Einnahmeverluste belasten die Haushalte der Sozialversicherungsträger. Einen Ausgleich aus Steuerzuschüssen gibt es nicht.

Im Folgenden soll überprüft werden, welche Entwicklung die Mini-Jobs seit der Neuregelung genommen haben, wie sich dieses Beschäftigungssegment in seiner Struktur und Qualität auszeichnet und welche Wirkungen auf Arbeitsangebot und Arbeitsnachfrage festzustellen sind. Im Anschluss wird untersucht, ob die erwarteten Beschäftigungseffekte eingetreten sind. Der abschließende Teil des Beitrags skizziert Perspektiven und Alternativen.

Was heißt hier „geringfügig"? 109

2. Dimensionen und Strukturmerkmale von Minijobs

Die Minijobs haben seit der Neuregelung eine außerordentlich expansive Entwicklung genommen. Für den Monat Oktober 2006 weist die Bundesagentur für Arbeit (BA 2006a) 6,7 Mio. Personen aus, die entweder ausschließlich geringfügig beschäftigt sind (71,3%) oder im Nebenjob einer geringfügigen Beschäftigung nachgehen (28,7%). Nicht erfasst sind hierbei die so genannten kurzfristig geringfügig Beschäftigten (befristete Beschäftigung von längstens zwei Monaten oder 50 Arbeitstagen im Jahr) und jene Nebenbeschäftigten, die in ihrer Haupttätigkeit nicht versicherungspflichtig sind (so vor allem Beamte und Selbständige), so dass die Zahlen insgesamt noch deutlich höher liegen dürften (Brandt 2005, S. 12).

In Relation zu den sozialversicherungspflichtigen Beschäftigungsverhältnissen, deren Zahl die BA für Oktober 2006 auf 26,95 Mio. beziffert (BA 2006a), haben damit die ausschließlich geringfügig Beschäftigten einen Anteil von 17,9%. Die Nebenbeschäftigungsverhältnisse kommen auf einen Anteil von 7,1%.[1] Damit nehmen diese Beschäftigungsverhältnisse auf dem deutschen Arbeitsmarkt mittlerweile eine gewichtige Rolle ein. Allein in ihren Quantitäten sind sie alles andere als „geringfügig". So sind sie mittlerweile bedeutender als die sozialversicherungspflichtigen Teilzeitverhältnisse (einschließlich Gleitzonenbeschäftigte), die (für 2005) eine Größenordnung von 4,4 Mio. ausmachen (Bundesministerium für Arbeit 2006a).

Aus Abbildung 1 ergeben sich folgende Befunde:

- Die Zahl der ausschließlich geringfügig Beschäftigten hat sich zwischen März 2003 (also vor der Neuregelung) und Oktober 2006 um 693.000 Personen bzw. um 16,8% erhöht. Ein besonders steiler Zuwachs hat sich im ersten Jahr nach der Neuregelung ergeben. Seit Juni 2004 zeigt sich hingegen eher eine Konstanz auf hohem Niveau.
- Die Zahl der geringfügig Nebenbeschäftigten hat sich zwischen März 2003 (bis zu diesem Zeitpunkt bestand noch eine volle Sozialversicherungs- und Steuerpflicht[2]) und Oktober 2006 um 1.198.700 Personen erhöht. Dies entspricht einem außerordentlichen Zuwachs von 170,8%. Auch hier zeigt sich, dass der sprunghafte Anstieg vor allem in den Anfangsmonaten der Neuregelung eingetreten ist; der Zuwachs hält – abgeschwächt – weiter an.

---

1 Zu berücksichtigen ist, dass die Nebenbeschäftigten in ihrer Hauptbeschäftigung zugleich zu den sozialversicherungspflichtig Beschäftigten zählen. Insofern handelt es sich um einen „unechten" Prozentwert.
2 Zuvor – in den Jahren nach 1999 – war es infolge der vollen Beitragspflicht zu einem deutlichen Rückgang der Nebenbeschäftigungen gekommen (Schupp/Birkner 2004).

Abb. 1: Entwicklung der Minijobs zwischen März 2003 und Oktober 2006

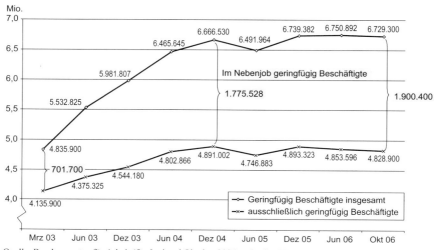

Quelle: Bundesagentur für Arbeit (für Juni und Oktober 2006 vorläufige Werte)

Midi-Jobs sind deutlich seltener anzutreffen: Im Jahr 2003 haben 669.000 Arbeitnehmer diese Regelung in Anspruch genommen, davon 155.000 während des gesamten Jahres und 514.000 zumindest zeitweise.[3] Diese eher kleine Zahl dürfte auch damit zusammenhängen, dass die Möglichkeit der reduzierten Arbeitnehmerbeiträge bei vielen Akteuren (Arbeitgeber wie Arbeitnehmer) nur unzureichend bekannt ist (Bundesministerium für Arbeit und Soziales (2006b).

Minijobs sind durch folgende Strukturmerkmale charakterisiert[4], wobei das Augenmerk hier auf die Hauptbeschäftigten gerichtet ist (BA 2004):

– Der Frauenanteil liegt bei 68,1%;
– Jüngere (15-24 Jahre) sind mit 19,1% und Ältere (55 Jahre und älter) mit 29% aller geringfügig Hauptbeschäftigten deutlich überproportional vertreten;
– unter den Wirtschaftszweigen dominieren die Dienstleistungsbranchen, so der Handel, das Gastgewerbe, das Grundstück- und Wohnungswesen und die sonstigen Dienstleistungen. In diesen Branchen finden sich mehr als

---

3 Zu den Midi-Jobs liegen leider nur wenige Daten vor. Im Unterschied zu den Mini-Jobs werden sie von der BA nicht regelmäßig ausgewiesen. Die Minijob-Zentrale macht überhaupt keine Angaben.
4 Zu vergleichbaren Ergebnissen kommen frühere Analysen (vgl. Bäcker/Koch 2003), die Auswertungen der Minijob Zentrale und die Befragung des RWI (Fertig et al. 2005).

zwei Drittel aller geringfügig Beschäftigten, zugleich liegen hier die Anteile der geringfügig Beschäftigten an den sozialversicherungspflichtig Beschäftigten bei über 50%. Zählt man die Nebenbeschäftigten noch hinzu, gibt es in den Bereichen „private Haushalte", „Reinigungsgewerbe", „Gastronomie" sogar mehr in Minijobs Tätige als sozialversicherungspflichtig Beschäftigte.
– Angestiegen ist auch die Zahl der in Privathaushalten arbeitenden und angemeldeten geringfügig Beschäftigten: Die Minijob Zentrale beziffert diese Gruppe für September 2006 auf gut 128.000 Personen, im September 2003 waren es hingegen nur gut 36.000 Personen (Deutsche Rentenversicherung Knappschaft-Bahn-See/Minijob-Zentrale 2006). Allerdings kann kein Zweifel daran bestehen, dass nach wie vor der weitaus größte Teil der in Privathaushalten Tätigen schwarz, d.h. ohne Anmeldung arbeitet (Schupp/Spieß/Wagner 2006).

Im Folgenden soll die Frage geprüft werden, welche Faktoren für die Expansion der Minijobs verantwortlich sind. Dabei ist zwischen Arbeitsangebot und Arbeitsnachfrage zu unterscheiden.

3. Wirkungen auf das Arbeitsangebot

Die geringfügige Beschäftigung ist in Folge der günstigen Brutto-Netto-Relation beim Arbeitseinkommen für Arbeitnehmer attraktiv. Bislang Nicht-Erwerbstätige oder Arbeitsuchende werden motiviert, Arbeitsverhältnisse mit niedrigem Einkommen und niedrigem Stundenvolumen aufzunehmen. Deswegen ist davon auszugehen, dass es zu einer Ausdehnung des Arbeitsangebots in diesem Sektor gekommen ist (Steiner/Wrohlich 2005; Arentz et al. 2003). Allerdings sind Minijobs als Hauptbeschäftigung wegen des niedrigen, nicht existenzsichernden Verdienstes und des fehlenden Sozialversicherungsschutzes letztlich nur für Personen akzeptabel, die anderweitig finanziell und sozial abgesichert sind und ihr Einkommen als „Zuverdienst" begreifen. Dazu zählen Personen in Ausbildung (Schüler und Studierende), Arbeitnehmer in Altersteilzeit, Rentner sowie Ehefrauen.

Verheiratete Frauen sind, soweit nicht versicherungspflichtig erwerbstätig, über ihren Mann beitragsfrei in der Gesetzlichen Krankenversicherung abgesichert und haben zudem im Hinterbliebenenfall Anspruch auf eine von den Renten bzw. Rentenanwartschaften des Mannes abgeleitete Witwenrente. Das eigene Einkommen bzw. die eigene Rente gilt nach der Norm der modifizierten Versorgerehe als Zuverdienst zum gemeinsamen Haushaltseinkommen. Hinzu kommen die Folgen des steuerrechtlichen Ehegattensplittings und der Steuerklassenaufteilung, die ebenfalls einen starken Anreiz ausüben, die Erwerbstätigkeit von Frauen nicht über das Entgelt von 400 Euro hinaus auszudehnen: Durch die steuerliche Belastung oberhalb des Einkommensgrenzwertes kommt es nämlich auch bei der neuen Regelung mit den gleitend ansteigenden Arbeitnehmerbeiträgen zu starken Nettoeinkommensverlusten, wenn sich das Bruttoeinkommen erhöht: So verringert sich (hier berechnet für das Jahr 2006) bei der Steuerklasse V das Netto-Einkommen bei einem Verdienst von 401 Euro brutto auf ca. 314 Euro netto. Den „alten" Netto-Betrag von 400 Euro erhalten die Beschäftigten erst bei einem Brutto-Einkommen von 573 Euro (Bäcker/Koch 2003).[5] Diese auch mit der Neuregelung nicht gelöste Sprungstellenproblematik dürfte ein Grund dafür sein, dass die Midi-Jobs kaum genutzt werden und die Beschäftigung in dem Einkommensegment zwischen 401 Euro und 800 Euro rückläufig ist (Brandt 2006, S. 448f.).

Abb. 2: Netto-Einkommensverlauf, Steuerklasse V Mini-Midi-Jobs

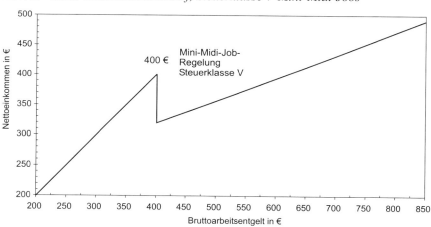

Auch für Arbeitnehmer in der Altersteilzeit und für Rentner sind die Minijobs attraktiv. Denn bei Bezug einer Rente wegen Erwerbsminderung oder einer Altersrente vor Vollendung des 65. Lebensjahres darf rentenunschädlich bis zu 400 Euro hinzuverdient werden. Das gleiche gilt für eine Nebenbeschäftigung von Arbeitnehmern, die sich in der Altersteilzeit befinden. Bei einer insgesamt geringeren Arbeitszeit kann Altersteilzeitkräften mit einem Minijob im gesamten Nettoeinkommen mehr übrig bleiben als bei einer Vollzeitbeschäftigung.

---

5 Diese Nettoeinkommensverläufe dürfen allerdings nicht isoliert betrachtet werden: Den hohen Abzügen der Ehefrauen in der Steuerklasse V stehen niedrige Belastungen der Ehemänner in der Steuerklasse III gegenüber, so dass sich bezogen auf das gesamte Nettoeinkommen des Ehepaares die Be- und Entlastungen ausgleichen.

Besonders lohnend ist die Aufnahme einer geringfügigen *Nebenbeschäftigung*, da sie im Unterschied zu einem steuer- und beitragspflichtigen Mehrverdienst beim Hauptarbeitgeber – etwa durch Verlängerung der individuellen Arbeitszeiten oder durch Ableistung von Überstunden – keinerlei Abzüge aufweist. Geringfügig Nebenbeschäftigte haben bereits einen Arbeitsplatz, ihre zusätzliche Tätigkeit wirkt auf dem Arbeitsmarkt wie eine Arbeitszeitverlängerung.

Schüler, Studierende, Rentner, Ehefrauen, Nebenbeschäftigte – das Arbeitsangebot all dieser Personen stammt entweder aus der Stillen Reserve oder bereits vorhandener Beschäftigung – nicht oder nur begrenzt aus der registrierten Arbeitslosigkeit. Für Arbeitslose bieten Minijobs nämlich in der Regel keine realistische Option, in eine Erwerbstätigkeit zu wechseln und zugleich ihren Status zu verlassen. Arbeitslose sind in ihrer weit überwiegenden Zahl auf ein Vollzeit- oder zumindest auf ein Teilzeitbeschäftigungsverhältnis mit einem höheren Stundenvolumen und das daraus erzielbare Einkommen angewiesen. Auch die empirischen Befunde bestätigen dies: Nur ein äußerst geringer Teil der geringfügig Beschäftigten war zuvor als arbeitslos oder Arbeit suchend gemeldet (Fertig et al. 2005). Arbeitslose können jedoch durch einen Minijob einen Nebenverdienst erzielen, der nur begrenzt auf das Arbeitslosengeld I oder Arbeitslosengeld II angerechnet wird.[6]

Die Möglichkeiten, die SGB II-Leistungen bei Arbeitslosigkeit aufzustocken, sind erst Ende 2005 noch einmal verbessert worden: Der zum 01.10.2005 gegenüber der ursprünglichen Regelung im SGB II angehobene monatliche Freibetrag beim Arbeitslosengeld II beträgt derzeit 100 Euro (Grundfreibetrag), zusätzlich bleiben 20% des Einkommens, das zwischen 100 und 800 Euro liegt, anrechnungsfrei. Bei einem 400 Euro Minijob können Arbeitslose damit ihr Gesamteinkommen um 160 Euro erhöhen.

4. Wirkungen auf die Arbeitsnachfrage

Die Wirkung der Minijob-Regelung auf die Arbeitsnachfrage ist schwieriger zu beurteilen. Auf den ersten Blick könnte der Eindruck entstehen, dass die Regelung nachfrageneutral im Vergleich zur Schaffung von versicherungspflichtiger Beschäftigung ist, da die Unternehmen – bei Betrachtung der Abzüge – über alle Einkommen (bis zur Beitragsbemessungsgrenze) eine annähernd identische, seit Juni 2006 sogar höhere Abgabenbelastung tragen müssen.

---

6 Nach Angaben der BA waren im September 2005 462.060 Leistungsempfänger nach dem SGB II geringfügig beschäftigt (BA 2006a).Neuere Angaben zur geringfügigen Nebentätigkeit von Empfängern der Versicherungsleistung Arbeitslosengeld I liegen leider nicht vor.

Anders stellt sich die Situation nur für Privathaushalte als Arbeitgeber dar: Sie werden bei den Kosten der geringfügigen Beschäftigung entlastet und zwar zweifach; erstens durch geringere Abgaben (12% im Privathaushalt statt früher 25% und aktuell 30% im Normalfall) und zweitens dadurch, dass sie die Kosten für die geringfügige Beschäftigung durch einen Abzug von der Steuerschuld verringern können. Wenn allerdings die Schwarzarbeit als Referenz dient, fallen gleichwohl nach wie vor Arbeitgeberbelastungen an. Insofern ist Schwarzarbeit immer konkurrenzlos. Im Übrigen sind die Kosten durch die Arbeitgeberbeiträge nur ein Aspekt unter vielen, die einer Legalisierung von Schwarzarbeit entgegenstehen.[7]

Wie lässt sich erklären, dass es für die Unternehmen attraktiv war und ist, auch außerhalb der Sphäre der Privathaushalte Beschäftigungsverhältnisse auf Minijob Basis massiv auszuweiten, wo doch die Abgabenbelastung keine Kostenvorteile bietet? Für das Interesse muss es also andere Gründe als die Lohnnebenkosten geben. Aus ökonomischer Perspektive ist zunächst zu berücksichtigen, dass ein hohes Arbeitsangebot den Betrieben gute Auswahl- und Verhandlungsmöglichkeiten bietet. Die hohe Bereitschaft spezifischer Gruppen von Beschäftigten, Tätigkeiten mit niedriger Stundenzahl auszuüben, schafft neue Potenziale für betriebliche Flexibilitäten gerade in Branchen mit hoch variablen Kunden- und Dienstleistungsfrequenzen. Schließlich werden Arbeitsverhältnisse mit einem niedrigen Bruttoentgelt durch die bessere Nettorelation beim Einkommen finanziell etwas attraktiver.

Insbesondere aber sprechen viele Hinweise für die These, dass die proportionalen Bruttostundenkosten von Beschäftigten in Minijobs deutlich niedriger ausfallen als die von versicherungspflichtig Beschäftigten (Brandt 2006, S. 448f.). Dieser Aspekt des betriebspraktischen Umgangs mit geringfügig Beschäftigten ist für die Bewertung der Mini-Jobs zentral, wird aber in den vorliegenden empirisch fundierten Untersuchungen vernachlässigt oder allenfalls nebenbei erwähnt. Folgende Anhaltspunkte sprechen für die These:

(1) Bei geringfügig Beschäftigten ist davon auszugehen, dass hier – deutlich stärker noch als im Bereich sozialversicherungspflichtiger Beschäftigung – tarifvertragliche Standards wegen rückläufiger tariflicher Bindung (Bispinck 2006) vielfach gar nicht gelten oder aber nicht berücksichtigt werden. Dies betrifft sowohl die Entgelte (Grundvergütungen, Sonderzahlungen und Zuschläge) als

---

[7] Für die Beschäftigten gelten: fehlende Arbeitserlaubnis, Angst vor der Überprüfbarkeit von möglichem Leistungsmissbrauch, Beibehaltung eines pfändungsfreien Einkommens; für die Haushalte gelten: Bedenken hinsichtlich der Geltendmachung von arbeitsrechtlichen Ansprüchen der Beschäftigten, Scheu vor Behörden und Bürokratien, Einsatz von schwarzem Geld (Weinkopf 2003).

auch Vereinbarungen zum Urlaub, zum Kündigungsschutz, zur betrieblichen Altersversorgung und zu betrieblichen Sozialleistungen.

(2) Es ist zudem zu vermuten, dass viele Arbeitgeber bei den Verdiensten mit Netto-Größen rechnen (Funk 2003). Sinken die Beitragsabzüge der Arbeitnehmer, kann bei einem gegebenen Stundenvolumen das angestrebte Nettoeinkommen mit einem niedrigeren Bruttoentgelt erreicht werden, was zu einer entsprechenden Reduzierung der Arbeitskosten führt. Da keine Arbeitnehmerabzüge anfallen, werden die Bruttoentgelte im Minijob so reduziert, dass sich im Ergebnis das gleiche Nettostundenentgelt wie bei Versicherungspflichtigen ergibt. Die Subvention, die eigentlich auf die Arbeitnehmer zielt, wird damit faktisch zu einer Subvention der Arbeitgeber (Kalina/Weinkopf 2006).

(3) Zugleich deutet viel darauf hin, dass im Bereich geringfügiger Beschäftigung auch arbeitsrechtliche Standards häufig keine oder nur begrenzte Berücksichtigung finden. So wird in Praxisberichten immer wieder darauf hingewiesen, dass gesetzliche Regelungen unterlaufen werden (Wiethold/Warich 2004). Das betrifft u.a. die Entgeltfortzahlung im Krankheitsfall, den gesetzlichen Erholungsurlaub, die gesetzliche Feiertagsvergütung, den Kündigungsschutz und die Elternzeit. Hinweise auf die rechtswidrige Praxis bei krankheitsbedingter Arbeitsunfähigkeit von geringfügig Beschäftigten geben die Überschüsse der Lohnausgleichskasse der Knappschaft/Minijob-Zentrale.[8] Die Lohnausgleichskasse soll die Kosten der Entgeltfortzahlung abdecken – kalkuliert nach dem durchschnittlichen Krankenstand aller Beschäftigten. Hier haben sich aufgrund einer äußerst niedrigen Inanspruchnahme und entsprechend niedriger Ausgaben erhebliche Überschüsse angesammelt. Da nicht anzunehmen ist, dass geringfügig Beschäftigte einen prinzipiell niedrigeren Krankenstand als regulär (Teilzeit-) Beschäftigte aufweisen, weist dies darauf hin, dass bei Krankheit sehr häufig keine Entgeltfortzahlung erfolgt. So haben 2004 nicht einmal 8% der in Kleinbetrieben beschäftigten Minijob-Tätigen Ansprüche auf Entgeltfortzahlung gestellt; bei regulär Beschäftigten, die bei einer Betriebskrankenkasse versichert sind, bewegt sich der Anteil hingegen bei über 50% (Winkel 2005).

(4) Nicht zuletzt wird versucht, die Pauschalsteuern und/oder die pauschalen Arbeitgeberbeiträge auf die Beschäftigten zurück zu wälzen. In ihrem Bericht über die Auswirkungen der Neuregelungen für geringfügige Beschäftigungen am Arbeitsmarkt weist die Minijob-Zentrale auf ihre Beobachtungen hin, nach denen „in vielen Fällen die vom Arbeitgeber zu entrichtende Pauschsteuer auf die Arbeitnehmer ‚abgewälzt' wird, indem das auszuzahlende Entgelt zu seinen Ungunsten um den Steuerbetrag gemindert wird." (Bundesknappschaft/Minijob-

---

8 Diese Kasse ersetzt Arbeitgebern von Minijob-Beschäftigten ihre Ausgaben für die Lohnfortzahlung im Krankheitsfall und bei Mutterschaft.

Zentrale 2003, S. 6). Ermöglicht werden diese Umgehungsstrategien durch die Informationsdefizite bei den Beschäftigten sowie durch die bestehenden Machtungleichgewichte zwischen Arbeitgebern und Belegschaft. Sie sind – aber nur was die Abwälzung der Pauschalsteuer betrifft – nach der Rechtsprechung des Bundesarbeitsgerichts von 2006 auch rechtlich zulässig. Die Pauschalsteuer muss nur dann vom Arbeitgeber zusätzlich zum Lohn gezahlt werden, wenn im Arbeitsvertrag ausdrücklich eine Nettovergütung festgeschrieben wurde.

Hinter diesen Erscheinungen mögen Informationsdefizite auf Seiten sowohl der Beschäftigten als auch der Betriebe (überwiegend Klein- und Mittelbetriebe) stehen. Es kann aber auch vermutet werden, dass es sich um eine Strategie der Arbeitskostensenkung handelt; insbesondere ist dies der Fall in Branchen und auf Märkten, die durch einen hohen Konkurrenzdruck und durch eine preissensible Kundennachfrage gekennzeichnet sind. Zugleich muss davon ausgegangen werden, dass es in den betreffenden Betrieben häufig an der Kontrollinstanz Betriebsrat fehlt,[9] oder dass das Interesse der Betriebsräte für diesen vermeintlichen Randbereich von Beschäftigten nicht ausgeprägt ist.

5. Minijobs als Niedriglohnbeschäftigung

Die geringfügige Beschäftigung kann als ein Arbeitsmarktsegment (Keller/Seifert 2000; Dörre 2005) eingestuft werden, das in vielerlei Hinsicht Merkmale von Prekarität aufweist: Das Einkommen ist nicht existenzsichernd[10] und im Alter und bei Arbeitslosigkeit fehlt eine eigenständige soziale Absicherung. (Ehe-) Frauen werden auf die traditionelle, mit Abhängigkeit und Unsicherheit verbundene Rolle der Zuverdienerin verwiesen, obgleich die Erwerbs- und Arbeitszeitwünsche auch von Müttern mit kleineren Kindern auf ein höheres Maß an Erwerbsbeteiligung[11] (mit einem höheren Einkommen) hinweisen. Das für das

---

9 Die Daten zeigen, dass es Betriebsräte in Klein- und Mittelbetrieben sowie im Dienstleistungssektor (und hier insbesondere in den Bereichen Hotel- und Gaststättengewerbe, Einzelhandel, sonstige Dienstleistungen) nur selten gibt. Auch von den 13,5 Mio. Arbeitnehmern, die in Betrieben zwischen 5 und 100 Beschäftigten arbeiten, haben 78% keinen Betriebsrat – obwohl in diesen Firmen laut Gesetz ein Betriebsrat gebildet werden kann (Müller-Jentsch/Ittermann 2000).

10 Zu berücksichtigen ist allerdings, dass für Beschäftigte, die wie Studierende, Rentner oder Arbeitslose auf einen (häufig zeitlich befristeten) Zuverdienst abstellen, die Existenzsicherungsfunktion von Mini-Jobs nicht im Mittelpunkt steht. Das Gleiche gilt für im Nebenjob geringfügig Beschäftigte.

11 In den neuen Bundesländern wünschen sich Mütter mehrheitlich ein Arbeitszeitvolumen von über 30 Stunden, in den alten Bundesländern in der Spannen zwischen 20 und 25 Stunden (Bothfeld et al. 2005: 187ff.).

deutsche Wohlfahrts- und Erwerbssystem typische Familien-Ernährer bzw. breadwinner-Modell wird verfestigt und verlängert statt aufgebrochen (Bäcker/ Koch 2004, S. 244ff.). Auch leistet die geringfügige Beschäftigung keinen Beitrag zum Übergang in sozialversicherungspflichtige Beschäftigung; die empirischen Befunde lassen erkennen, dass Minijobs keine Brücke in den regulären Arbeitsmarkt bauen (Fertig et al. 2005).

Prekär ist dieses Beschäftigungssegment vor allem deswegen, weil es sich bei den Minijobs überwiegend um eine Niedriglohnbeschäftigung handelt. Nicht nur die auf 400 Euro begrenzten Monatseinkünfte sind gering. Auch die in diesem Bereich des Arbeitsmarktes realisierten *Stundenentgelte* liegen weit überwiegend unterhalb der Niedriglohnschwelle (zwei Drittel des Medianentgelts). Wie empirische Befunde zeigen (Kalina/Weinkopf 2006), stellen die Minijobs (hier ohne Nebenbeschäftigungen) mit 48,5% knapp die Hälfte aller Niedriglohnbeschäftigten in Deutschland. Oder anders herum: Unter den Geringfügigen arbeiten 85,5% zu Stundenlöhnen, die unterhalb der Niedriglohnschwelle liegen. Dafür sind mehrere, ineinandergreifende Faktoren verantwortlich:

– Die Beschäftigungsverhältnisse konzentrieren sich auf Branchen und Tätigkeiten, für die niedrige Tarifentgelte (umgerechnet auf Stundensätze) ohnehin charakteristisch sind.
– Wie bereits skizziert ist zugleich davon auszugehen, dass die tariflichen Entgeltnormen nicht berücksichtigt werden bzw. überhaupt keine Gültigkeit haben und/oder dass die Arbeitgeber versuchen, ihre Pauschalabgaben auf die Arbeitnehmer abzuwälzen.

Die Beschäftigungsstabilität der Minijobs ist deutlich geringer als bei sozialversicherungspflichtigen Beschäftigungsverhältnissen. Die jährliche Fluktuationsrate in der Gesamtwirtschaft (alte Bundesländer) beträgt nach Berechnungen des IAT (Kalina/Voss-Dahm 2005) innerhalb der sozialversicherungspflichtigen Beschäftigung 29%, während sie bei Beschäftigten in Minijobs mit 63% mehr als doppelt so hoch liegt. Zwei Drittel aller in Minijobs Tätigen treten also innerhalb eines Jahres eine neue Stelle an oder beenden sie wieder.

Nicht bestätigen lässt sich die Vermutung, dass die geringfügig Beschäftigten in der Regel niedrig oder unqualifiziert sind. Das RWI kommt in seiner Befragung zu dem Ergebnis, dass drei Viertel der geringfügig Beschäftigten (einschließlich Nebenjobber) einen beruflichen Abschluss aufweisen (Fertig et al. 2005). Auch Voss-Dahm (2005) weist für den Einzelhandel darauf hin, dass zwar die Tätigkeiten häufig als „einfach" einzustufen sind, die Beschäftigten aber überwiegend über eine Berufsausbildung verfügen und Berufserfahrungen vorweisen können. Gerade bei Frauen zeigt sich hier typischerweise das Problem einer verbreiteten unterwertigen Beschäftigung (Hierming et al. 2005): Nach der Rückkehr aus der Familienphase wird ein Minijob angenommen, weil die Verbindung von Familie und Erwerbstätigkeit eine hohe zeitliche Flexibilität erfordert und diese Anforderung im angestammten Beruf bzw. Unternehmen nicht möglich ist.[12]

Auch unter sozialpolitischen Gesichtspunkten ergeben sich durch die Beschäftigung in Minijobs erhebliche negative Folgen sowohl für die soziale Sicherung der vorwiegend weiblichen Beschäftigten als auch für die Finanzierbarkeit der Sicherungssysteme insgesamt (Klammer/Leiber in diesem Band). So bleibt die soziale Sicherung lückenhaft, da keine konsequente Einbeziehung in die verschiedenen Zweige der Sozialversicherung erfolgt. Dies gilt für den Bereich der Arbeitslosenversicherung wie auch für die Rentenversicherung. Aufgrund der nur geringen Anwartschaften und des Ausschlusses wichtiger Leistungen sind – je nach der Dauer der Beschäftigung in diesem Sektor (Ehler 2005) – empfindliche Sicherungslücken im Alter absehbar. Bislang ist die Erwartung, dass der Rentenversicherungsbeitrag häufig aufgestockt wird, nicht eingetroffen: Nur etwa 10%, so die Ergebnisse der RWI-Befragung, machen von dieser Möglichkeit Gebrauch (Fertig et al. 2005).

Bei den Rückwirkungen der Minijobs auf die Finanzlage der Sozialversicherungsträger kommt das IAB zu der Einschätzung, dass durch die Neuregelung Einnahmeausfälle von 612 Mio. Euro im Jahr (Rudolph 2003) angefallen sind, hinzu kommen noch die Steuermindereinnahmen (Steiner/Wrohlich 2004). Allerdings ist auch zu berücksichtigen, dass die Zahl der geringfügigen Beschäftigungsverhältnisse seitdem zugenommen hat und insofern auch zusätzliche Beitragseinnahmen durch die Arbeitgeberpauschalabgaben entstehen, die mit den Einnahmeverlusten zu bilanzieren sind (Bundesknappschaft/Minijob-Zentrale 2003).[13] Diese Gegenrechnung geht indes nur dann auf, wenn es sich bei dem Zuwachs der Minijobs tatsächlich um zusätzliche Arbeitsplätze handelt bzw. um Arbeitsplätze aus der beitragsfreien Schwarzarbeit (Brandt 2005).

---

12 Beschäftigte im Niedriglohn-Segment allgemein können keinesfalls per se als unqualifiziert eingestuft werden. 63,2% der Arbeitsplätze am unteren Rand werden durch formal qualifizierte Beschäftigte besetzt (Kalina/Weinkopf 2005).
13 Die finanziellen Probleme der Sozialversicherungsträger werden dadurch verschärft, dass den Mindereinnahmen nur begrenzt auch entsprechende Minderausgaben gegenüber stehen. Das gilt für die Arbeitslosenversicherung, da geringfügig Beschäftigte keinen Leistungsanspruch haben. Aber in der Renten- und Krankenversicherung haben die Betroffenen in aller Regel (so die Ehefrauen) Anspruch auf abgeleitete Leistungen im Hinterbliebenenfall bzw. auf die Mitversicherung über den Ehemann im Krankheits- und Pflegefall.

6. Neue Arbeitsplätze oder Verdrängung von versicherungspflichtiger Beschäftigung?

Die entscheidende Frage ist, ob und in welchem Maße die Expansion der Minijobs tatsächlich zusätzliche Beschäftigung geschaffen hat. Dabei geht es um Netto-Beschäftigungseffekte. Zu prüfen ist zum einen, wie groß die Zahl derer ist, die vor der Neuregelung versicherungspflichtig beschäftigt waren, durch Beitragsbefreiung bei den Nebenbeschäftigten sowie durch die Anhebung der Verdienstgrenze und durch den Wegfall der Stundengrenze in den Kreis der Minijobs gefallen sind (Umbuchungseffekte), und welche Arbeitsverhältnisse (insbesondere in den Privathaushalten, aber auch im Gastgewerbe) schon bestanden haben, infolge der Neuregelung aber angemeldet worden sind (Legalisierungseffekte). Rudolph schätzt die Umbuchungseffekte auf etwa 100.000 bis 200.000 Personen bei den Hauptbeschäftigten und auf etwa 700.000 Personen bei den Nebenbeschäftigten (Rudolph 2003).

Zum anderen ist zu analysieren, ob die Schaffung von Minijobs mit dem Abbau von versicherungspflichtigen Vollzeit- oder Teilzeitarbeitsplätzen verbunden war. So kann ein Betrieb, Tätigkeiten, die bislang von versicherungspflichtigen (Teilzeit-)Beschäftigten übernommen worden sind, in Minijobs aufspalten (Substitutionseffekte), was zu Rationalisierungsefekkten und einem Rückgang des eingesetzten und bezahlten Arbeitsvolumens führen kann (Voss-Dahm 2005). Möglich ist aber auch, dass parallel zu den innerbetrieblichen Umschichtungsprozessen zwischenbetriebliche Verdrängungseffekte auftreten: Betriebe mit einem hohen und wachsenden Anteil von geringfügig Beschäftigten verdrängen Betriebe vom Markt, die mit sozialversicherungspflichtig Beschäftigten operieren (Verdrängungseffekte).

Beschäftigungszuwächse im Bereich der Minijobs auf dem Arbeitsmarkt allgemein und auch in einzelnen Unternehmen sind insofern noch kein Kriterium für einen gesamtwirtschaftlichen Beschäftigungsaufbau. Wenn man davon ausgeht, dass das Arbeitsvolumen in der Gesamtwirtschaft unter den gegebenen Nachfragebedingungen auf den Güter- und Dienstleistungsmärkten eine eher unabhängige Größe darstellt und nicht durch sozialversicherungsrechtliche Neuregelungen plötzlich nach oben schnellt, spricht viel für die Annahme, dass es zu erheblichen Substitutions- und Verdrängungswirkungen gekommen ist. „Teure", reguläre Arbeitsverhältnisse sind durch „billigere", weil subventionierte Arbeitsverhältnisse ersetzt worden. In diese Richtung tendiert auch die Einschätzung der Institute RWI und ISG im Rahmen der Evaluation der Hartz-Gesetze (2006).

Diese Annahme wird erhärtet, wenn man auf die Entwicklung der sozialversicherungspflichtigen Beschäftigung schaut (Abb. 3). Zwischen 2000 und 2005 hat sich die Zahl der versicherungspflichtig Beschäftigten kontinuierlich verringert. Stark rückläufig ist vor allem die Zahl der Vollzeitbeschäftigten; der

Zuwachs der Teilzeitbeschäftigten konnte diesen Verlust nicht ausgleichen (Rudolph 2006).[14] Seit Ende 2005/Anfang 2006 steigt die sozialversicherungspflichtige Beschäftigung im Zuge der konjunkturellen Belebung sichtbar wieder an – bei einer Konstanz der geringfügigen Beschäftigungsverhältnisse. So gesehen können in dieser Phase keine weiteren Verdrängungseffekte mehr identifiziert werden.

Abb. 3: Entwicklung der sozialversicherungspflichtigen und geringfügigen Beschäftigung

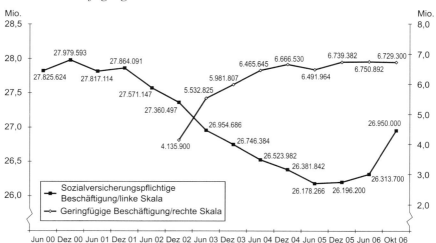

Quelle: Bundesagentur für Arbeit

Diese groben Betrachtungen müssen allerdings relativiert werden. So ist zu konstatieren, dass der Rückgang der sozialversicherungspflichtig Beschäftigten bereits vor der Neuregelung der Minijobs eingesetzt hat (Bach/Gaggermeier/ Klinger 2005). In einer Sonderauswertung (beschränkt jedoch auf die ausschließlich geringfügig Beschäftigten) kommt die BA außerdem zu dem Ergebnis, dass bei einer Differenzierung der Beschäftigungsentwicklung nach Branchen sehr unterschiedliche Verlaufsmuster von sozialversicherungspflichtiger Beschäftigung und Mini-Jobs zu verzeichnen sind (BA 2004): In einigen Branchen (z.B. Gastgewerbe, Verkehr und Nachrichtenübermittlung, Handel) zeigen sich ein

---

14 Allein zwischen Dezember 2003 und Dezember 2004 zeigt sich ein Rückgang um rund 1 Mio. Beschäftigte. Der Nettozuwachs der Minijobs (unter Berücksichtigung der Legalisierungs- und Umbuchungseffekte) im gleichen Zeitraum wäre rein rechnerisch dadurch zu erklären.

Rückgang der sozialversicherungspflichtigen Beschäftigung und gleichzeitig eine starke Zunahme der Minijobs. In anderen Branchen (insbesondere im verarbeitenden und Baugewerbe) lässt sich zwar auch ein schwacher Anstieg der Minijobs erkennen, doch der starke Rückgang der sozialversicherungspflichtigen Beschäftigten kann dadurch nicht erklärt werden. In einem dritten Typ von Branchen (wirtschaftsnahe Dienstleistungen, Gesundheits- und Sozialwesen) nehmen beide Beschäftigungsformen zu.

Widerlegen lässt sich die Verdrängungsthese mit diesen Befunden allerdings nicht. Denn Kaldybajewa et al. (2006) kommen in ihrer Auswertung der Betriebsstättendatei der Rentenversicherung zu dem Ergebnis, dass der Ausbau geringfügiger Beschäftigung zu einem deutlich höheren Anteil in jenen Betrieben erfolgt ist, die sozialversicherungspflichtige Beschäftigungsverhältnisse abbauen, als in den Betrieben, die ihre Beschäftigtenzahl ausweiten oder konstant halten. Darüber hinaus lässt sich natürlich immer argumentieren, dass bei einer Vermeidung der Substitutions- und Verdrängungseffekte der Zuwachs der sozialversicherungspflichtigen Beschäftigung stärker ausgefallen wäre.

7. Ausblick

Wenn es richtig ist, dass

- die Netto-Beschäftigungseffekte der Minijobs eher begrenzt sind und mit einer Verdrängung sozialversicherungspflichtiger Beschäftigung einhergehen,
- bei den Sozialversicherungsträgern Einnahmeverluste entstehen,
- Minijobs nicht oder kaum als Brücke in versicherungspflichtige Beschäftigung dienen,
- die Qualität der Beschäftigungsverhältnisse als prekär einzustufen ist und
- die Arbeitsmarktteilhabe und soziale Sicherung von Frauen durch die Minijobs auf das Zuverdiener-Modell ausgerichtet werden,

kann die Schlussfolgerung nur lauten, dieses Beschäftigungssegment zu begrenzen. Insofern war die auf die Ausweitung des Segments zielende Neuregelung eine Fehlentscheidung, die zu korrigieren ist. Dies betrifft insbesondere die Privilegierung und Subventionierung der geringfügigen Nebenbeschäftigung, die durch die Arbeitszeitverlängerung von bereits Beschäftigten die Arbeitslosigkeit verstärkt und Außenstehenden die Möglichkeit nimmt, in den Arbeitsmarkt einzusteigen. Obgleich Widerstand und Aufregung groß sein werden – es gibt keine nachvollziehbaren arbeitsmarkt- oder sozialpolitischen Gründe, Nebenbeschäftigungen nicht wieder voll in die Steuer- und Sozialabgabenpflicht einzubeziehen. Die Empfehlung lautet also, den vormaligen Rechtsstand wiederherzustellen.

Schwieriger ist die Frage nach der Perspektive der ausschließlich geringfügig Beschäftigten zu beantworten. Die Anhebung der Arbeitgeberpauschalabgaben auf 30% ist ein kleiner Schritt, um die Verdrängungseffekte zu begrenzen (und hat darüber hinaus auch fiskalische Motive). Die steigende Kostenbelastung der Arbeitgeber durch Abgaben, die womöglich unmittelbar auf die Beschäftigten überwälzt werden, wird aber die Attraktivität der Minijobs nur begrenzt schmälern. Viel wichtiger ist der Aspekt, dass es sich bei den Minijobs faktisch um Beschäftigte zweiter Klasse handelt, da tarif- und arbeitsrechtliche Regelungen für sie häufig nicht oder nur begrenzt gelten. Schon der neu eingeführte Begriff Mini-„Jobber" deutet auf Minderwertigkeit dieser Beschäftigung hin und setzt ein falsches Zeichen. Diese Minderwertigkeit zu verändern ist Aufgabe der betrieblichen Interessenvertretungen und der Gewerkschaften, aber auch und vor allem der Politik.

Ein entscheidender Punkt ist die Entlohnung, bezogen auf den Stundenlohn: Durch die Einführung eines gesetzlichen Mindest*(stunden)*lohnes kann sichergestellt werden, dass bei den Bruttolohnsätzen von geringfügig Beschäftigten ein unterer Sockel eingezogen wird. Zugleich würde ein Mindestlohn dazu führen, dass bei der geringfügigen Beschäftigung wieder eine Stundengrenze greift. Ein Mindeststundenlohn von 7,50 Euro würde in etwa der Grenze von 12,5 Wochenstunden entsprechen; bei einem Mindestlohn von 7,00 Euro wären es 15 Wochenstunden. Ein gesetzlicher Mindeststundenlohn bei *allen* Beschäftigungsverhältnissen würde schließlich – mit Wirkung auf Beschäftigte und Arbeitgeber – untermauern, dass arbeitsrechtliche Regelungen gleich welcher Art auch für Minijobs gelten.

Wenn ein Mindestlohn auch für geringfügig Beschäftigte eingeführt würde, würde die Attraktivität dieses Segments für die Unternehmen sinken. Darüber hinaus muss aber auch daran gedacht werden, die arbeitnehmerseitige Subventionierung geringfügiger Hauptbeschäftigung zu begrenzen. Die Konzentration von Teilzeitarbeit auf die 400 Euro-Grenze versperrt die Möglichkeiten einer gleichberechtigten Teilhabe von Frauen am Arbeitsmarkt und schreibt – auch in Verbindung mit dem Steuerrecht (so hinsichtlich der Steuerklassenwahl) und den Regelungen der abgeleiteten Ansprüche in der Sozialversicherung – das überholte Modell der Versorgerehe fort und fest.

Insofern sollte die Grenze nicht nur abgesenkt werden, sondern zugleich auch ein gleitender Übergang in die sozialversicherungspflichtige Beschäftigung ermöglicht werden. Ein Vorschlag wäre, dass die Beschäftigten oberhalb einer Untergrenze von etwa 300 Euro Monatsverdienst schrittweise bis zur Obergrenze von 800 Euro in die volle Arbeitnehmerbeitragspflicht einmünden, aber volle, am Bruttoarbeitsentgelt berechnete Leistungsansprüche erhalten. Ein solches Modell lässt sich verteilungspolitisch nur vertreten, wenn die fehlenden Beitragseinnahmen durch Steuermittel abgedeckt werden. Diese Gleitzone der

Beitragsbemessung gilt aber nur für die Beschäftigten, der Arbeitgeberbeitrag müsste wie derzeit proportional berechnet werden, um Verdrängungseffekte zu vermeiden.

Eine eher problematische, weil kontraproduktive Folge hätte hingegen das so genannte „Freibetrags-Modell", das der DGB entwickelt hat.[15] Danach soll ein Sockelfreibetrag von 250 Euro in den Tarif der Sozialversicherungsbeiträge eingebaut werden (bei ungeschmälerten Leistungsansprüchen). Dadurch fallen die Beitragsbelastungen von Versicherten *und* Arbeitgebern absolut und relativ umso geringer aus, je niedriger das Einkommen ist. Die Mindereinnahmen sollen durch Steuerzuschüsse ausgeglichen werden (Kaltenborn et al. 2004). Bei diesem Modell ist mit hohen Kosten und hohen Mitnahmeeffekten zu rechnen. Da nämlich die Einführung von Sockelfreibeträgen als Dauerleistung angelegt ist und für *alle* Versicherten gilt, kommt es – mit degressivem Verlauf – zu einer Entlastung und Subventionierung sämtlicher Beschäftigungsverhältnisse, bis in höhere Einkommensgruppen hinein.

Im Unterschied zur geltenden Mini- und Midijob-Regelung profitieren bei diesem Modell von der Entlastung nicht nur die Arbeitnehmer, sondern auch die Arbeitgeber (Bäcker 2005). Die Unternehmen werden als Folge der erweiterten Möglichkeiten, Arbeitskräfte im unteren Einkommensbereich kostengünstiger, weil mit geringeren Arbeitgeberbeiträgen belastet, beschäftigen zu können, dazu übergehen, teuere durch verbilligte Arbeit zu ersetzen. Ein Sozialversicherungsfreibetrag führt deshalb dazu, dass für die Arbeitgeber (bei gegebenen Entgeltsätzen) die Bruttoarbeitskosten je Stunde umso niedriger ausfallen, je niedriger das Einkommen der Beschäftigten ist bzw. je niedriger die geleistete Stundenzahl ist. Dies kann z.B. bedeuten, dass Vollzeitarbeitsplätze in mehrere Teilzeitarbeitsplätze aufgespaltet werden, da die Freibeträge dann mehrfach in Anspruch genommen werden können. Das Problem der geringfügigen Beschäftigung würde nicht gelöst, sondern womöglich noch verschärft.

---

15 Vergleichbar dazu das so genannte „Progressiv-Modell" der Grünen: Danach hängt der Beitragssatz (Arbeitnehmer- und Arbeitgeberbeitrag) von der Einkommenshöhe ab. Der Gesamtsozialversicherungsbeitragssatz beginnt bei 20% (bei einem Einkommen von 400 Euro), steigt dann schrittweise an und erreicht erst ab einem Bruttoeinkommen oberhalb von 2.000 Euro seine reguläre Höhe (Pothmer 2006). Die Beitragsausfälle sollen durch Steuern ausgeglichen werden.

Literatur

Arentz, M.; Feil, M.; Spermann, A. (2003): Die Arbeitsangebotseffekte der neuen Mini- und Midijobs – eine ex-ante Evaluation. In: Mitteilungen aus der Arbeitsmarkt- und Berufsforschung, 36, S. 271-290

BA – Bundesagentur für Arbeit (2004): Mini- und Midijobs in Deutschland. Sonderbericht, Dezember. Nürnberg

BA – Bundesagentur für Arbeit) (2005): Erwerbspersonenpotenzial, Erwerbstätigkeit, sozialversicherungspflichtige und geringfügige Beschäftigung. Nürnberg

BA – Bundesagentur für Arbeit (2006a): Statistik der BA: Beschäftigung http://www.pub.arbeitsamt.de/hst/services/statistik/200612/iiia6/sozbe/geb02d.xls

BA – Bundesagentur für Arbeit (2006b): Grundsicherung für Arbeitsuchende: Anrechenbare Einkommen und Erwerbstätigkeit. Nürnberg

Bach, H.-U.; Gaggermeier, Ch.; Klinger, S. (2005): Sozialversicherungspflichtige Beschäftigung – Woher kommt die Talfahrt? In: IAB-Kurzbericht, 26, S. 1-7

Bäcker, G. (2005): Umfinanzierung der Sozialversicherung: Lösung der Beschäftigungs- und Finanzierungskrise? In: WSI Mitteilungen, 58, S. 355-361

Bäcker, G.; Koch, A. (2003): Mit Mini- und Midi-Jobs aus der Arbeitslosigkeit? Die Neuregelungen zur Beschäftigungsförderung im unteren Einkommensbereich. In: Sozialer Fortschritt, 52, S. 94-102

Bäcker, G.; Koch, A. (2004): Mini- und Midi-Jobs – Frauenerwerbstätigkeit und Niedrigeinkommensstrategien in der Arbeitsmarktpolitik. In: Baatz, D.; Kurz-Scherf, I.; Rudolph, C.; Satilmis, A. (Hg.): Hauptsache Arbeit? Feministische Perspektiven auf den Wandel von Arbeit. Opladen, S. 85-102

Bispinck, R. (2006): Tarifhandbuch 2006 – Schwerpunkt „Abschied vom Flächentarifvertrag? Der Umbruch in der deutschen Tariflandschaft". Frankfurt/M.

Bothfeld, S. et al. (2005): WSI-FrauenDatenReport 2005 – Handbuch zur wirtschaftlichen und sozialen Situation von Frauen. Berlin

Brandt, T. (2005): Mini- und Midijobs im Kontext aktivierender Arbeitsmarkt- und Sozialpolitik (WSI-Diskussionspapiere, 142). Düsseldorf

Brandt, T. (2006): Bilanz der Minijobs und Reformperspektiven. In: WSI Mitteilungen, 59, S. 446-452

Bundesknappschaft/Minijob-Zentrale (2003): Die Neuregelungen für geringfügige Beschäftigungen und ihre Auswirkungen am Arbeitsmarkt. Essen

Bundesministerium für Arbeit und Soziales (2006a) (Hg.): Statistisches Taschenbuch, Arbeits- und Sozialstatistik. Berlin

Bundesministerium für Arbeit und Soziales (2006b): Bericht zur Wirkung und Umsetzung der Vorschläge der Kommission Moderne Dienstleistungen am Arbeitsmarkt. Berlin

Deutsche Rentenversicherung Knappschaft-Bahn-See/Minijob-Zentrale (2006): Aktuelle Entwicklungen im Bereich der geringfügigen Beschäftigung, III. Quartal 2006. Essen

Dörre, K. (2005): Prekarität – Eine arbeitspolitische Herausforderung. In: WSI Mitteilungen, 58, S. 250-258

Ehler, J. (2005): Zur Entwicklung der Mini- und Midijobs. In: Deutsche Rentenversicherung, 60, S. 394-412
Fertig, M.; Kluve, J.; Scheuer, M. (2005): Was hat die Reform der Minijobs bewirkt? Erfahrungen nach einem Jahr. Berlin
Funk, L. (2003): Kehrtwende am Arbeitsmarkt durch Mini-Jobs und Reformen im Niedrigeinkommensbereich. In: Sozialer Fortschritt, 52, S. 91-94
Hierming, B., et al. (2005): Stellenbesetzungsprozesse im Bereich „einfacher" Dienstleistungen. Abschlussbericht einer Studie des IAT im Auftrag des Bundesministeriums für Wirtschaft und Arbeit. Berlin
Kadybajewa, K.; Mielitz, B.; Thiede, R. (2006): Minijobs – Instrument für Beschäftigungsaufbau oder Verdrängung von sozialversicherungspflichtiger Beschäftigung? In: RV-aktuell, 53, S. 126-132
Kalina, Th.; Weinkopf, C. (2005): Beschäftigungsperspektiven von gering Qualifizierten. In: IAT-Report, 10, S. 1-10
Kalina, Th.; Weinkopf, C. (2006): Mindestens 6 Mio. Niedriglohnbeschäftigte in Deutschland: Welche Rolle spielen Teilzeitbeschäftigung und Minijobs? In: IAT-Report, 3, S. 1-11
Kalina,Th.; Voss-Dahm, D. (2005): Mehr Minijobs = mehr Bewegung auf dem Arbeitsmarkt? Fluktuation der Arbeitskräfte und Beschäftigungsstruktur in vier Dienstleistungsbranchen. In: IAT-Report, 7, S. 1-10
Kaltenborn, B.; Koch, S.; Kress, U.; Walwei, U.; Zika, G. (2004): Arbeitsmarkteffekte eines Freibetrags bei den Sozialabgaben. Mering
Keller, B.; Seifert, H. (2000): Flexicurity – Das Konzept für mehr soziale Sicherheit flexibler Beschäftigung. In: WSI Mitteilungen, 53, S. 291-300
Müller-Jentsch, W.; Ittermann, P. (2000): Industrielle Beziehungen – Daten, Zeitreihen, Trends. Frankfurt/M., New York
Pothmer, B. (2006): Antrag der Abgeordneten Brigitte Pothmer et al., Progressiv-Modell statt Kombi-Lohn. Bundestagsdrucksache 16/446
Rudolph, H. (2003): Mini- und Midi-Jobs. Geringfügige Beschäftigung im neuen Outfit, IAB-Kurzbericht, 6, S. 35-36
Rudolph, H. (2006): Neue Beschäftigungsformen: Brücken aus der Arbeitslosigkeit? In: Badura, B.; Schellschmidt, H.; Vetter, Ch. (2005) (Hg.): Fehlzeitenreport 2005. Berlin, S. 35-56
RWI – Rheinisch-Westfälisches Institut für Wirtschaftsforschung; ISG – Institut für Sozialforschung und Gesellschaftspolitik (2006): Evaluation der Umsetzung der Vorschläge der Hartz-Kommission – Arbeitspaket 1. Verbesserung der beschäftigungspolitischen Rahmenbedingungen und Makrowirkungen der aktiven Arbeitsmarktpolitik (Manuskript). Essen, Köln
Schupp, J.; Birkner, E. (2004): Kleine Beschäftigungsverhältnisse. Kein Jobwunder. Dauerhafter Rückgang von Zweitbeschäftigungen? In: DIW-Wochenbericht, 71, S. 487-497
Schupp, J.; Spieß, K.; Wagner, G. (2006): Beschäftigungspotenziale in privaten Haushalten nicht überschätzen. In: DIW-Wochenbericht, 73, S. 45-52
Steiner, V.; Wrohlich, K. (2005): Minijob-Reform: keine durchschlagende Entwicklung. In: DIW-Wochenbericht, 72, S. 141-146

Voss-Dahm, D. (2005): Verdrängen Minijobs „normale" Beschäftigung? In: Institut Arbeit und Technik (Hg.): Jahrbuch 2005. Gelsenkirchen, S. 232-246

Walwei, U.; Zika, G. (2005): Arbeitsmarktwirkungen einer Senkung der Sozialabgaben. In: Sozialer Fortschritt, 54, S. 77-90

Weinkopf, C. (2003): Förderung haushaltsbezogener Dienstleistungen – Sinnvoll, aber kurzfristige Beschäftigungswirkungen nicht überschätzen. In: Vierteljahreshefte zur Wirtschaftsforschung, 72, S. 133-147

Wiethold, F.; Warich, B. (2004): Minijobs im Einzelhandel – Analyse geringfügiger Beschäftigungsverhältnisse im Einzelhandel der Bundesrepublik Deutschland. Berlin

Winkel, R. (2005): Minijob-Bilanz: Kaum Lohnfortzahlung bei Krankheit und Mutterschaft – Lohnausgleichskasse machte 136,6 Mio. Überschuss. In: Soziale Sicherheit, 54, S. 292-298

Leiharbeit

Flexibilität und Prekarität in der betrieblichen Praxis

Markus Promberger

1. Leiharbeit in Deutschland: Akzentverschiebungen im öffentlichen Diskurs

Das Wachstum der Leiharbeit sowie ihre gewandelte Rolle im arbeitsmarktpolitischen Diskurs werfen die Frage auf, wie prekär diese Beschäftigungsform noch ist.[1] Gleichzeitig stellt die zwar zunehmende, aber insgesamt dennoch geringe Verbreitung in der Fläche den Beitrag der Leiharbeit zur betrieblichen Flexibilität zur Diskussion. Der folgende Beitrag untersucht diese Fragestellungen anhand repräsentativer Daten aus dem IAB-Betriebspanel, ergänzt durch qualitative Befunde.

Die gewerbliche Arbeitnehmerüberlassung, kurz Leiharbeit oder Zeitarbeit genannt, hatte lange ein ausgesprochen schlechtes Image in der deutschen Öffentlichkeit. Leiharbeit wurde gleichgesetzt mit schlechterer Entlohnung, ungünstigeren Arbeitsbedingungen und unzureichenden Partizipationschancen. Zwar besaß die Leiharbeit von Anfang an Fürsprecher im Umfeld von Wirtschaftsverbänden, doch erst seit Mitte der 1990er Jahre setzt sich diese Wahrnehmung auch in breiteren Teilen der Öffentlichkeit durch: Leiharbeit wird mehr und mehr als eines der wenigen rein marktwirtschaftlich organisierten Phänomene beurteilt, die zum Abbau der Arbeitslosigkeit beitragen können. Leiharbeit gilt außerdem als neue, moderne, flexible Arbeitsform, die weiter wachsende Verbreitung finden wird, lässt sie sich doch in den allgemeinen Trend der Flexibilisierung von Arbeit einordnen (Hellhake 1998, S. 16; Haastert 1997, S. 217) und passt überdies gut in das Bild des selbstverantwortlichen, kreativen und risikobereiten ‚neuen' Arbeitnehmertypus in einer globalisierten, kommunikativen Ökonomie (Haastert 1997, S. 199ff; Paulmann/Miegel 2000, S. 2). Das vermehrte Auftreten sowie die Entwicklungschancen von Leiharbeit als neuer,

---

1   Die Darstellungen in diesem Beitrag beruhen auf den Ergebnissen eines von der Hans-Böckler-Stiftung geförderten Forschungsprojektes, das von 2002 bis 2005 vom Institut für Arbeitsmarkt- und Berufsforschung und dem Institut für Soziologie der Universität Erlangen durchgeführt wurde. In diesem Rahmen fanden Auswertungen mehrerer Jahrgänge des IAB-Betriebspanels statt, einer repräsentativen jährlichen Arbeitgeberbefragung mit mehr als 15.000 Teilnehmern. Zusätzlich wurden 2004 interviewbasierte Kurzfallstudien in 60 Einsatzbetrieben und 20 Verleihfirmen durchgeführt, bei denen Manager und Betriebsräte befragt wurden.

flexibler Beschäftigungsform werden auch verbunden mit den Tendenzen der Erosion des Normalarbeitsverhältnisses[2] und dem Auftreten des Arbeitskraftunternehmers (Paulmann/Miegel 2000; Voß/Pongratz 1998).

Seit Ende der 1990er Jahre nehmen auch die Gewerkschaften, die SPD und die Arbeitsverwaltung pragmatische Haltungen gegenüber der Leiharbeit ein. Gleichwohl zeigen Diskussionen, dass Leiharbeit noch keineswegs völlig normal und alltäglich, sondern immer noch eine besondere Form der Arbeit ist, deren negative Begleiterscheinungen durch sinnvolle Eingriffe abgemildert werden müssen (Seifert 2000; Düwell 2000; Kittner 2000). Auch sind aus der Forschung kritische Stimmen zu vernehmen, die auf eine fortbestehende randständige Position der Leiharbeiter/innen in der Arbeitswelt (Vogel 2004, S. 8) hinweisen, gerade auch im Hinblick auf (Un-)Sicherheit, sozialen Status und Einkommen.

Was ist nun das Besondere an Leiharbeit? Von anderen Arbeitsverhältnissen abweichend ist Leiharbeit charakterisiert durch heterogene Betriebs- bzw. Unternehmenszugehörigkeiten der Leih-Arbeitnehmer: Ihr Arbeitsplatz befindet sich im Entleihbetrieb, die Verausgabung ihrer Arbeitskraft und die Kontrolle derselben finden dort statt; sie sind dadurch faktisch Angehörige der sozialen Einheit „Entleihbetrieb". Im Gegensatz zu dessen übriger Belegschaft genießen sie hier jedoch nicht die damit normalerweise verbundenen reziproken Tauschleistungen wie Entlohnung und Partizipation. Diese erhalten sie von ihrem Verleihunternehmen, dem sie formal angehören.

Dieses eigentümliche „Dreiecksverhältnis der Leiharbeit" zwischen Arbeitnehmer, Entleihbetrieb und Verleihfirma, das durch das Auseinanderfallen von Arbeits- und Beschäftigungsverhältnis entsteht, macht den atypischen Charakter dieser Arbeitsform aus (Garhammer 2002). Gleichzeitig konstituieren diese Spezifika auch bestimmte Problemszenarien des Leiharbeitsverhältnisses, die für die Zurechnung der Leiharbeit zur „Familie" der prekären Beschäftigungsformen[3] ursächlich sind.

Sozialhistorisch ist Leiharbeit ein – wenn auch kleines – Element der seit rund vier Jahrzehnten stattfindenden De-Standardisierung und Flexibilisierung der Unternehmensorganisation und der Märkte, insbesondere des Arbeitsmarktes. Doch Flexibilisierung von Arbeit ist nicht notwendigerweise immer und für alle Beteiligten ein positiver Prozess. Neue Unsicherheitszonen und Asymmetrien

---

2   Zur Diskussion um die Auflösung des Normalarbeitsverhältnisses Bosch 2001; Hoffmann/Walwei 2000; Dombois 1999; zur anschließenden neueren Diskussion um Flexicurity, Kronauer/Linne 2005.

3   Im Rückgriff auf Bourdieu 2000 und Castel 2000 verbindet Klaus Dörre 2005 die Genese bzw. Ausweitung prekärer Beschäftigungsformen mit einem sozialhistorischen Wandlungsprozess von der fordistischen zur nachfordistischen Regulierung der Arbeitsgesellschaft, die sich im Hinblick auf Mittel und Grad der sozialen Inklusion von ihren Vorgängern unterscheidet.

Leiharbeit 129

können entstehen und das Alltagshandeln sowohl für Teile des Managements als auch für Arbeitnehmer komplexer machen. Die Ambivalenzen im Managementhandeln angesichts betrieblicher Reorganisationsprozesse sind im Rahmen der Rationalisierungsforschung seit längerem bekannt. Hinsichtlich der Alltagssituation von Arbeitnehmern zeigen viele neuere Untersuchungen zur zeitlichen Flexibilisierung, dass Flexibilisierungsprozesse in Betrieben nicht notwendigerweise und zwingend mit den Präferenzstrukturen von Beschäftigten konform gehen (Linne 2002; Promberger, 2002). Für beschäftigungsbezogene Flexibilisierungsmuster wie die Leiharbeit stellt sich die Frage noch etwas anders: Wie verhält es sich mit Asymmetrien und Unsicherheitszonen in den Handlungskontexten von Beschäftigten in solchen atypischen Arbeitsformen, insbesondere in den prekaritätsrelevanten Dimensionen Arbeitsqualität, Entlohnung, Mitbestimmung und Sozialintegration?

Um die Fragen von Prekarität und Flexibilität der Leiharbeit geht es in den folgenden Ausführungen. Nach Darstellung einiger Basiszahlen (Abschnitt 2), folgen Befunde zum Flexibilisierungsbeitrag der Leiharbeit (Abschnitt 3). Daran anschließend wird die Leiharbeit daraufhin untersucht, ob sie in zentralen Dimensionen des Beschäftigungsverhältnisses Indizien für Prekarität aufweist. Hierzu zählen das Beschäftigungsverhalten der Arbeitgeber (Abschnitt 4), die Inklusion von Leiharbeitnehmern in die Prozesse der betrieblichen Mitbestimmung (Abschnitt 5) und die Auswirkungen der Tarifierungsbewegung vor allem hinsichtlich der Entlohnung (Abschnitt 6). Sodann wird das wenig erfolgreiche Experiment der Personal-Service-Agenturen als geförderter Leiharbeit für Arbeitslose dargestellt (Abschnitt 7). Eine kurze Bilanz bildet den Schluss (Abschnitt 8).

2. Verbreitung und Nutzungsintensität in deutschen Betrieben

Ganz pauschal betrachtet nutzen derzeit 2 bis 3% aller Betriebe[4] in Deutschland das Instrument der Leiharbeit, rund 1,5% aller sozialversicherungspflichtig Beschäftigten sind Leiharbeiter. Dabei werden etwa 325.000 Leiharbeiter[5] in etwa

---

4 Basis sind alle von der Bundesagentur für Arbeit im Rahmen der Sozialversicherungsmeldung erfassten Betriebe mit mindestens einem/einer sozialversicherungspflichtig Beschäftigten, derzeit rund 2,1 Mio. Betriebe.
5 Differenzen zur Arbeitnehmerüberlassungs-Statistik der Bundesagentur für Arbeit erklären sich daraus, dass diese den kompletten Bestand an Leiharbeitern abbildet, während das IAB-Betriebspanel nur die tatsächlich eingesetzten Leihkräfte erfasst. In den vergangenen Jahren betrug diese Differenz regelmäßig rund 30%. Sie setzt sich vor allem aus Leihkräften zusammen, die sich in Urlaub befinden, erkrankt sind, oder für die gerade kein Einsatz vorhanden ist. Noch größer ist die Differenz zu Berechnungen aus dem

50.000 Betrieben eingesetzt (Jahresmitte 2005). Leiharbeit ist hochgradig konjunkturabhängig, insofern schwanken diese Werte im Zeitverlauf.

Kleinbetriebe setzen selten Verleihkräfte ein, hingegen ist Leiharbeit in Großbetrieben (über 500 Beschäftigte) häufiger anzutreffen, dort machen 39% der Betriebe Gebrauch von Verleihkräften. Der Einsatzschwerpunkt liegt nach wie vor im verarbeitenden Gewerbe, dort sind sowohl der Anteil der Nutzerbetriebe wie auch die Anteile der Leiharbeit an der Beschäftigung deutlich höher als in anderen Branchen (ohne Tabelle). Hier unterscheidet sich Deutschland stark von anderen Ländern, in denen Leiharbeit vor allem im Dienstleistungssektor eingesetzt wird. Nichtsdestoweniger belegen die Berufsstruktur der Leiharbeit (Bellmann/Promberger 2002), aber auch die wachsende Zahl der Dienstleistungsbetriebe mit Leiharbeit (Promberger et al. 2005), dass diese atypische Beschäftigungsform sich über ihren industriellen Ursprung hinaus ausbreitet.

Generell ist die Zahl der eingesetzten Leiharbeiter meist nicht hoch: 2004 setzten – wie in den Vorjahren (seit 2002) auch – vier von fünf Betrieben mit Leiharbeit (82,7%) maximal fünf Leiharbeiter ein. Ein Drittel aller Betriebe mit Leiharbeit hatte am 30.6.2004 nur einen Leiharbeitnehmer, zwei Drittel bis zu zwei Leasingkräfte im Haus. Verglichen mit den Zahlen für befristete Beschäftigung, Teilzeitarbeit und freie Mitarbeit u.ä. ist Leiharbeit somit die am „seltensten" anzutreffende atypische Beschäftigungsform auf dem deutschen Arbeitsmarkt bzw. in deutschen Betrieben (Tab. 1).

Tab. 1: Atypische Beschäftigungsformen in deutschen Betrieben am 30.6.2004[a]

	Leih-arbeiter/innen	Befristete	Teilzeit-beschäftigte	Freie Mit-arbeiter/innen	Aushilfen, Praktikant/inn/en
Mittelwert pro Betrieb	5,27	6,08	5,51	4,66	2,37
Summe Beschäftigte	283.000	1.825.000	6.925.000	515.000	831.000
Zahl Betriebe	54.000	300.000	1.257.000	111.000	351.000

a Basis: Betriebe, die die jeweilige Beschäftigungsform praktizieren
Quelle: IAB-Betriebspanel 2004, Berechnungen: Promberger

Nach wie vor dominieren kurzfristige Einsätze von Zeitarbeitnehmern, doch besteht ein deutlicher Zusammenhang zwischen dem Qualifikationsanspruch der Tätigkeit und der Einsatzdauer: So sind die Einsätze länger, je häufiger Facharbeiter eingesetzt werden. Auch in den seltenen Fällen, in denen Leihkräfte mit

---

Sozioökonomischen Panel (SOEP), beispielsweise von Schlese et al. 2005. Hier kommt zur Differenz von tatsächlich eingesetzten Leiharbeitern noch der Effekt des zeitraumbezogenen Erfassungskonzepts im SOEP hinzu.

akademischen Qualifikationen eingesetzt werden, kommt es in der Tendenz zu langen Einsätzen. Das gleiche gilt für die wenigen Betriebe, die intensiv und dauerhaft Leiharbeit nutzen. Hilfstätigkeiten im industriellen Bereich und zunehmend auch im gering qualifizierten Dienstleistungsbereich sind jedoch immer noch bestimmend für die Realität der Arbeitnehmerüberlassung, das echte, als solches eingesetzte Facharbeitersegment beläuft sich auf 35% aller Leiharbeiter im ersten Halbjahr 2003, Akademiker machen unter den eingesetzten Leihkräften rund 1% aus.

Ist die Arbeitnehmerüberlassung also lediglich ein Randphänomen des deutschen Arbeitsmarktes? Zwar sieht es zunächst so aus, doch würde man dieser Beschäftigungsform mit einer solchen Einschätzung nicht ganz gerecht. In der Tat weist eine Betrachtung der betrieblichen Leiharbeitsquoten, das sind die Anteilswerte, die auf die Leiharbeiter im Verhältnis zu den übrigen Mitarbeitern des Betriebs entfallen, eine Gruppe von Betrieben aus, die das Instrument Leiharbeit intensiv nutzen: So hatten 2004 rund 40% der Einsatzbetriebe[6] mit mindestens zehn Beschäftigten Leiharbeiteranteile von mindestens 10%. Bei größeren Betrieben (über 150 Beschäftigte) belaufen sich diese Intensivnutzer auf rund 10% der Einsatzbetriebe – bei leicht wachsender Tendenz.

In diesen Unternehmen spielt Leiharbeit eine zentrale Rolle im betrieblichen Flexibilisierungshandeln: Auftragsspitzen und andere Engpässe werden grundsätzlich auch unter Zuhilfenahme von Leihkräften bewältigt. Fallstudienbefunde und weitere Berechnungen zeigen, dass dieses Segment der Intensivnutzer vor allem aus hochtarifigen Fertigungsbetrieben des verarbeitenden Gewerbes mit hohem Anteil an stark zerlegter manueller Fertigung (z.B. Automobilindustrie und Zulieferer), aber auch aus bestimmten Dienstleistungsbetrieben (z.B. Callcenter, Gebäudereinigung) besteht. Lohnkostensenkung und der Wechsel in billigere Tarifstrukturen, aber auch der vergleichsweise einfache Kapazitätsrückbau im Falle rückläufiger Auslastung sind die Hauptmotive solcher Betriebe, Leiharbeit zu nutzen. Betriebsorganisatorisch finden sich hier nicht selten

---

6   Zahlenmäßig ist das Segment der Intensivnutzer schwierig einzugrenzen. Gerade bei kleinen und kleinsten Betrieben, die den Löwenanteil der von der Bundesagentur für Arbeit erfassten Wirtschaftseinheiten ausmachen, schlägt die Beschäftigung von ein oder zwei Leiharbeitern sofort mit einem hohen Anteilswert zu Buche. Um solche Verzerrungen zu vermeiden, wurden im vorliegenden Projekt Schwellenwerte definiert. So finden nur Betriebe mit mindestens zehn direkt im Betrieb eingestellten sozialversicherungspflichtigen Beschäftigten (SVB) und mindestens zwei Leiharbeitern Eingang in die erste Variante der Berechnung der Nutzungsintensität. In einer zweiten, noch konservativeren Variante wird die Schwelle auf 150 direkt eingestellte sozialversicherungspflichtige Beschäftigte und mindestens zwei Leiharbeiter angehoben. In den unterhalb der Schwellenwerte liegenden Betrieben können Einzelereignisse „künstlich" hohe Anteilswerte verursachen.

einzelne abgeschlossene funktionale Einheiten der Betriebe, die komplett mit Zeitarbeiter/inne/n besetzt sind (Teilbereiche der Vorfertigung, Montagelinien, zeitlich begrenzte Callcenterkampagnen, Catering eines einzelnen Events, Reinigung eines Objekts). Bisweilen besteht dabei auch die unterste Vorgesetztenebene aus Leiharbeitern. Personalbetreuung und Kapazitätssteuerung werden von einem vor Ort befindlichen Disponenten der Verleihfirma vorgenommen (On-Site-Management).

Insgesamt zeigt sich eine deutliche Heterogenität der Situation, in denen Betriebe Leiharbeitnehmer einsetzen: Die geringe und nur punktuelle, wenig intensive Nutzung im Gros der Betriebe steht einem umfänglichen Einsatz in einer nicht ganz kleinen Gruppe von Intensivnutzern gegenüber. So viele arbeitspolitische Probleme sich mit der intensiven und dauerhaften Nutzung der Leiharbeit in einzelnen Betrieben auch verbinden mögen: Bezogen auf die Gesamtwirtschaft machen die Intensivnutzer von Leiharbeit weniger als 1% aller Betriebe aus, bewegen sich also knapp an der statistischen Nachweisgrenze. Quantitative Aussagen über künftige Entwicklungstrends des Intensivnutzersegments sind auf dieser Basis nicht möglich.

3. Zum Flexibilisierungsbeitrag der Leiharbeit

In Zeiten der globalisierten Konkurrenz ist betriebliche Flexibilität zur Überlebensbedingung geworden; seit Ende der 1970er Jahre ist sie aus dem wirtschaftspolitischen Diskurs nicht mehr wegzudenken. Leiharbeit bietet sich als Flexibilisierungsmittel par excellence an. Doch die betriebliche Wirklichkeit sieht meist anders aus: Auf die Frage, mit welchen personalwirtschaftlichen Mitteln sie auf Auslastungsschwankungen reagieren, gaben die meisten Unternehmen – in dieser Reihenfolge – Überstunden, Arbeitszeitkonten, Teilzeitbeschäftigung, geringfügige Beschäftigung und befristete Arbeitsverträge an. Erst danach – auf Platz sechs – kommt die Leiharbeit (Hohendanner/Bellmann in diesem Band).

Ein Teil der Flexibilisierungsforschung geht zumindest implizit davon aus, dass es grundlegende betriebliche Präferenzen für „interne" (z.B. zeitbezogene) oder „externe" (z.B. beschäftigungsbezogene) Strategien der Flexibilisierung gibt, so dass beispielsweise der Einsatz von Arbeitszeitkonten den Einsatz von Leiharbeit ausschlösse (Hohendanner/Bellmann in diesem Band). Interessanterweise ist dies in der Praxis nicht beobachtbar. Vielmehr koexistiert Leiharbeit im Betrieb hervorragend mit den meisten anderen Flexibilisierungsformen: Multivariate Analysen (Bellmann 2004) ergaben positive Zusammenhänge zwischen dem Einsatz, aber auch den Anteilswerten, die Leiharbeit erreicht, und dem Vorhandensein von Arbeitszeitkonten, Überstunden, Befristungen. Die meisten Unternehmen beantworten ihren Flexibilitätsbedarf mit einem Bündel an Maßnahmen, je nach Struktur des Bedarfs und nach funktionalen Gesichtspunkten: Mit entscheidend ist dabei, dass Zeitarbeiter in den meisten Betrieben – von den Intensivnutzern abgesehen – vor allem für kurzfristigen, unvorhersehbaren und hinsichtlich seines Endes nicht genau zu terminierenden Personalbedarf von nicht allzu langer Dauer eingesetzt werden, zu dessen Deckung interne Kapazitäten nicht ausreichen: Krankheitsausfälle, Störungen im Produktionsprozess, die Zusatzarbeit erfordern, unerwartete Auftragseingänge.

Der Einsatz von Leiharbeit hat dabei den Vorteil, ohne Such- und Entlassungskosten sofort begonnen und beendet werden zu können. Der Nachteil ist, dass die Leihkräfte meist nicht über komplexeres betriebliches Erfahrungswissen verfügen (Nienhüser in diesem Band). Daher sind sie vor allem dort effektiv einsetzbar, wo diese Komponente der Qualifikation wenig bedeutsam ist: Routinetätigkeiten wie einfache Montage-, Transport-, Zuführ-, Einlege- und Abnahmetätigkeiten, einfache Kommunikations- und Verwaltungsarbeiten usw. Überall, wo dies überschritten wird, kommt es entweder zu längeren Einsätzen in Zusammenhang mit Intensivnutzungskonzepten, zu Übernahmen in die Stammbelegschaft oder zu einer Bevorzugung anderer Flexibilisierungsformen. Zeitkonten sind ähnlich leicht auf- und abzubauen, doch stoßen sie gerade bei knapper Personaldecke schnell an Kapazitätsgrenzen.

So stellen Leiharbeit und Befristungen den nächsten Schritt nach einer Ausdehnung der Arbeitszeit mittels Zeitkonten und Überstunden dar. Befristungen sind zwar mit gewissen Suchkosten verbunden und schlecht vor Vertragsablauf reversibel, bekommen jedoch bei mittel- bis längerfristigem Kapazitätsbedarf klare Vorteile zugeschrieben. Dies geht einher mit der Tatsache, dass Befristungen im Marktsegment höher qualifizierter Beschäftigung – vom gut qualifizierten Facharbeiter bis zum/zur Akademiker/in – weit besser etabliert und akzeptiert sind. Auch bestehen die Kostenvorteile der Leiharbeit gegenüber Befristungen vor allem beim kurzfristigen Einsatz eher gering qualifizierter Beschäftigter (Schröder 1997). Leiharbeit unterscheidet sich also tendenziell von ‚regulärer' Arbeit auch durch die niedrigeren Qualifikationsanforderungen und die damit üblicherweise verbundenen geringeren Identifikationsmöglichkeiten.

4. Personalpolitik in der Verleihbranche

Hinsichtlich der Personalpolitik lassen sich folgende Unterschiede zwischen den kommerziellen Verleihern und der übrigen Wirtschaft belegen: Verleiher tendieren anders als andere Branchen stärker zum Heuern und Feuern – so wird nach Ergebnissen des IAB-Betriebspanels von 2003 in der Verleihbranche jedes dritte Arbeitsverhältnis durch eine Arbeitgeberkündigung beendet, in der Gesamtwirtschaft nur jedes siebte.[7] Das Risiko, entlassen zu werden, ist in der Verleihbranche damit deutlich höher als in der übrigen Wirtschaft. Betriebliche Weiterbildung findet in Verleihfirmen deutlich seltener als anderswo statt. Die Personalfluktuation ist überdurchschnittlich hoch, die Verweildauer der Beschäftigten ist im Schnitt äußerst gering – wer eine Chance dazu hat, versucht, der Leiharbeit so schnell wie möglich wieder zu entkommen.

Doch es gibt auch andere Beispiele: Vereinzelte Unternehmen, so beispielsweise auch die eigenen Verleihfirmen großer Industriekonzerne und etliche so genannte „Nebenzweckbetriebe" richten sich nach den Flächentarifen der Mutterunternehmen oder des eigenen Hauses, die oftmals höher ausfallen, als die ortsüblichen Leiharbeitstarife. Insbesondere auch die nicht vorrangig gewinnorientierten Verleiher – von Beschäftigungs-, Qualifikations- und Auffanggesellschaften bis zu lokalen oder konzern- und branchenbezogenen Arbeitskräftepools – entlohnen höher als kommerzielle Verleiher, ebenso fördern sie tendenziell die Entstehung von Mitbestimmungsstrukturen. Auf Basis des IAB-Betriebspanels von 2003 lässt sich schätzen, dass rund ein Zehntel des bundesdeutschen Leiharbeitsmarktes – gerechnet nach Beschäftigtenzahlen – auf Verleiher dieser Art entfällt. Sie zeigen, dass Verleihfirmen nicht notwendigerweise ‚bad shops', schlechte Arbeitgeber sind – oder sein müssen.

5. Nachholbedarf in Sachen Mitbestimmung

Eine wesentliche Dimension der Frage nach Prekarität oder Integration ist der Grad der Teilhabe von Beschäftigten an Entscheidungsprozessen im Rahmen der betrieblichen Mitbestimmung. Multivariate Analysen weisen aus, dass in Einsatzbetrieben mit Betriebsrat die Wahrscheinlichkeit höher ist, Leiharbeiter anzutreffen, als in betriebsratsfreien Betrieben (Promberger/Theuer 2004). Qualitative Befunde belegen überdies, dass der Mehrheit der befragten Betriebsräte der mäßige Einsatz des Instruments Leiharbeit insofern zupass kommt, als er hilft, die Beschäftigung der Stammbelegschaft stabiler zu halten (Bellmann/ Promberger 2002). Kapazitätsschwankungen werden durch Anpassung der Zahl der Leiharbeiter und anderer Randbelegschaftsteile ausgeglichen; bei rezessiven Entwicklungen ist die – kleiner kalkulierte – Stammbelegschaft nicht so schnell gefährdet, da zunächst die Randbelegschaft abgeschmolzen wird.

Dies bedeutet nicht unbedingt, dass Betriebsräte aktive Verfechter einer leiharbeitsorientierten Randbelegschaftsstrategie wären, ganz im Gegenteil: Prinzipiell wird diese Beschäftigungsform – analog zu gewerkschaftspolitischen Grundsatzpositionen – abgelehnt, doch praktisch wird Leiharbeit als Bestandteil der

---

7   Ohne Auslaufen befristeter Verträge, ohne betriebsbedingte Kündigungen.

Strategie des Managements akzeptiert. Das in dieser Perspektive ‚notwendige Übel' der Arbeitnehmerüberlassung hat, sofern nicht exzessiv genutzt, eben auch positive Aspekte für die Stammbelegschaft, der sich Betriebsräte besonders verpflichtet fühlen. Eine Zuständigkeit für die Leiharbeitnehmerschaft in arbeitspolitischen Fragen wird in der Regel nicht gesehen, doch eine Minderheit von Betriebsräten definiert sich wenigstens als Ansprechpartner, wenn Leiharbeiter nach Übernahmemöglichkeiten fragen. Bisweilen drängen Betriebsräte das Management auch zur Bevorzugung der Zeitarbeiter aus „gemeinnützigen Verleihfirmen"[8], zur Kooperation mit Firmen, die die DGB-Tarifverträge zur Leiharbeit anerkennen und zum Verzicht auf eine allzu exzessive Nutzung der Arbeitnehmerüberlassung. Die überwiegende Mehrheit von 18 der 20 intensiv befragten Betriebsräte schöpft den Mitbestimmungsspielraum der §§ 75, 80, 85, 87, 99 des Betriebsverfassungsgesetzes (BetrVG) und des flankierenden § 14 III Arbeitnehmerüberlassungsgesetzes (AÜG) jedenfalls keineswegs aus.

Eine kleine Minderheit von Betriebsräten hingegen sieht die Gefahr einer betriebspolitischen Marginalisierung ihrer Position durch hohe und wachsende Leiharbeiteranteile und antwortet offensiv, indem die Leiharbeiter in die alltägliche Vertretungsarbeit einbezogen werden. Zusätzlich wird diese Strategie motiviert durch das in der jüngsten BetrVG-Novelle verankerte aktive Wahlrecht der Leiharbeiter im Einsatzbetrieb bei Einsätzen von mindestens drei Monaten Dauer (§ 7 BetrVG).

Grundsätzlich gilt die Mitbestimmung nach BetrVG auch für die Beschäftigten in der Verleihbranche, die in ihrer Verleihfirma einen Betriebsrat wählen können, der ihre Interessen gegenüber dem Arbeitgeber vertritt. Doch hierzu kommt es in der Verleihbranche weit seltener[9] als in den Betrieben der übrigen Wirtschaft. Praktisch wirken die besonderen Bedingungen der gewerblichen Arbeitnehmerüberlassung (Hauptzweckbetriebe) restriktiv auf die Gründung und Tätigkeit von Betriebsräten. Auch in der qualitativen Untersuchung konnten, trotz intensiver Suche,[10] keine kommerziellen Verleihfirmen mit Betriebsrat gefunden werden – außer bei den Branchenriesen.

Es steht zu vermuten, dass die hohe Fluktuation der Beschäftigten wie auch ihr ausschließlicher Einsatz außerhalb der Betriebsstätte des betriebsverfassungs-

---

8   Schröder (1997) prägte hierfür den inhaltlich treffenden aber sperrigen Begriff der „Arbeitnehmerüberlassung in Vermittlungsabsicht".
9   Zwar existieren vereinzelt Betriebsräte im Verleihsektor, beispielsweise bei den Branchenriesen Randstad und Adecco, gleichwohl ergeben die Daten des IAB-Betriebspanels 2003 kein statistisch signifikantes Vorkommen von Betriebsräten im Wirtschaftszweig Arbeitnehmerüberlassung.
10 In einem von der Universität Erlangen durchgeführten Telefonscreening wurden mehr als 150 zufällig ausgewählte Verleihfirmen aus allen Regionen Deutschlands nach der Existenz von Betriebsräten gefragt – ohne positives Ergebnis.

rechtlichen Arbeitgebers kollektive Prozesse aller Art erschweren – so eben auch die Initiierung und Durchführung von Betriebsratswahlen. Partizipationschancen sind für Leiharbeiter somit gegenüber „regulär" Beschäftigten deutlich eingeschränkt – egal ob im Einsatzbetrieb oder in der Verleihfirma. Das Partizipationsdefizit als typisches Prekaritätsmerkmal der Leiharbeit, wie es die ältere Forschung immer wieder konstatierte, bestätigt sich also erneut (Kraemer/Speidel 2004).

6. Tarifverträge: Mindeststandards und Lohnabstand

Die Neuregelung des AÜG mit seinem formalen Anspruch eines „equal treatment" hat keineswegs eine faktische Gleichstellung der Zeitarbeitnehmer ausgelöst. Das Regulierungsmuster des „equal treatment" war vielmehr von vornherein in Anlehnung an das niederländische Modell konzipiert, bei dem ein – wie auch immer gearteter – Tarifabschluss den Arbeitgeber von der Gleichbehandlungspflicht entbindet.[11] Wie zuvor schon in den Niederlanden hat diese „Ausweichoption" auch in Deutschland eine rasante Tarifierungsbewegung ausgelöst: Zum 30.6.2004 fielen nach Ergebnissen des IAB-Betriebspanels bereits 80% aller Betriebe und knapp 90% der Beschäftigten im Wirtschaftszweig Leiharbeit unter ein einschlägiges Tarifabkommen – weit mehr als in der Gesamtwirtschaft. Die Unternehmerverbände „Bundesvereinigung Zeitarbeit Arbeitsvermittlung" (BZA) und „Interessengemeinschaft Zeitarbeit" (IGZ) sowie einige Kleinere wurden zu Arbeitgeberverbänden. Angesichts der mit dem Branchenprinzip kollidierenden Zuordnungsproblematik der Zeitarbeit schlüpfte der Deutsche Gewerkschaftsbund (DGB) faktisch in die Rolle der tarifschließenden Partei – als Tarifgemeinschaft seiner Mitgliedsgewerkschaften.

Daneben konnte die sonst in der Fläche weitgehend bedeutungslose christliche Gewerkschaftsbewegung durch Unterbietung der DGB-Abschlüsse einen Erfolg verbuchen und sich in den Kollektivabkommen des Leiharbeitssektors verankern. Es dominiert die Form des Verbandstarifvertrags, bei Fortbestand der Haustarifabkommen einiger Großunternehmen, sodass die gesetzlich ausgelöste Tarifbewegung zu einem Sieg des Flächentarifkonzeptes führte.

Arbeitgeber, die auf die Tarifierung verzichtet haben und stattdessen die Entlohnungsbedingungen der Einsatzbetriebe übernehmen, sind selten. Zwar weist das IAB-Betriebspanel für 2004 einen Anteil von rund 20% nicht tarifgebundener Betriebe an allen Inhabern einer Verleiherlaubnis aus. Da in der qualitativen Betriebsbefragung jedoch trotz intensiver Suche kein einziger tariffreier

---

11 Zum Vergleich der Leiharbeit in Deutschland und den Niederlanden Jahn 2005; Wilkens 2004.

Verleihbetrieb zu finden war, ist zu vermuten, dass es sich beim Gros dieser nicht tarifgebundenen Verleiher um inaktive Betriebe handelt, das heißt, um Betriebe, die ihre Verleihtätigkeit vorübergehend oder dauerhaft nicht praktizieren. Sie stellen der Arbeitnehmerüberlassungs-Statistik zufolge regelmäßig etwa die Hälfte der registrierten Inhaber einer Verleiherlaubnis. Es gibt also starke Indizien für die Annahme, dass faktisch alle aktiven Verleihfirmen mittlerweile tarifgebunden sind.

Resultat der Tarifbindung ist zweierlei: Erstens eine faktische flächendeckende Standardisierung der Arbeitsentgelte und anderer Arbeitsbedingungen im Verleihsektor, selbst wenn bei höher qualifizierten Leiharbeitern Abweichungen nach oben durchaus üblich sein können und die Differenzen der konkurrierenden Verbandsabkommen Wahlmöglichkeiten für die Betriebe offen halten. Auch sind beispielsweise bei der Einstellung vormals Arbeitsloser Unterschreitungen des Minimalstandards in Form von abgesenkten Einstiegsentgelten möglich.

Zweitens resultiert eine Zementierung der relativen ‚Schlechterstellung' der Leiharbeiter gegenüber der Stammbelegschaft aus der Tarifbindung: Fallstudien zeigen, dass vor allem kommerzielle Leiharbeitsfirmen im Segment der Produktionshilfstätigkeiten und der einfachen Dienstleistungsarbeit, also im marktdominierenden Segment, tatsächlich nach Tarif bezahlen – und deren Tarifentgelte für Leiharbeit liegen beträchtlich unter den Referenzwerten des verarbeitenden Gewerbes. Das für die Zeitarbeit charakteristische „wage gap", der Lohnabstand zur übrigen Wirtschaft (Kvasnicka/Werwatz 2002) ist damit zumindest momentan festgeschrieben. Im Sommer 2004 lagen die regulären Leiharbeiterlöhne im Helferbereich um mindestens drei Euro, im Facharbeiterbereich um mindestens zwei Euro pro Stunde unter den Referenzlöhnen im verarbeitenden Gewerbe.

Auffällig ist auch, dass die Einstiegsentgelte der untersten Lohngruppen im Leiharbeitsbereich kaum als existenzsichernd anzusehen sind. So sieht etwa der Tarifvertrag zwischen Christlichem Gewerkschaftsbund und der Mittelständischen Vereinigung der Zeitarbeitsfirmen für Ostdeutschland einen Einstiegslohn von 5,60 Euro in der untersten Gruppe vor, dies entspräche etwa einem monatlichen Brutto-Arbeitsentgelt von 850 Euro für Vollzeitarbeit. Berechnungen des WSI auf Basis der IAB-Beschäftigtenstichprobe setzen den Schwellenwert für den Tatbestand der Lohnarmut, das heißt, der Armut trotz Vollerwerbstätigkeit, für Ostdeutschland mit 1.034 Euro brutto pro Kopf und Monat an (Bispinck et al. 2004, S. 574ff) – also weit höher als die Einstiegslöhne in Leiharbeit, selbst im Rahmen der DGB-Tarife. Auch die gesetzlichen Mindestlöhne in anderen europäischen Ländern (EU-15) liegen ebenfalls deutlich über den tariflichen Entgelten für neu eingestiegene Helfer im Leiharbeitsbereich (Bispinck et al. 2004; S. 574ff).

Überdies zeigen sich einzelne ‚schwarze Schafe' der Branche durchaus findig im Unterlaufen des Tarifabkommens: So wurde in drei von 20 untersuchten Verleihfirmen[12] die Praxis angetroffen, Leiharbeitsverhältnisse mit dem Ablauf der Probezeit zu beenden, um nicht den Einstiegslohn verlassen zu müssen. In diesen Fällen werden Leiharbeiter gerne nach einer Pause wieder eingestellt – erneut mit Probezeit und Einstiegslohn. Das gesetzliche Verbot von Wiederholungsbefristungen greift nicht, da es sich formal um unbefristete Arbeitsverträge handelt.

Diese Befunde sind ein weiteres Indiz dafür, dass Leiharbeit mitnichten eine Arbeit wie jede andere ist, sondern zumindest in Teilbereichen Armuts- und Abstiegsrisiken birgt – wie es für die „Zone der Prekarität" (Castel 2000) charakteristisch ist. Der Tarifierungsbewegung kommt das Verdienst zu, diese Verhältnisse sichtbarer gemacht zu haben und dabei in einer vorher weitgehend tariffreien Zone einen regulierungspolitischen Meilenstein zu einer künftigen Verbesserung der Situation der Leiharbeitnehmerschaft gesetzt zu haben. Doch eine faktische Verbesserung der Lebens- und Arbeitsverhältnisse der Leiharbeitnehmer konnte mit diesem Tarifwerk bislang nicht erreicht werden.

7. Die Personal-Service-Agenturen: kein bleibender Eindruck

Ein Kernstück der Hartz-Reformen bestand in der flächendeckenden Einführung so genannter Personal-Service-Agenturen (PSA), in denen mittels Leiharbeit die Arbeitslosen im Markt gehalten werden sollten. Verschiedene Überlegungen spielten dabei eine wichtige Rolle. Zum einen ging man davon aus, dass Leiharbeit den Übergang in reguläre Beschäftigung erleichtern kann, während länger dauernde Arbeitslosigkeit sich mehr und mehr zum berufsbiographischen Stigma entwickelt, das eine Beschäftigungsaufnahme verhindert. Überdies wurde in den Hartz-Konzepten der Leiharbeit eine Katalysatorfunktion zur Dynamisierung des Arbeitsmarktes zugeschrieben; ihre – so verstandene – institutionelle Einschränkung im Arbeitnehmerüberlassungsgesetz führe nicht nur zu vergleichsweise niedrigen Leiharbeiterzahlen in Deutschland, sondern verhindere damit auch die entlastende Wirkung der Leiharbeit für den Arbeitsmarkt, die sie in anderen Ländern angenommen habe (Hartz 2002). Überdies ist ein großer Teil der Arbeitslosen in Deutschland nur bis zu drei Monate ohne Beschäftigung. Diese Arbeitslosen sollten nun, anstatt Leistungen zu beziehen, in Personal-Service-Agenturen überführt und von dort an andere Betriebe ausgeliehen werden. Sie würden damit – anders als bisher – weder die Statistik noch die Arbeitslosenversicherung belasten, auch würden ihre Chancen auf Rückkehr in

---

12 Die Auswahl erfolgte nicht unter Repräsentativitäts- sondern unter Kontrastgesichtspunkten, die jedoch das Kündigungsverhalten nicht einschlossen.

reguläre Beschäftigung durch die ‚zwischengeschaltete' Leiharbeit keineswegs geschmälert, sondern eher gefördert.

Insofern richtete sich das PSA-Konzept in den Intentionen seines Erfinders vor allem auf gut vermittelbare Arbeitslose mit marktgängigen Qualifikationen, die auch ohne Fördermaßnahmen üblicherweise in relativ kurzer Zeit in den Arbeitsmarkt zurückkehren würden. Im Laufe seiner politischen Umsetzung 2002 und 2003 veränderte sich das PSA-Konzept immer weiter – bis zu seiner heutigen Gestalt: Die Arbeitsämter schreiben ‚Lose' für PSA-Verträge aus, in denen die Zielgruppen definiert, sowie Grundhonorar und Leistungsprämie im Falle erfolgreicher Vermittlung festgeschrieben sind (Jahn/Windsheimer 2004a). Der Zielschwerpunkt für die PSA verlagert sich von den ursprünglich vorgesehenen Kurzzeitarbeitslosen, der unproblematischsten Teilpopulation der Arbeitslosen, zu generell beschäftigungsfähigen, jedoch mit individuellen Vermittlungshemmnissen belasteten Arbeitslosen (Jugendliche ohne Berufsabschluss, Langzeitarbeitslose, Schwerbehinderte und Ältere usw.).

Im Jahre 2003 wurden durch die lokalen Arbeitsagenturen 992 PSA-Verträge abgeschlossen, über die rund 44.000 Arbeitsplätze bereitgestellt wurden. Die PSA seien im Markt angekommen, folgerten Jahn/Windsheimer 2004b. Die PSA-Teilnehmer sind im Schnitt ein wenig älter und ein wenig besser ausgebildet als ihre Kollegen in kommerziellen Leiharbeitsfirmen. Anderseits sind Langzeitarbeitslose und Angehörige anderer Problemgruppen überrepräsentiert.

Knapp die Hälfte der PSA-Austritte mündet in reguläre Beschäftigung: Rund jeder vierte Austritt aus den PSA ist eine Vermittlung an Dritte, jeder zehnte führt in eine direkte Beschäftigung beim Entleiher, ein weiteres Zehntel entfällt auf erfolgreiche Eigensuche der Beschäftigten. Immerhin ein weiteres knappes Fünftel der Teilnehmer erfährt verhaltensbedingte Kündigungen, ein weiteres Achtel wird von der PSA aus ‚sonstigen Gründen' gekündigt. Betriebsbedingte Kündigungen, Abgänge in Selbständigkeit, in Weiterbildungs- oder andere arbeitsmarktpolitische Maßnahmen spielen keine nennenswerte Rolle. Die PSA sind zur Tarifbindung verpflichtet, es dominieren Übernahmetarifabkommen, die sich am Randstad-Firmentarifvertrag orientieren, den zweiten Rangplatz nimmt vermutlich der DGB-BZA-Tarifvertrag ein (Jahn/Windsheimer 2004a und b und eigene Erhebungen). Seither haben sich die PSA jedoch deutlich rückläufig entwickelt – wie die nachfolgende Tabelle zeigt (vgl. Tab. 2).

Tab. 2: Verträge mit und Personalbestand in PSA jeweils zum 31.12.

	Anzahl Verträge	Personalbestand
2003	969	43.460
2004	857	27.500
2005	320	8.500

Quelle: Geschäftsberichte der BA 2003-2005

Das Instrument bot 2004 noch Anlass zu vorsichtigem Optimismus; angesichts obiger Zahlen kann hiervon keine Rede mehr sein. Die PSA haben keine nennenswerte Bedeutung auf dem „Übergangsarbeitsmarkt" (Schmid 2002) erlangen können. Auch wenn eine abschließende detaillierte Bewertung noch aussteht (BMAS 2006), kann das Instrument letztlich als gescheitert gelten.

Dieses Scheitern ist nicht ganz einfach zu erklären, denn auf den ersten Blick sieht alles nach einer ‚win-win-Situation' aus: Die Arbeitslosen sind nicht mehr arbeitslos, erhalten – wenn auch magere – Tarifgehälter und können potentielle Arbeitgeber kennenlernen. Die Träger erhalten Tätigkeits- und Erfolgshonorar. Bildungsträger, Beschäftigungs- und Qualifikationsgesellschaften erhalten einen neuen Geschäftszweig. Auch für kommerzielle Verleiher kann dies interessant werden, da das Honorar einen Zusatzertrag darstellt. Sofern solche PSAs einen Teil des Honorars auf die den Entleihern in Rechnung gestellten Stundensätze umlegen, können sie billiger anbieten, Marktanteile ausbauen, und die Entleiher müssen weniger für eine Leihkraft bezahlen. Die Arbeitsämter entlasten ihr Budget, da die Honorare im Schnitt unterhalb der ansonsten zu zahlenden Leistungen liegen, und sie müssen weniger Arbeitslose melden, da PSA-Beschäftigte in der Statistik nicht als arbeitslos gelten.

Doch auf der Basis von Fallstudienevidenz lässt sich die Situation auch anders lesen: Gut qualifizierte, marktfähige und flexible Kurzzeitarbeitslose dürften nicht unbedingt von einer mäßig entlohnten PSA-Tätigkeit begeistert sein, da sie mit einer schnellen Rückkehr in den Arbeitsmarkt rechnen und ihr Arbeitslosengeld I möglicherweise nur wenig niedriger liegt als ein zu erwartender PSA-Lohn. Überdies kann eine Vollzeit-Tätigkeit in einer PSA durchaus eigene Suchaktivitäten erschweren. Auch ein Arbeitsvermittler hat mit solchen Kunden auf dem normalen Arbeitsmarkt wenig Probleme. Es rentiert sich hingegen für das Arbeitsamt weit mehr, diejenigen Kunden in die PSAs zu überstellen, bei denen ansonsten lange Zeiträume des Leistungsbezugs erwartet werden können. Angesichts von Arbeitslosen mit Vermittlungshemmnissen müssen die PSAs der kommerziellen Zeitarbeitsfirmen hingegen scharf rechnen: Die Subvention durch Qualifikations- und Vermittlungshonorar steht dabei gegen die geringere Marktgängigkeit dieser Arbeitnehmer. Sie sind schwerer unterzubringen und die Gefahr von Reklamationen der Kundenbetriebe erhöht sich.

Für Bildungsträger und Qualifikationsgesellschaften ist der Einstieg ins eher vermittlungsorientierte PSA-Geschäft zwar interessant, jedoch schwer und riskant, wie gescheiterte PSAs zeigen. Verschiedene Akteure befürchten Missbrauch durch ‚schwarze Schafe' unter den Verleihern, die Beschäftigte aus der PSA-Tochter an die Mutterfirma vermitteln, um das Erfolgshonorar zu realisieren. Hinzu kommt, dass im großstädtischen Umfeld der Jedermann-Arbeitsmarkt ohnehin schon in hohem Maße von der Zeitarbeit organisiert ist und eine weitere Expansion nicht vorstellbar ist – so dass sich manchen Beteiligten die Frage stellt, wieso man deren Aktivitäten noch extra honorieren muss. Mittelständische Zeitarbeitsfirmen befürchten hingegen, dass ihnen das gut eingeführte Verleihgeschäft durch unprofessionelle Billigkonkurrenten untergraben würde. Auch scheint in einigen Bereichen der Arbeitsverwaltung vor Ort eine gewisse Skepsis gegenüber der Privatisierung von Vermittlungsaktivitäten im Allgemeinen und gegen das Instrument PSA im Besonderen zu bestehen. Auf diese Weise können ‚Verhinderungskoalitionen' entstehen – die letztlich eine plausible Erklärung dafür bieten, wieso nicht nur die Zahl der PSA-Beschäftigten, sondern auch die Zahl der PSA-Verträge zurückgegangen ist.

8. Resümee

Der betriebliche Flexibilitätsbeitrag der Leiharbeit ist grosso modo eher nachrangig, kurzfristig und punktuell. Doch es gibt vor allem in Betrieben mit gewerblichen Hochlohnarbeitsplätzen bemerkenswerte Ausnahmen einer intensiven Nutzung von Leiharbeit mit zentraler Bedeutung für die betriebliche Flexibilität. Es ist offen, ob sich die Leiharbeit über diese Inseln intensiver und dauerhafter Nutzung auch in der Fläche weiter ausbreiten und zu einem zentralen Flexibilisierungsinstrument entwickeln kann.

Gegen eine generelle Ausbreitung spricht, dass Leiharbeit eine typische Flexibilisierungsform von Arbeitsmärkten mit wenig Beschäftigungsflexibilität darstellt und deswegen mit einer allgemeinen Zunahme von Flexibilität eher wieder an Bedeutung verlieren könnte – wie die „Sättigungstendenzen" des US- und des niederländischen Leiharbeitsmarktes, aber auch die marginale Rolle der Leiharbeit in Dänemark zeigen. Weiterhin könnten sich eine zunehmende, doch sozial ausgewogene Lohnflexibilität – etwa durch betriebliche Öffnungsklauseln – und eine Erweiterung der Befristungsmöglichkeiten als entscheidendes Hemmnis für eine Ausbreitung der Leiharbeit erweisen.

Für ein weiteres Wachstum der Leiharbeit sprechen hingegen ihre unproblematische Reversibilität, ihre Funktion als überbetrieblich organisierte, schnell aktivierbare Kapazitätsreserve und ihre mittlerweile etablierte Rolle in der Organisation von sektoralen Jedermann/Frau-Arbeitsmärkten urbaner Zentren. Doch demgegenüber steht das Risiko der Lohnarmut; Leiharbeiter sind nachweisbar häufiger von Kündigung bedroht, in weniger anspruchsvollen Tätigkeiten eingesetzt und bei vergleichbarer Qualifikation schlechter entlohnt. Sie kommen seltener in den Genuss betrieblicher Weiterbildung und können nur eingeschränkt an der betrieblichen Mitbestimmung teilhaben.

Zwar gibt es ein – minoritäres – Segment der Verleihbranche mit besseren Bedingungen, und auch der Arbeitskräfteverleih in den Nebenzweckbetrieben erfolgt unter besseren Modalitäten. Doch im Großen und Ganzen, in den meisten

Betrieben und an den meisten Arbeitsplätzen bringt Leiharbeit nach wie vor typische Risiken, Defizite und Unsicherheitszonen mit sich. Leiharbeit ist also nach wie vor eine prekäre Form der Organisation von Arbeit, eine kompensatorische Risikoabsicherung, ein arbeitspolitisches Gebot der Stunde. Gegenstand der Arbeitspolitik sollten deswegen die Lohnangleichung vor allem im Bereich unteren Entgeltgruppen, sowie eine Einschränkung der Synchronisation von Einsatz- und Beschäftigungsdauer sein. Auch über Weiterbildungsfragen ließe sich arbeitspolitisch nachdenken. Es wird sich zeigen, ob die neuen Tarifverträge in diese Rolle hineinwachsen können.

Literatur

Bellmann, L. (2004): Zur Entwicklung der Leiharbeit in Deutschland. Theoretische Überlegungen und empirische Ergebnisse aus dem IAB-Betriebspanel. In: Sozialer Fortschritt, 53, S. 135-142

Bellmann, L.; Promberger, M. (2002): Zum betrieblichen Einsatz von Leiharbeit – Erste Ergebnisse einer Pilotstudie. In: WSI Mitteilungen, 55, S. 484-487

Bispinck, R.; Schäfer, C.; Schulten, T. (2004): Argumente für einen gesetzlichen Mindestlohn. In: WSI Mitteilungen, 57, S. 575-577

Bosch, G. (2001): Bildung und Beruflichkeit in der Dienstleistungsgesellschaft. In: Gewerkschaftliche Monatshefte, 52, S. 28-40

Bourdieu, P. (2000): Die zwei Gesichter der Arbeit. Konstanz

Bundesministerium für Arbeit und Soziales – BMAS (2006): Die Wirksamkeit moderner Dienstleistungen am Arbeitsmarkt. Bericht 2006 des Bundesministeriums für Arbeit und Soziales zur Wirkung der Umsetzung der Vorschläge der Kommission Moderne Dienstleistungen am Arbeitsmarkt (ohne Grundsicherung für Arbeitsuchende). Berlin

Castel, R. (2000): Metamorphosen der Sozialen Frage. Frankfurt/M.

Dombois, R. (1999): Auf dem Wege zu einem Normalarbeitsverhältnis? Die Erosion des Normalarbeitsverhältnisses und neue Strategien der Erwerbsarbeit. Arbeitspapier 36 der Zentralen Wissenschaftlichen Einrichtung ZWE + Arbeit und Region, Universität Bremen. Bremen

Dörre, K. (2005): Prekarisierung contra Flexicurity. In: Kronauer/Linne 2005, S. 53-71

Düwell, F.-J. (2000): Schriftliche Stellungnahme für die öffentliche Anhörung zum „Entwurf eines Ersten Gesetzes zur Änderung des Arbeitnehmerüberlassungsgesetzes 1. AÜG-ÄndG". Drucksache 14/1211 am 26. Januar 2000 in Berlin. Ausschussdrucksache 14/524 des Ausschusses für Arbeit und Sozialordnung des Deutschen Bundestags in der 14. Wahlperiode. Berlin

Garhammer, M. (2002): Zeitarbeit – Ein Muster für die Betriebs- und Arbeitsorganisation der Zukunft? In: Berliner Journal für Soziologie, 12, S. 109-126

Haastert, W. (1997): Die Rolle der Zeitarbeit in der Arbeitswelt der Zukunft: Arbeitskraft als „Ware". In: Bender, D. (Hg.): Neue Wege in der Arbeitswelt. Manpower als Humankapital. München, S. 199-228

Hartz, P. (2002): 13 Module zum Abbau der Arbeitslosigkeit und zur Reform der Bundesanstalt für Arbeit. Nürnberg

Hellhake, W. (1998): Kursbuch Zeitarbeit. Frankfurt/M.

Hoffmann, E.; Walwei, U. (2000): Strukturwandel der Erwerbsarbeit. Was ist eigentlich noch normal? IAB Kurzbericht Nr. 14, Nürnberg

Jahn, E.-J. (2005): Was macht den Unterschied? Determinanten der Nachfrage nach Leiharbeit in Deutschland und den Niederlanden. In: Industrielle Beziehungen, 12, S. 393-423

Jahn, E.-J.; Windsheimer, A. (2004a): Personal-Service-Agenturen – Teil I: In der Fläche schon präsent. IAB-Kurzbericht Nr. 1. Nürnberg

Jahn, E.-J.; Windsheimer, A. (2004b): Personal-Service-Agenturen – Teil II: Erste Erfolge zeichnen sich ab. IAB-Kurzbericht Nr. 2. Nürnberg

Kittner, M. (2000): Arbeits- und Sozialordnung. Ausgewählte und eingeleitete Gesetzestexte. Frankfurt/M.

Kraemer, K.; Speidel, F. (2004): Prekäre Leiharbeit. Zur Integrationsproblematik einer atypischen Beschäftigungsform. In: Vogel 2004, S. 119-153

Kronauer, M.; Linne, G. (2005) (Hg.): Flexicurity. Die Suche nach Sicherheit in der Flexibilität. Berlin

Kvasnicka, M.; Werwatz, A. (2002): Lohneffekte der Zeitarbeit. In: DIW-Wochenberichte, 69, S. 847-854

Linne, G. (2002) (Hg.): Flexibel arbeiten – flexibel leben? Die Auswirkungen flexibler Arbeitszeiten auf Erwerbschancen, Arbeits- und Lebensbedingungen. Düsseldorf

Paulmann, D.; Miegel, M. (2000): Schriftliche Stellungnahme für die öffentliche Anhörung zum „Entwurf eines Ersten Gesetzes zur Änderung des Arbeitnehmerüberlassungsgesetzes 1. AÜG-ÄndG", Drucksache 14/1211 am 26.1.2000 in Berlin. Ausschussdrucksache 14/531 des Ausschusses für Arbeit und Sozialordnung des Deutschen Bundestages, 14. Wahlperiode. Berlin

Promberger, M. (2002): Das VW-Modell und seine Nachfolger – Pioniere einer neuartigen Beschäftigungspolitik. München, Mering

Promberger, M.; Theuer, S. (2004): Welche Betriebe nutzen Leiharbeit? Verbreitung und Typik von Einsatzbetrieben und Arbeitsumwelten von Leiharbeitern. In: Vogel 2004, S. 34-60

Promberger, M.; Theuer, S.; Bellmann, L. (2005): Leiharbeit in der Praxis: Nach wie vor kein Hit. In: IAB-Forum, 1, S. 18-23

Schlese, M.; Schramm, F.; Bulling-Chabalewski, N. (2005): Beschäftigungsbedingungen von Leiharbeitskräften. In: WSI Mitteilungen, 58, S. 568-574

Schmidt, G. (2002): Wege in eine neue Vollbeschäftigung. Übergangsarbeitsmärkte und aktivierende Arbeitsmarktpolitik. Frankfurt/M., New York

Schröder, E. (1997): Arbeitnehmerüberlassung in Vermittlungsabsicht. Start oder Fehlstart eines arbeitsmarktpolitischen Modells in Deutschland? Beiträge zur Arbeitsmarkt- und Berufsforschung BeitrAB, Bd. 209. Nürnberg

Seifert, H. (2000): Leiharbeit: Allmählich hoffähig? In: Die Mitbestimmung, 50, S. 38-41

Vogel, B. (2004) (Hg.): Leiharbeit: neue sozialwissenschaftliche Befunde zu einer prekären Beschäftigungsform. Hamburg

Voß, G.-G.; Pongratz, H. (1998): Der Arbeitskraftunternehmer. Eine neue Grundform der Ware Arbeitskraft. In: KZfSS, 1, S. 131-158

Wilkens, I. (2004): Zwischen Flexibilität und Sicherheit – Leiharbeit in den Niederlanden. In: Vogel 2004, S. 166-182

Selbständig oder arbeitslos: Brücke oder Falle?
Einige empirische Betrachtungen zu geförderten Neugründungen aus arbeitsmarkt- und sozialpolitischer Perspektive

Susanne Noll, Frank Wießner

1. Einleitung

Im Februar 2002 wurde eine Kommission unter Leitung von Peter Hartz mit der Aufgabe betraut, ein Konzept zur Reform der Bundesanstalt für Arbeit und des Arbeitsmarktes zu entwickeln. Die Resultate führten zu der wohl größten und umfassendsten Arbeitsmarktreform in der Geschichte der Bundesrepublik und fanden ihren Niederschlag in den „Hartz-Gesetzen": Zu Beginn des Jahres 2003 traten das Erste und das Zweite Gesetz für moderne Dienstleistungen am Arbeitsmarkt („Hartz I" und „Hartz II") in Kraft. Am 1. Januar 2004 folgten „Hartz III" und zum Jahresanfang 2005 „Hartz IV". Mit den vier Hartz-Gesetzen wurden Veränderungen am Arbeitsmarkt in Gang gesetzt, deren Auswirkungen sich teilweise erst mittelfristig entfalten werden.

Grundsätzlich ist die Notwendigkeit von Reformen am Arbeitsmarkt wohl unstrittig. Aktuell wird das gesamtwirtschaftliche Arbeitsplatzdefizit in der Bundesrepublik einschließlich der Stillen Reserve auf knapp 6 Mio. Personen geschätzt (Fuchs et al. 2005). Uneins ist man sich jedoch über den richtigen Weg. Denn neben der Einführung neuer Instrumente aktiver und aktivierender Arbeitsmarktpolitik bewirken die Reformschritte auch einen Paradigmenwechsel in der Beschäftigungsförderung, hin zu einer gewissen Individualisierung, die in „Fördern und Fordern" ihren Ausdruck findet. In der Folge sehen sich die Bezieher von Sozialleistungen zunehmend dem Druck ausgesetzt, ihren Leistungsbezug durch eine Gegenleistung *ex post* zu legitimieren, oft auch ungeachtet der Tatsache, dass Leistungsansprüche durch Beitragszahlungen bereits *a priori* erworben wurden. Zugleich trägt diese forcierte Umsteuerung in der aktiven Arbeitsmarktpolitik ihren Teil zum Strukturwandel in den Beschäftigungsformen bei (Bach et al. 2005, S. 5).

2. Den eigenen Arbeitsplatz schaffen

Eine Diskussion der Ursachen und Wirkungen all dieser Problemlagen und der vorgeschlagenen Remedien würde weit über den Rahmen dieses Beitrages hinausgehen. Wir wollen uns stattdessen auf die Förderung von Existenzgründungen aus Arbeitslosigkeit konzentrieren. Geht dieses Förderkonzept auf, beenden die Gründer mit dem Schritt in die Selbständigkeit nicht nur ihre Arbeitslosigkeit und den damit gewöhnlich einhergehenden Leistungsbezug, sondern sie realisieren zugleich fiskalische und parafiskalische Rückflüsse. Multiplikatoreneffekte sind denkbar, wenn zusätzliche Arbeitsplätze entstehen. Neben gesamtwirtschaftlichen Aspekten sind auf der Individualebene als weitere potenzielle Vorteile möglicherweise günstigere Einkommensaussichten, persönliche Selbstverwirklichung, bessere Vereinbarkeit von Familie und Beruf, mehr Ausgestaltungsmöglichkeiten hinsichtlich der Lage der Arbeitszeit und der Inhalte der beruflichen Tätigkeit vorstellbar.

Zu warnen ist umgekehrt vor der Gefahr der Selbstausbeutung, dem „Working Poor" am Rande des Existenzminimums bei unzureichender sozialer Absicherung. Auf der Makroebene ist der mit dem Schritt in die Selbständigkeit verbundene Ausstieg aus dem Solidarsystem der Sozialversicherungen unerwünscht, zumindest solange keine Kompensation durch zusätzliche Beschäftigte erfolgt. Führt mehr Wettbewerb durch mehr Marktteilnehmer zu besseren Angeboten und günstigeren Preisen, so gilt dies allgemein als erstrebenswert. Dagegen fällt die Makrowirkung negativ aus, wenn die geförderten Neueintritte bestehende Betriebe verdrängen. Und schließlich können auch Mitnahmeeffekte die Förderwirkungen schmälern, so dass eine abschließende Bewertung der Förderung nicht leicht fällt.

Auf der Mesoebene determinieren bereits bestehende Betriebe einerseits als vormalige Arbeitgeber die berufliche Herkunft der neuen Existenzgründer. In der gleichen Funktion ermöglichen sie diesen bei einer Geschäftsaufgabe die Rückkehr in abhängige Beschäftigung. Im Business-to-Business-Bereich fungieren sie als Auftraggeber bzw. Kunden der neuen Marktteilnehmer und schließlich sind sie zugleich auch deren Wettbewerber und Benchmark. Neben der Konkurrenz ergeben sich für die bestehenden Betriebe aber auch Vorteile. Durch Outsourcing können diese die Flexibilität ihrer Produktion erhöhen und Kosten einsparen, z.B. im Bereich von Sozialversicherungsbeiträgen, Lohnfortzahlung, Urlaubsgeld oder Kosten, die durch Kündigungen anfallen (zu weiteren unterschiedlichen Interessenslagen rund um atypische Beschäftigung der beteiligten Akteure siehe Delsen 1995; Fink 2000; Tálos 1999; Walwei 1995).

2.1 Gründungshilfen von der Arbeitsagentur

Seit 1. August 2006 und damit neu im Hilferepertoire der Arbeitsagentur für gründungswillige Arbeitslose ist der Gründungszuschuss (GZ, § 57f. SGB III).[1] Er löst das Überbrückungsgeld (ÜG, vormals § 57 SGB II) und die so genannte Ich-AG (Existenzgründungszuschuss ExGZ, vormals § 421 l SGB III) ab. An-

---

1   Daneben existieren eine Reihe instrumenteller Hilfen (z.B. Seminare, Coaching, Individualberatung, etc.), die hier nicht weiter thematisiert werden sollen.

spruch auf den GZ haben Arbeitnehmer, die durch die Aufnahme einer selbständigen hauptberuflichen Tätigkeit die Arbeitslosigkeit beenden oder vermeiden, und überdies einen Anspruch auf Arbeitslosengeld von noch mindestens 90 Tagen haben. Der Gründungszuschuss ist eine Art Hybrid aus seinen beiden Vorgängerprogrammen ÜG und ExGZ: Die Sicherung des Lebensunterhaltes erfolgt, wie vormals beim ÜG, in Anlehnung an das Arbeitslosengeld. Und von der Ich-AG stammt die Idee, einen Fixbetrag für die soziale Absicherung der Gründerperson zu gewähren. Fördervoraussetzung ist die Stellungnahme einer fachkundigen Stelle[2] über die Tragfähigkeit der Existenzgründung sowie die Darlegung der erforderlichen Kenntnisse und Fähigkeiten. Als tragfähig gilt die geplante selbständige Tätigkeit dann, wenn der Antragsteller nach einer angemessenen Anlaufzeit voraussichtlich auf Dauer eine ausreichende Lebensgrundlage erreichen wird.

Der GZ wird zunächst für die Dauer von neun Monaten geleistet. Dabei entspricht die Höhe der Förderung dem individuellen Arbeitslosengeld zuzüglich 300 Euro. Der Gründungszuschuss kann für weitere sechs Monate in Höhe von 300 Euro geleistet werden, wenn die geförderte Person ihre Geschäftstätigkeit anhand geeigneter Unterlagen darlegt. Bei Zweifeln kann die Arbeitsagentur die erneute Vorlage einer Stellungnahme einer fachkundigen Stelle verlangen. Die soziale Absicherung liegt in der alleinigen Verantwortung der Gründer. Mangels Erfahrungen mit dem neuen Instrument ist es noch zu früh, zum GZ empirisch begründet Stellung zu nehmen. Die nachfolgende Betrachtung beschränkt sich deshalb auf die Vorgängerinstrumente ÜG und Ich-AG.

Schon Mitte der Achtziger Jahre wurde mit dem ÜG ein Instrument geschaffen, mit dem Arbeitslose bei der Existenzgründung unterstützt werden sollten. In Grundzügen gelten die damaligen Anspruchsgrundlagen auch heute noch für den neuen GZ. Das ÜG sollte in der Startphase unmittelbar nach der Existenzgründung vor allem den Lebensunterhalt sichern. Fördervoraussetzung war die Vorlage einer Tragfähigkeitsbescheinigung – auch dieses Element wurde für den GZ übernommen. ÜG wurde für die Dauer von sechs Monaten geleistet. Dabei entsprach die Höhe der Förderung dem individuellen Arbeitslosengeld zuzüglich der darauf entfallenden pauschalierten Sozialversicherungsbeiträge. Für ihre soziale Absicherung waren ÜG-Gründer selbst verantwortlich und so verhält es sich heute auch beim GZ. Der Einstieg in die ÜG-Förderung war noch bis zum 31. Juli 2006 möglich.[3]

---

2 Als fachkundige Stellen gelten insbesondere die Industrie- und Handelskammern, Handwerkskammern, berufsständische Kammern, Fachverbände und Kreditinstitute (§ 57 Abs. 2, Nr. 2 SGB III).

3 § 434j, m SGB III definiert eine Übergangsregelung, nach der in Einzelfällen noch bis zum 01.11.2006 eine Förderung mit dem ÜG möglich ist.

Durch das zweite Gesetz für moderne Dienstleistungen am Arbeitsmarkt („Hartz II") kam die so genannte Ich-AG am 01.01.2003 neben dem ÜG als weiteres Instrument der Gründungsförderung hinzu. Ursprünglich befristet bis zum 31.12.2005 wurde der ExGZ um ein weiteres halbes Jahr verlängert, so dass Neubewilligungen bis zum 30. Juni 2006 möglich waren.[4] Nach dem Willen der Hartz-Kommission (Kommission Moderne Dienstleistungen) sollte die Ich-AG neue Beschäftigung schaffen und Schwarzarbeit abbauen. Die Fördervoraussetzungen waren weitgehend die gleichen wie beim ÜG, allerdings konnte die Ich-AG bis zu drei Jahren gefördert werden. Dabei wurde der Zuschuss für jeweils längstens ein Jahr bewilligt. Die Förderhöhe des ExGZ war überdies pauschal festgelegt und im Zeitverlauf degressiv gestaltet mit 600 Euro pro Monat im ersten Förderjahr, 360 Euro monatlich im zweiten und 240 Euro im Monat im dritten Jahr. Als wesentliche Voraussetzung durfte das jährliche Arbeitseinkommen 25.000 Euro nicht überschreiten. Andernfalls fiel der Existenzgründungszuschuss für die Zukunft weg.

Wesentliche Unterschiede zwischen den beiden Instrumenten zeigen sich im Hinblick auf die soziale Absicherung der Gründerpersonen. Das Überbrückungsgeld sollte während der Startphase den Lebensunterhalt sichern und orientiert sich deshalb an der Lohnersatzleistung. Demgegenüber war beim Existenzgründungszuschuss das Förderziel die Aufrechterhaltung des sozialen Schutzes der Gründerinnen und Gründer, die während der gesamten Förderdauer versicherungspflichtig in der gesetzlichen Rentenversicherung waren (§ 2 Satz 1 Nr. 10 SGB VI). Für die obligatorische Rentenversicherung und zusätzlich auch für eine freiwillige Kranken- und Pflegeversicherung wurden als eine Art „Existenzgründerprivileg" besonders günstige Konditionen geboten. Seit Februar 2006 besteht für Existenzgründer und Selbständige weiterhin die Möglichkeit einer freiwilligen Mitgliedschaft in der gesetzlichen Arbeitslosenversicherung (§ 28a SGB III).

Nicht zuletzt die beispiellose Marketing-Kampagne, mit der diese Schöpfung der Hartz-Kommission implementiert wurde, führte zu einer enormen Belebung des geförderten Gründungsgeschehens (Abb. 1). Im Jahr 2003, dem ersten Jahr der Ich-AG, nahm insgesamt gut eine Viertelmillion Arbeitsloser den Weg in die Selbständigkeit, im Jahr 2004 waren es sogar mehr als 350.000 Geförderte. 2005 wurde in etwa wieder das Niveau des Jahres 2003 erreicht. Be-

---

4 Zwar wird im Text auf ÜG und Ich-AG in der Vergangenheitsform Bezug genommen, doch befinden sich natürlich noch Personen in der Förderung. Wer erst kurz vor Auslaufen der Instrumente gegründet hat, kann theoretisch mit dem ÜG noch bis Ende Januar 2007 (Ende Juli 2006 plus sechs Monate) bzw. mit dem ExGZ noch bis Ende Juni 2009 (Ende Juni 2006 plus drei Jahre) gefördert werden.

Selbstständig oder arbeitslos: Brücke oder Falle?

Abb. 1: BA-geförderte Existenzgründungen in Deutschland 1986 bis 2006

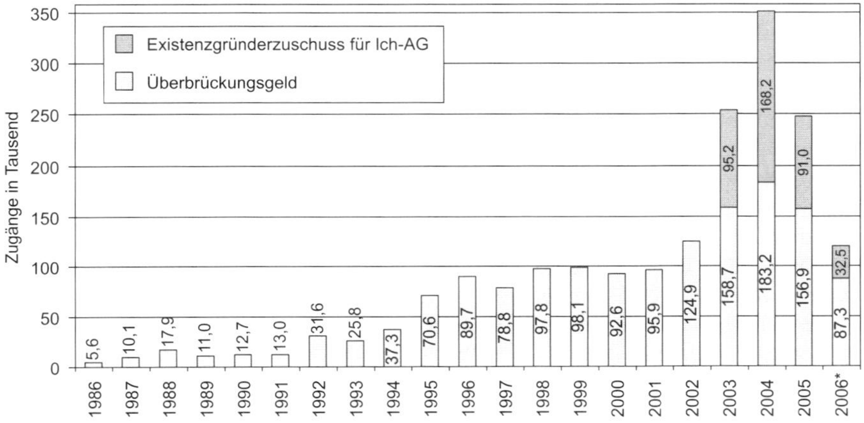

[Balkendiagramm mit folgenden Werten:
- 1986: 5,6
- 1987: 10,1
- 1988: 17,9
- 1989: 11,0
- 1990: 12,7
- 1991: 13,0
- 1992: 31,6
- 1993: 25,8
- 1994: 37,3
- 1995: 70,6
- 1996: 89,7
- 1997: 78,8
- 1998: 97,8
- 1999: 98,1
- 2000: 92,6
- 2001: 95,9
- 2002: 124,9
- 2003: 158,7 / 95,2
- 2004: 183,2 / 168,2
- 2005: 156,9 / 91,0
- 2006*: 87,3 / 32,5

Legende: Existenzgründerzuschuss für Ich-AG; Überbrückungsgeld. Y-Achse: Zugänge in Tausend]

* ÜG-Eintritte bis Ende Juli 2006, ExGZ-Eintritte bis Ende Juni 2006. Zahlen für Juni bis Juli 2006 vorläufig.

Quelle: Daten aus dem Statistik-Angebot sowie aus dem Data Warehouse der Bundesagentur für Arbeit

merkenswert erscheint dabei vor allem, dass die ursprünglich vermuteten Substitutionsbeziehungen zwischen dem ÜG und dem ExGZ nicht eintraten (Koch/ Wießner 2003). Vielmehr wurden beide Programme verstärkt nachgefragt. Der dramatische Anstieg im Jahr 2004 geht wohl u.a. zu einem guten Teil auf „Hartz IV-Flüchtlinge" zurück. Zum einen stand der Zugang zu den beiden Gründungsförderprogrammen ab 2005 nur noch Alg I-Beziehern offen, während Personen aus dem SGB II-Rechtskreis (wie z.B. Alg II-Bezieher) ausgeschlossen sind.[5] Zum anderen ist nicht auszuschließen, dass eine Reihe von Personen die Gründungsförderung lediglich für den weiteren Bezug sozialstaatlicher Transfers instrumentalisierte, weil sie bereits am Ende ihrer Leistungsbezüge nach SGB III angelangt waren und antizipieren konnten, dass sie keine SGB II-Leistungen erhalten würden (etwa aufgrund der wirtschaftlichen Situation in ihrer Bedarfsgemeinschaft).

2.2 Was ist schon normal?

Das „Normalarbeitsverhältnis" ist keine Legaldefinition im engeren Sinne, sondern lediglich eine spezifische Form des institutionellen Arrangements (Mückenberger 1985; Bosch 1986) oder eine Art Denkkonstrukt in Bezug auf eine

---

5   Ausgenommen von diesem Ausschluss sind so genannte Aufstocker, die trotz Alg I-Bezug hilfebedürftig sind und aufstockend Alg II beziehen.

bestimmte Art der Organisation von Arbeit (Hoffmann/Walwei 1998, S. 410), an dem sich jedoch die Gesetzgebung, die Rechtsprechung und auch die Verwaltung durchaus orientieren.

Neben atypischen Formen der Erwerbstätigkeit – beispielhaft genannt seien Leiharbeit, befristete Arbeitsverhältnisse oder geringfügige Beschäftigung – unterscheiden sich auch beruflich Selbständige von dem skizzierten Konstrukt in vielerlei Hinsicht. Betrachtet man selbständige Erwerbstätigkeit lediglich als eine andere „Vertragsform" im Vergleich zu abhängiger Beschäftigung, wird gleichwohl deutlich, dass ein Selbständiger diese Form der Erwerbsarbeit zwar aus eigener Entscheidung beenden kann, ihre Fortsetzung oder Verlängerung hingegen einer Reihe exogener Einflüsse unterliegen. In der Folge können Selbständige nicht mit einem regelmäßigen Erwerbseinkommen in einer bestimmten Höhe kalkulieren, was ihnen die Fähigkeit abverlangt, Unsicherheiten ertragen zu können. Nicht zuletzt müssen Selbständige ihre soziale Absicherung und ihre Altersvorsorge in eigener Regie organisieren. Umgekehrt stehen diesen Unternehmerrisiken – einen erfolgreichen Geschäftsverlauf vorausgesetzt – aber auch Aussichten auf einen entsprechenden „Unternehmerlohn" jenseits des Tarifgefüges gegenüber.

2.3 Brücke oder Falle?

Als erste Erkenntnis lässt sich aus diesen Überlegungen ableiten, dass die Attribute „atypisch" und „prekär" offenbar zwei Dimensionen bezeichnen, die sich zwar nicht prinzipiell ausschließen, aber umgekehrt auch nicht zwingend deckungsgleich sind (Keller/Seifert sowie Klammer/Leiber in diesem Band). Selbst wenn die Ausübung einer selbständigen Tätigkeit individuell nicht die erste Präferenz hätte, kann sie doch grundsätzlich eine sinnvolle Alternative zur Arbeitslosigkeit sein. Auch ist berufliche Selbständigkeit nicht immer mit der Verwirklichung eines Lebensentwurfs gleichzusetzen. Manchmal hat sie eher den Charakter einer „Episode" in der individuellen Erwerbsbiographie, die vorher und nachfolgend in abhängige Beschäftigung eingebettet ist. In einer Reihe von Untersuchungen zu Existenzgründungen aus Arbeitslosigkeit werden deshalb als Gründungsmotive auch oft „Beendigung der Arbeitslosigkeit" und „Mangel an Beschäftigungsalternativen" genannt (Wießner 2001; Forschungsverbund 2006, S. 390).

Die berufliche Selbständigkeit kann aber auch in eine wirtschaftliche sowie soziale Sackgasse führen und damit zur prekären Erwerbstätigkeit werden. Zumindest in der Startphase müssen die Jungunternehmer auch bei längeren Arbeitszeiten oft Einkommenseinbußen gegenüber früheren Beschäftigungsverhältnissen hinnehmen. Solange eine Konsolidierung am Markt nicht erfolgt ist, müssen die bereits angesprochenen Unsicherheiten ausgehalten werden, und das noch instabile Konstrukt gestattet auch keine längerfristigen Einkommensperspektiven. Während ein schleppender Start mit entsprechend niedrigem Einkommen zunächst „nur" die aktuelle wirtschaftliche Situation beeinträchtigt, kann aus „Kümmerexistenzen" auf längere Sicht eine tiefer gehende Prekarisierung erwachsen, wenn die soziale Absicherung der Selbständigen unzureichend ist.

Als tendenziell prekär ist auch die so genannte „Scheinselbständigkeit" zu betrachten, d.h. eine arbeitnehmerähnliche Erwerbstätigkeit für vorwiegend einen Auftraggeber, jedoch unter Verzicht auf allgemein gültige Arbeitnehmerschutzrechte. Wie Dietrich (1999) zeigt, ist dieses Phänomen in der Grauzone zwischen abhängiger Beschäftigung und Selbständiger Tätigkeit empirisch nur schwer fassbar.

3. Geförderte Neugründungen

3.1 Datenbasis

Nachfolgend sollen einige Aspekte möglicher Prekarisierung vorgestellt und erörtert werden. Als Datengrundlage dienen die Eintritte in Überbrückungsgeld und Existenzgründungszuschuss aus dem dritten Quartal 2003, von denen jeweils eine Stichprobe von 3.000 Personen befragt wurde.[6] Die Daten gewähren damit einen Blick auf Gründer aus der „alten Welt" des SGB III, die noch weit über ein Jahr vor Einführung des SGB II ihre geförderte Selbständigkeit starteten.[7] Da die Befragung im Januar/Februar 2005 durchgeführt wurde, steht ein Beobachtungszeitraum von mindestens 16 Monaten seit Maßnahmeeintritt zur Verfügung. ÜG-Bezieher können somit für einen Zeitraum von mindestens zehn Monaten nach Förderende beobachtet werden. Dagegen können sich die Ich-AGs auch zum Erhebungszeitpunkt noch in der Förderung befinden. Insofern sind abschließende Bewertungen zumindest für diese Teilgruppe problematisch. Sofern sich im Hinblick auf die diskutierte Fragestellung zwischen den beiden Fördergruppen keine nennenswerten Unterschiede zeigen, werden sie nachfolgend gemeinsam betrachtet.

---

6 Die Befragung basiert auf Daten, die erhoben wurden im Rahmen von Arbeiten zu dem BMAS-Projekt 20/04 „Evaluation der Maßnahmen zur Umsetzung der Vorschläge der Hartz-Kommission, Arbeitspaket 1: Wirksamkeit der Instrumente, Modul 1e: Existenzgründungen". Der Forschungsbericht 2005 wurde vom Forschungsverbund IAB, DIW, GfA, infas, sinus vorgelegt (Forschungsverbund 2006).
7 Wie bereits erwähnt sind zu dem aktuellen Förderprogramm, dem neuen Gründungszuschuss, noch keine Aussagen möglich. Aus heutiger Sicht ist zu erwarten, dass die Einflussmöglichkeiten dieses Instruments zur Vermeidung prekärer Selbständigkeit in etwa denen von ÜG und ExGZ vergleichbar sein dürften.

3.2 Gedrängt und getrieben

Zunächst sollen die Beweggründe für die Existenzgründung hinterfragt werden. Von Relevanz sind dabei einerseits Push-Faktoren, die die Gründer in die Selbständigkeit „drängen". Diesen gegenüber stehen die so genannten Pull-Faktoren, aufgrund derer sich Betroffene im positiven Sinne zu einer Existenzgründung „hingezogen" fühlen.

Abb. 2: Gründungsmotive bei BA-geförderten Existenzgründern

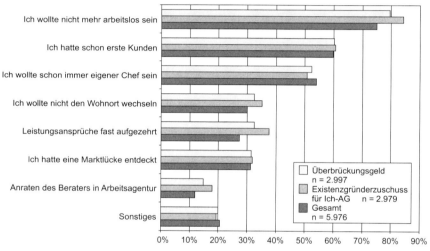

Mehrfachnennungen waren möglich

Quelle: CATI-Daten der Hartz-Evaluation Januar/Februar 2005: Eintritte in ÜG und ExGZ, 3. Quartal 2003; eigene Berechnungen

Wie bereits angedeutet ist die Vermeidung bzw. Beendigung von Arbeitslosigkeit das wichtigste Gründungsmotiv, das über beide Förderprogramme hinweg für rund vier von fünf Maßnahmeteilnehmern zutrifft. Unter Überbrückungsgeld-Gründern liegt der Anteil niedriger bei rund drei Vierteln, unter Ich-AG-Gründern ist er höher mit etwa 84%. Dies ist sicher ein wichtiges Indiz für den hohen „Unemployment Push" (Meager 1992), der auf den Arbeitslosen lastet, zeigt gleichzeitig aber auch, dass die Existenzgründung durchaus als eine Alternative zur Arbeitslosigkeit wahrgenommen wird. Bei vielen Gründern erfolgt der Schritt in die Selbständigkeit offenbar weniger aus unternehmerischer Überzeugung, sondern eher aus Verzweiflung oder mangels Beschäftigungsalternativen. In die Richtung der Push-Faktoren weisen auch aufgezehrte Leistungsan-

Selbstständig oder arbeitslos: Brücke oder Falle? 153

sprüche, die jedoch mit durchschnittlich einem Drittel Zustimmungsanteil eine wesentliche geringere Rolle spielen. Auch hier fällt die Zustimmung bei den Ich-AGs mit 38% deutlicher aus als bei den Überbrückungsgeld-Gründern mit gut einem Viertel.

Umgekehrt wird aber auch auf erhoffte Vorteile im Bereich persönlicher Selbstverwirklichung und individueller Freiheitsgrade hingewiesen. So zählt beispielsweise das zweitwichtigste Gründungsmotiv zu den Pull-Faktoren: Rund drei Fünftel der Befragten geben an, schon vor der Gründung erste Kunden gehabt zu haben. Dies dürfte die Startphase erheblich erleichtern. Solche Gründer, die sich vor allem aufgrund einer günstigen Gelegenheit für die Realisierung ihrer Gründungsidee entscheiden, werden in der Literatur häufig als „Opportunity-Gründer" bezeichnet (Sternberg/Lückgen 2005).

Auch an dritter Stelle der Gründungsmotive rangiert ein Pull-Faktor: Mehr als die Hälfte der Befragten wollte schon immer der eigene Chef sein. Zwar wirkt bei der Existenzgründung maßgeblich eine Selbstselektion der Teilnehmer, doch ist dies durchaus als Signal für mehrheitlich starke Präferenzen der befragten Gründer für persönliche Selbstverwirklichung im Sinne von Selbstbestimmung und Zeitsouveränität zu werten.

3.3 Unternehmerlohn oder Hungerlohn?

Eine mögliche Kehrseite der Existenzgründung ist – insbesondere in der Startphase – die Gefahr der Selbstausbeutung, des „Working Poor" am Rande des Existenzminimums bei häufig unzureichender sozialer Absicherung. Zu diesem Aspekt liegen aus der Befragung Informationen zum Einkommen vor und – im Falle der Geschäftsaufgabe – auch Informationen zu den Beendigungsgründen und zu Schulden aus der Selbständigkeit.

Allen, die zum Befragungszeitpunkt über ein Erwerbseinkommen verfügten, ob aus selbständiger oder abhängiger Beschäftigung, wurde die Frage nach dessen Höhe gestellt. Leider gibt es nur kategorisierte Angaben, die im ordinalen Trend widerspiegeln, wie sich das verfügbare Nettoeinkommen im Verhältnis zur letzten abhängigen Beschäftigung entwickelte. Einschränkungen in der Belastbarkeit ergeben sich auch aufgrund evidenter Schwierigkeiten bei der Abschätzung von Selbständigen-Einkommen, zumal bei unsteten Einkommensflüssen. In Abbildung 3 sind die Antworten getrennt nach Voll- oder Teilzeit[8]

---

8   Leider ist die Arbeitszeit in der Untersuchung mit zwei methodischen Problemen behaftet. Zum einen geben abhängig Beschäftigte ihre *vertraglich* vereinbarte Wochenarbeitszeit an, Selbständige hingegen ihre *tatsächliche* durchschnittliche Wochenarbeitszeit. Zum anderen liegt keine Selbstauskunft der Befragten zu Voll- oder Teilzeit vor. Wir kategorisieren Befragte, die weniger als 35 Stunden wöchentlich arbeiten, in Teil-

dargestellt, um zumindest grob nach Arbeitszeiteffekten zu kontrollieren. Die beiden mittleren Säulen zeigen die Angaben derjenigen, die ihre Selbständigkeit bereits wieder aufgegeben hatten und zum Befragungszeitpunkt wieder abhängig beschäftigt waren. Wie sich zeigt, werden gerade in dieser Gruppe systematisch niedrigere Einkommen erzielt.

Abb. 3: Einkommensentwicklung bei BA-geförderten Existenzgründern (ÜG und ExGZ)

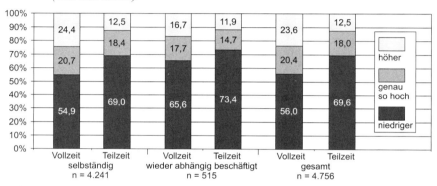

Quelle: CATI-Daten der Hartz-Evaluation Januar/Februar 2005: Eintritte in ÜG und ExGZ, 3. Quartal 2003; eigene Berechnungen

Im Durchschnitt geben deutlich über die Hälfte der Vollzeit- und fast 70% der Teilzeitarbeitenden an, weniger Einkommen zur Verfügung zu haben als während der letzten abhängigen Beschäftigung, unabhängig davon, ob sie noch selbständig oder wieder abhängig beschäftigt sind. Der Anteil der Einkommensverlierer ist also bei Teilzeit arbeitenden Personen deutlich höher. Dieses Muster gilt sowohl für Selbständige als auch abhängig Beschäftigte. Möglicherweise ist es darauf zurückzuführen, dass ein Teil der betroffenen Teilzeit-Erwerbstätigen vormals mehr (bezahlte) Arbeitsstunden geleistet hatte. Ohne Informationen über frühere Arbeitszeitmodelle der Befragten ist eine eindeutige Klärung nicht möglich.

Insgesamt erscheint die Einkommenssituation in Selbständigkeit jedoch günstiger als in erneuter abhängiger Erwerbsarbeit. Denn rund zwei Drittel der Personen, die nun wieder in Vollzeit beschäftigt sind, haben sich im Vergleich zu ihrer letzten abhängigen Beschäftigung im Einkommen verschlechtert. Jedoch muss sich auch die Hälfte der Vollzeit-Selbständigen mit weniger zufrie-

---

zeit, und Personen, die 35 Stunden oder mehr arbeiten, in Vollzeit, jeweils unabhängig vom Status Selbständiger oder abhängiger Erwerbstätigkeit.

den geben. Dies ist wenig erstaunlich, da Jungunternehmer in der Startphase trotz längerer Arbeitszeit bekanntermaßen oft ein vergleichsweise geringes Einkommen erzielen. Gleichwohl indiziert die Verteilung umgekehrt, dass beinahe die Hälfte der Vollzeit Selbständigen nun mindestens das gleiche oder sogar ein höheres Einkommen erzielt als zuvor. Somit ist möglicherweise zumindest für einen Teil der Gründer der Traum vom höheren Unternehmerlohn wahr geworden.

3.4 Schulden statt Selbständigkeit?

Die Kehrseite der Konsolidierung, die sich zumindest bei einem Teil der Geförderten abzeichnet, stellen Gründer dar, die ihre Unternehmung wieder aufgegeben haben. Diese Personen sind nicht nur um die Hoffnung ärmer, aus eigener Kraft wieder im Arbeitsmarkt Fuß fassen zu können. Oftmals haben sie zusätzliche Schulden aus dem „Abenteuer" Selbständigkeit zu tragen. Ihre wirtschaftliche Situation, die durch die vorangegangene Arbeitslosigkeit ohnehin schon angespannt war, wird so weiter belastet. Zum Erhebungszeitpunkt war rund ein Viertel der Befragten (bei ÜG-Gründern gut 29%, bei Ich-AGs ca. 22%) nicht mehr selbständig. Dieser Unterschied geht wohl darauf zurück, dass während der Erhebung für viele Ich-AGs die Förderung noch andauerte.

Die insgesamt rund 1.500 Personen, die zum Befragungszeitpunkt nicht mehr selbständig waren, wurden nach Schulden gefragt, die aus ihrer vorangehenden Existenzgründung rühren. Knapp 560 vormals geförderte Existenzgründer gaben an, Schulden aus ihrer Existenzgründung zu haben. Unterschieden nach der Förderform ergibt sich eine Schuldnerquote von rund einem Drittel bei ÜG-Abbrechern und etwa zwei Fünfteln bei aufgegebenen Ich-AGs. Zu berücksichtigen ist dabei, dass die Herkunft der Schulden sowie deren Höhe im Einzelfall sicherlich nicht immer exakt abzugrenzen war. Die Angaben zur Schuldenhöhe verteilen sich wie folgt (vgl. Abb. 4).

Hinsichtlich der Schuldenhöhe bestehen zwischen ÜG und Ich-AG deutliche Unterschiede: gescheiterte ÜG-Gründer besetzen deutlich stärker die höheren Kategorien, müssen also im Schnitt wesentlich größere Beträge ausgleichen als vormals geförderte Ich-AGs.

3.5 Die Fallstricke

Warum die Unternehmungen letztlich wieder eingestellt wurden, geht auf vielfältige Gründe zurück. Der Befragung zugänglich sind an dieser Stelle leider nur Selbsteinschätzungen der vormals Geförderten, so dass Verzerrungen im Antwortverhalten grundsätzlich nicht auszuschließen sind.

Abb. 4: Schuldenhöhe bei nicht mehr Selbständigen, vormals BA-geförderten Existenzgründern

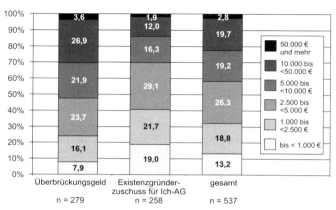

Abb. 5: Beendigungsgründe für die Selbständigkeit bei vormals BA-geförderten Existenzgründern

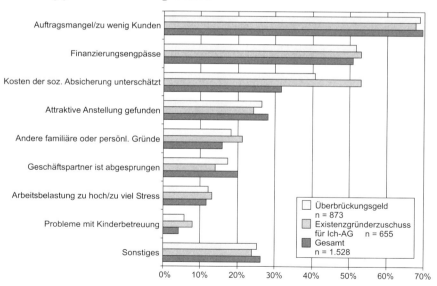

Quelle: CATI-Daten der Hartz-Evaluation Januar/Februar 2005: Eintritte in ÜG und ExGZ, 3. Quartal 2003; eigene Berechnungen

Als wichtigste Beendigungsgründe werden Auftragsmangel (fast 70%) und Finanzierungsengpässe (mehr als die Hälfte) genannt. Zwei Fünftel der Abbrecher gaben an, die Kosten für die soziale Absicherung unterschätzt zu haben. Bei den Ich-AGs gilt dies sogar für jeden zweiten Abbrecher. Dies erscheint besonders bedenklich und weist auf einen entsprechenden Informationsbedarf hin. Offenbar war vielen ExGZ-Geförderten nicht bewusst, dass die obligatorische Mitgliedschaft in der gesetzlichen Rentenversicherung bereits einen Gutteil ihres Zuschusses aufzehren würde und darüber hinaus weitere Kosten für ihren Krankenversicherungsschutz anfallen würden. Natürlich fallen die Kosten der sozialen Absicherung besonders dort ins Gewicht, wo kein hinreichendes Einkommen generiert wird. Die Probleme im Gründungskontext müssen also zumindest teilweise als korreliert betrachtet werden. Vor allem wirtschaftliche Beendigungsgründe können deshalb auch auf prekäre Erwerbssituationen mit eventuell unzureichender sozialer Absicherung hin deuten.

Andere Beendigungsgründe sind demgegenüber eher nachrangig. Unter der Annahme, dass auch eine Rückkehr in abhängige Beschäftigung als eher günstig zu bewerten ist, bildet der Wechsel in eine (attraktivere) abhängige Beschäftigung (im Schnitt rund 27%) unter den Beendigungsgründen die positive Ausnahme. Begünstigt wird ein solcher Übergang etwa dadurch, dass sich die junge Unternehmung noch nicht hinreichend konsolidiert hat, um ihre Zukunftsaussichten mit hinreichender Sicherheit abschätzen zu können. Umgekehrt gewinnt ein Wechsel an Attraktivität, je weniger versunkene Kosten die Gründung verursacht hat. Zugleich lenkt dieser Befund das Erkenntnisinteresse auf die Frage nach dem „Wohin", also dem Erwerbsstatus, den die Befragten nach Aufgabe ihrer Selbständigkeit annehmen.

3.6   *Geschäftsaufgabe – und dann?*

Rund eineinhalb Jahre nach der Gründung hatten rund 30% der ÜG-Gründer und etwa 20% der Ich-AGs ihre Unternehmung aufgegeben. Auch wenn man berücksichtigt, dass dieser Befund bei der Ich-AG vorläufig ist, scheint dieser Anteil in Anbetracht der in der öffentlichen Diskussion häufig behaupteten hohen Abbrecherquoten relativ gering (Forschungsverbund 2006, S. XII). Für gut die Hälfte der Abbrecher endete die berufliche Selbständigkeit in Arbeitslosigkeit. Doch ein Viertel von ihnen war zum Befragungszeitpunkt bereits wieder in Vollzeit sozialversicherungspflichtig beschäftigt, weitere knapp 7% in Teilzeitarbeit und rund 4% hatten zumindest einen Mini- oder Midi-Job. Rechnet man hierzu noch knapp 1% in ABM o.ä., so gehen im Ergebnis rund 37% der Abbrecher wieder einer abhängigen Erwerbstätigkeit nach. Zwar entspricht dies nicht der Zielsetzung der Förderung im engeren Sinne, da diese auf nachhaltige Selbständigkeit abzielt und nicht den Übergang in andere Erwerbsformen befördern soll. Im weiteren Sinne erscheint dieses Ergebnis gleichwohl akzeptabel, da so immerhin Arbeitslosigkeit beendet bzw. vermieden wird.[9] Die restlichen ca. 13% der Abbrecher verteilen sich auf Ausbildung oder Umschulung, Rente, Kinderbetreuung und ähnliches.

Abb. 6: Erwerbsstatus nicht mehr Selbständiger, vormals BA-geförderter Existenzgründer

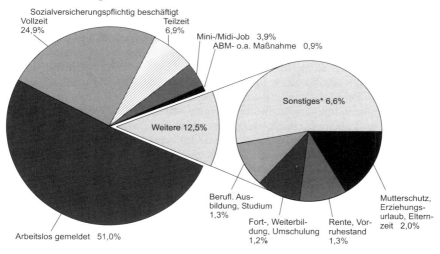

Quelle: CATI-Daten der Hartz-Evaluation Januar/Februar 2005: Eintritte in ÜG und ExGZ, 3. Quartal 2003; eigene Berechnungen

Die Daten geben keine Auskunft über etwaige Befristungen der sozialversicherungspflichtigen Beschäftigungen. Atypischen Beschäftigungsformen sind in jedem Falle die Teilzeitbeschäftigten, Mini- und Midi-Jobber zuzurechnen, mithin rund 11% der vormals geförderten Gründer. Jedoch kann auch hier nicht automatisch von prekären sozioökonomischen Arbeits- und Lebenssituationen ausgegangen werden.

---

9   Vgl. hierzu etwa auch eine vom IAB in den Jahren 2004/05 durchgeführte Abbrecheranalyse (Wießner 2005).

4. Fazit

Die Wirkungsrichtung von geförderter Selbständigkeit auf die Chancen zur sozialen und materiellen Teilhabe hängt von vielen Faktoren ab. Generell ist geförderte Selbständigkeit weder während noch nach Ablauf der Förderung notwendigerweise prekär oder marginalisierend. Im günstigsten Fall hat die Gründung eine Brückenfunktion in dauerhafte selbständige Erwerbstätigkeit, gegebenenfalls von dort auch wieder zurück in abhängige Beschäftigung, im ungünstigsten Fall erweist sie sich soziale Falle.

Diese Janusköpfigkeit der beruflichen Selbständigkeit gilt ebenso im Detail. Wie gezeigt, sind auch bei Gründungen aus Arbeitslosigkeit die Einkommensaussichten nicht grundsätzlich schlecht zu bewerten. Umgekehrt können sich soziale Risiken bei einem ungünstigen Geschäftsverlauf kumulieren und so zu einer Prekarisierung der Situation führen: Niedrige Einkommen bedingen oft unzureichenden sozialen Schutz, Working Poor am Rande des Existenzminimums bedeuten Selbstausbeutung und physische wie auch psychische Belastungen. Eine Kompensation durch Mehrarbeit kann zur Deprivation des Einzelnen führen.

Im vorwiegend beitragsfinanzierten Wohlfahrtssystem der Bundesrepublik dominieren das Versicherungs- und das Äquivalenzprinzip. Relativ niedrige und diskontinuierliche Einkommen sowie durchbrochene Erwerbsbiografien wirken sich mithin leistungsmindernd aus (Keller/Seifert und Klammer/Leiber in diesem Band). Die Sozialversicherungen selbst sehen sich dabei in einem vielschichtigen Dilemma: Einerseits steht dem Kostendruck ein Mitgliederschwund gegenüber. Andererseits führt der Versuch, Versicherungslücken zu schließen, nicht selten zu Ausweichverhalten oder free-rider-Strategien. Dem berechtigten Anliegen der Solidargemeinschaft, für minimale Beiträge keinen vollen Versicherungsschutz zu gewährleisten, steht das Interesse kleiner und kleinster Selbständiger nach einem Mindestmaß an sozialer Absicherung gegenüber.

Bezieht man die „kleine Selbständigkeit" in das Begriffsfeld der flexiblen Arbeitsformen mit ein, ergibt sich aus dem Konzept der „Flexicurity" – also der sozialen Absicherung flexibler Arbeitsformen (Keller/Seifert 2002) – geradezu die Notwendigkeit, auf eine geeignete soziale Absicherung kleiner Selbständiger hinzuwirken. In der schwierigen wirtschaftlichen Situation, in der Start-ups aus Arbeitslosigkeit realisiert werden, könnten sich bei einem Ausschluss aus dem sozialen Netz Ungleichheiten ungebrochen fortsetzen. Insofern war die obligatorische Mitgliedschaft der Ich-AGs zumindest in der Rentenversicherung grundsätzlich ein Schritt in die richtige Richtung, obgleich ein Teil der Selbständigen diese Fürsorge auch als Bevormundung empfindet. Aus Sicht der Selbständigen attraktiver dürfte hingegen die seit dem 1. Februar 2006 bestehende Möglichkeit der freiwilligen (Weiter-)Versicherung in der Arbeitslosenversicherung durch ein „Versicherungspflichtverhältnis auf Antrag" sein (§ 28a SGB III i.V.m. § 434j SGB III). Andererseits entspricht es durchaus der Natur der Sache, dass sich Unternehmer – anders als abhängig Beschäftigte – eben nur gegen einen Teil von Sozialrisiken versichern können. Zwar bietet die private Vorsorge nicht selten sogar finanziell attraktive Alternativen, doch gilt auch hier, dass ohne ein Existenz sicherndes Einkommen weder hinreichende Vorsorge noch kontinuierliche Absicherung zu schaffen sind.

Grundsätzlich sollte es möglich sein, durch geeignete sozialrechtliche und förderrechtliche Regelungen die Wirkrichtung des Gründungsgeschehens positiv zu beeinflussen. Es ist unterstützungswürdig, wenn Personen ihr Schicksal in die eigene Hand nehmen und damit ihre Arbeitslosigkeit beenden. Aus der aufgezeigten Interdependenz zwischen wirtschaftlichem Erfolg und sozialer Absicherung lässt sich ableiten, dass eine solche Unterstützung auch aus gesamtgesellschaftlicher Perspektive sinnvoll ist. Gründungen, die durch Förderung und flankierende Unterstützung einen günstigeren Verlauf nehmen, sind weniger sozialen Risiken ausgesetzt und zugleich eher in der Lage, fiskalische und parafiskalische Rückflüsse zu generieren. Bietet man den Gründungswilligen zugleich ein Mindestmaß an sozialer Absicherung zu erschwinglichen Preisen, kann dieser Konsolidierungspfad mutmaßlich früher eingeschlagen werden. Die Kosten des Scheiterns sind hingegen nicht nur individueller Natur, sondern schlagen sich oft auch auf der gesellschaftlichen Ebene nieder. Eine Individualisierung der Probleme führt also auch an dieser Stelle oftmals nur zu einer Verlagerung und nicht selten zu einer Verschärfung.

Will man also die Wahrscheinlichkeit erhöhen, dass Existenzgründungen einen Weg aus der Arbeitslosigkeit schaffen und nicht in neue, noch schlimmere Problemlagen einmünden, kommt es vor allem darauf an, Gründungswillige entsprechend ihrer Kenntnisse und Fähigkeiten richtig einzuschätzen und auf ihrem Weg mit den richtigen Mitteln zu unterstützen. Hierzu bedarf es jedoch eines abgestimmten Zusammenspiels von Fördern *und* Fordern. Denn sozial ist eben nur, was nicht *prekäre* Arbeit schafft.

Literatur

Bach, H.; Gaggermeier, Ch.; Klinger, S. (2005): Woher kommt die Talfahrt? IAB-Kurzbericht 26. Nürnberg

Bosch, G. (1986): Hat das Normalarbeitsverhältnis eine Zukunft? In: WSI Mitteilungen, 39, S. 163-176

Delsen, L. (1995): Atypical Employment: An international Perspective. Groningen

Dietrich, H. (1999): Empirische Befunde zur Selbstständigen Erwerbstätigkeit unter besonderer Berücksichtigung scheinselbstständiger Erwerbsverhältnisse. In: Mitteilungen aus der Arbeitsmarkt- und Berufsforschung, 32, S. 83-101

Fink, M. (2000): Atypische Beschäftigung und deren politische Steuerung im internationalen Vergleich. In: Österreichische Zeitschrift für Politikwissenschaft, 5, S. 399-415

Forschungsverbund IAB, DIW, GfA, infas, sinus (2006): Evaluation der Maßnahmen zur Umsetzung der Vorschläge der Hartz-Kommission, Arbeitspaket 1: Wirksamkeit der Instrumente, Modul 1e: Existenzgründungen. Bericht 2005. Berlin

Fuchs, J.; Schnur, P.; Zika, G. (2005): Arbeitsmarktbilanz bis 2020. Besserung langfristig möglich. IAB-Kurzbericht 24. Nürnberg

Hoffmann, E.; Walwei, U. (1998): Normalarbeitsverhältnis: ein Auslaufmodell? In: Mitteilungen aus der Arbeitsmarkt- und Berufsforschung, 31, S. 409-425

Keller, B.; Seifert, H. (2002): Flexicurity – Wie lassen sich Flexibilität und soziale Sicherheit vereinbaren? In: Mitteilungen aus der Arbeitsmarkt- und Berufsforschung, 35, S. 89-106

Koch, S.; Wießner, F. (2003): Ich-AG oder Überbrückungsgeld? Wer die Wahl hat, hat die Qual. IAB-Kurzbericht 2. Nürnberg

Kommission Moderne Dienstleistungen am Arbeitsmarkt (2002): Moderne Dienstleistungen am Arbeitsmarkt. Bericht der Kommission. Berlin

Meager, N. (1992): Does Unemployment Lead to Self-employment? In: Journal of Small Business Economics, 4, S. 87-103

Mückenberger, U. (1985): Die Krise des Normalarbeitsverhältnisses – hat das Arbeitsrecht noch Zukunft? In: Zeitschrift für Sozialreform, 31, S. 415-434; S. 457-475

Sternberg, R.; Lückgen, I. (2005): Global Entrepreneurship Monitor 2004, Länderbericht Deutschland, Wirtschafts- und Sozialgeographisches Institut. Köln

Tálos, E. (1999): Atypische Beschäftigung: Verbreitung – Konsequenzen – sozialstaatliche Regelungen. Ein vergleichendes Resümee. In: Tálos, E. (Hg.): Atypische Beschäftigung. Wien, S. 417-468

Walwei, U. (1995): Wachstum atypischer Beschäftigungsformen in EU-Ländern: Bestimmungsfaktoren und Effekte. In: Keller, B.; Seifert, H. (Hg.): Atypische Beschäftigung. Verbieten oder gestalten? Köln, S. 182-201

Wießner, F. (2001): Arbeitslose werden Unternehmer. Nürnberg, S. 27-44

Wießner, F. (2005): Nicht jeder Abbruch ist eine Pleite. IAB-Kurzbericht 2. Nürnberg

III.

Folgen

Beschäftigungswirkungen des Wandels der Erwerbsformen

Martin Dietz, Ulrich Walwei

1. Einleitung

Die Situation am Arbeitsmarkt ist seit der Wiedervereinigung durch wachsende Arbeitslosigkeit und stagnierende Erwerbstätigkeit gekennzeichnet.[1] Gleichzeitig sind beträchtliche Strukturverschiebungen zu beobachten. Der vorliegende Beitrag konzentriert sich auf eine dieser Strukturverschiebungen, nämlich den Wandel der Erwerbsformen und die damit verbundenen gesamtwirtschaftlichen Arbeitsmarkteffekte.

Mit dem Wandel der Erwerbsformen ist der Prozess gemeint, der in den letzten Dekaden zu einem Bedeutungsverlust der so genannten Normalarbeitsverhältnisse geführt hat. Darunter soll im Folgenden die sozialversicherungspflichtige, unbefristete und abhängige Vollzeitbeschäftigung verstanden werden. In Abgrenzung hierzu stehen damit Beschäftigungsverhältnisse, die in Teilzeit ausgeübt werden, nicht (voll) sozialversicherungspflichtig sind, Befristungen unterliegen, als Leiharbeitsverhältnis ausgestaltet sind oder eine selbständige Tätigkeit darstellen.

Die Gründe für den Wandel der Erwerbsformen sind vielfältig. Neben den personalpolitischen Dispositionen der Arbeitsnachfrager auf Betriebsebene und den Präferenzen der Arbeitsanbieter sind exogene Faktoren wie die wirtschaftliche Lage von Bedeutung. Weiterhin sind institutionelle Einflüsse hervorzuheben. Hier ist sowohl an die formal-rechtliche Struktur des Arbeitsmarktes und der angrenzenden Märkte als auch an den Einsatz spezifischer arbeitsmarktpolitischer Maßnahmen zu denken (Hoffmann/Walwei 1998).

Der Begriff *Normalarbeitsverhältnis* ergibt sich durch die enge Bindung der deutschen Sozialversicherungen an den Faktor Arbeit (Mückenberger 1985). Dieses System ist nur dann dauerhaft funktionsfähig, wenn es eine ausreichende Anzahl von Beschäftigungsverhältnissen gibt, die die Ausgaben der Sozialversicherungen finanzieren. Welche Probleme sich auf beiden Seiten ergeben, wenn die Balance zwischen Einnahmen und Ausgaben gestört wird, lässt sich momentan am deutschen Arbeitsmarkt beobachten. Das Zusammenspiel aus sinkender Beschäftigung, steigenden Ausgaben und einer über höhere Arbeitskosten weiter sinkenden Arbeitsnachfrage führt das System in ein dauerhaftes Ungleichgewicht. Man sieht sich mit der marktfremden Situation konfrontiert, dass der Preis

---

[1] Wir danken *Anne Cichorek* und *Angela Thein* für ihre wertvolle Unterstützung bei der Erstellung dieses Beitrages.

der Arbeit steigt, obwohl die Nachfrage nach Arbeit zurückgeht. Das Festhalten an der Kopplung der Sozialversicherungen am Faktor Arbeit ist daher Hauptursache für die Fokussierung auf Normalarbeitsverhältnisse und für die geringe Akzeptanz nicht sozialversicherungspflichtiger Beschäftigungsverhältnisse.

Aus der veränderten Zusammensetzung der Erwerbsformen ergeben sich aus einer gesamtwirtschaftlichen Perspektive zwei grundlegende Fragestellungen:

(1) *Niveaueffekte:* Hätte sich die Erwerbstätigkeit ohne diesen Wandel günstiger oder weniger günstig entwickelt, mit anderen Worten führen die Veränderungen zur Substitution anderer Beschäftigungsformen oder verhalten sie sich komplementär zueinander?
(2) *Struktureffekte:* Was lässt sich zu den Übergängen zwischen den Erwerbsformen und insbesondere zwischen den unterschiedlichen Erwerbsformen und der Arbeitslosigkeit aussagen? Haben sich die Arbeitsmarktdynamik und die Durchlässigkeit des Arbeitsmarktes durch den Erwerbsformenwandel verändert?

Bei der Beantwortung dieser komplexen Fragen erfolgt eine Beschränkung auf die Beschäftigungswirkungen abhängiger Erwerbsformen, also auf die Makroeffekte von Teilzeitbeschäftigung und temporärer Beschäftigung.[2]

2. Niveaueffekte des Erwerbsformenwandels

Der Wandel der Erwerbsformen ist kein neues Phänomen. Schon zu Beginn der achtziger Jahre wurde er mit der zunehmenden Bedeutung der Teilzeitbeschäftigung immer deutlicher sichtbar (Hoffmann/Walwei 1998). Seit der Wiedervereinigung hat die auch durch mehr geringfügige Beschäftigung getragene Teilzeitarbeit weiter kontinuierlich zugelegt. Auch die befristete Beschäftigung, die Selbständigkeit und allen voran die Leiharbeit wuchsen stärker als die Zahl der Erwerbstätigen insgesamt (Abb. 1). Außerdem wird deutlich, dass der Anteil der atypischen an der Gesamtbeschäftigung stetig zunimmt, während die sozialversicherungspflichtige Beschäftigung an Boden verliert. Hieraus leitet sich die Frage ab, ob es sich um eine Umwandlung von regulärer in atypische Beschäftigung handelt.

Gemessen an der Gesamtzahl der Erwerbstätigen von knapp 39 Mio. Personen stellte die Teilzeitbeschäftigung im Jahr 2005 mit gut 11 Mio. den größten Teil der atypischen Erwerbsformen. Die Zahl der Selbständigen lag bei rund 4,3 Mio. Etwa 2,7 Mio. Menschen waren befristet beschäftigt. Die Leiharbeit spielte im ersten Halbjahr 2005 mit durchschnittlich gut 450.000 Beschäftigten eine re-

---

2 Zu den Besonderheiten der Selbständigkeit siehe Noll/Wießner in diesem Band.

lativ untergeordnete Rolle. Dieser Bereich wächst stark, aber sein hohes Wachstum setzt auf einem relativ geringen Niveau auf.

Abb. 1: Entwicklung der Erwerbsformen 1994 bis 2005 (Indices, 1994=100)

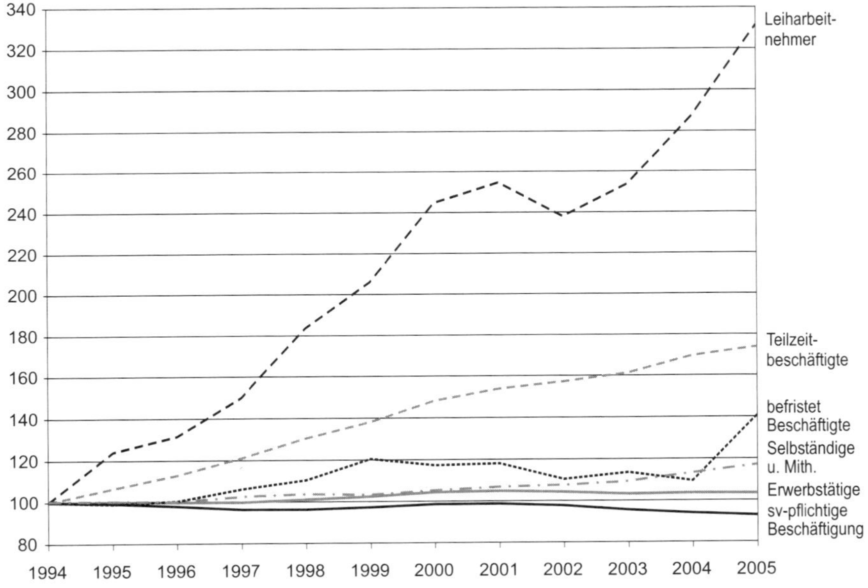

Quelle: IAB

Mit Blick auf die gesamtwirtschaftlichen Arbeitsmarkteffekte des Wandels der Erwerbsformen ist zu fragen, ob sich die Gesamtbeschäftigung ohne die Veränderungen günstiger oder weniger günstiger entwickelt hätte. Allerdings ist es ein schwieriges Unterfangen, den volkswirtschaftlichen Effekten des Erwerbsformenwandels nachzugehen. Hoch aggregierte Makromodelle stehen für derart diffizile Fragestellungen nicht zur Verfügung. Einfache Setzungen verbieten sich angesichts der Komplexität der Wirkungszusammenhänge. Der Beitrag wählt daher ein pragmatisches Vorgehen, bei dem deskriptive Analysen und Plausibilitätsüberlegungen im Vordergrund stehen. Betrachtet wird die Entwicklung in Gesamtdeutschland zwischen 1994 und 2004, da die ersten Jahre nach der Wiedervereinigung noch stark durch die Transformation und damit durch Sonderfaktoren bestimmt waren.

2.1 Teilzeitbeschäftigung

Die Teilzeitarbeit reicht von Beschäftigungsverhältnissen knapp unterhalb der Vollzeitarbeit bis zu geringfügiger Beschäftigung. Mit 54% sind knapp über die Hälfte der Teilzeitbeschäftigten geringfügig beschäftigt. Sie arbeiten in Mini- oder Midi-Jobs, die allein kein Existenz sicherndes Einkommen gewährleisten (Bäcker in diesem Band).

Nach der Wiedervereinigung hat sich die Teilzeitbeschäftigung in Deutschland sehr dynamisch entwickelt. Sie stieg von 1994 bis 2005 um gut 4,7 Mio. auf knapp 11,2 Mio. Arbeitnehmer. Der Anteil der Teilzeitbeschäftigung an allen abhängig beschäftigten Arbeitnehmern erhöhte sich damit von 19,1 auf 30,7%. Der Teilzeitanteil am Arbeitsvolumen wuchs von 4,07 Mrd. Stunden auf 6,93 Mrd. Stunden, der Anteil am gesamten Arbeitsvolumen (ohne Nebenjobs) nahm von 8,2% auf 15,1% zu. Es ist damit ein Trend zu kürzeren Arbeitszeiten zu beobachten, der jedoch nicht auf kollektiver Ebene, sondern individuell vorangetrieben wird.

Bemerkenswert ist auch der beachtliche Anstieg der Nebenjobs (siehe Tab. 1). Diese haben zwischen 1994 und 2005 um 1,2 Mio. zugelegt, was u.a. mit der dynamischen Entwicklung von Mini- und Midi-Jobs zusammenhängt. Bei Nebenjobs handelt es sich ebenfalls um Tätigkeiten mit reduzierter Arbeitszeit, die jedoch analog zu Überstunden wie eine Arbeitszeitverlängerung wirken.

Es wäre unrealistisch zu unterstellen, dass es sich bei der Erhöhung der Teilzeitarbeit gesamtwirtschaftlich um zusätzliche Beschäftigung handelt. Dies lässt sich anhand einer einfachen Modellrechnung nachvollziehen (Tab. 1). Wenn man das Arbeitsvolumen und die tatsächliche durchschnittliche Jahresarbeitszeit von Voll- und Teilzeitbeschäftigten sowie von Personen mit Nebenjobs im Jahr 2005 als gegeben annimmt, aber von einem Arbeitsvolumenanteil dieser Beschäftigungsformen wie im Jahr 1994 ausgeht, ergibt sich eine *fiktive* Beschäftigtenzahl, die ohne Nebenjobs um 2,81 Mio. unterhalb der tatsächlichen Beschäftigtenzahl im Jahr 2005 liegt. Diese Differenz beziffert den Effekt, der sich unter den gegebenen Annahmen durch die Umschichtung des Arbeitsvolumens hin zu mehr Teilzeitarbeit und mehr Nebenjobs ergeben hat.

Hinter dieser Modellrechnung stecken jedoch einige stark vereinfachende Annahmen. Zum einen wird unterstellt, dass es den Betrieben möglich gewesen wäre, ihre Produktion in 2005 mit demselben Arbeitsvolumenanteil der Vollzeit zu realisieren wie in 1994. In bestimmten Dienstleistungsbereichen wie dem Handel oder den Gaststätten hätten sich in diesem Fall aber Flexibilitätsnachteile ergeben. Die Modellrechnung blendet ebenfalls die Auswirkungen des Strukturwandels aus. So muss nicht zwangsläufig ein Zusammenhang zwischen der Ausweitung von Teilzeitstellen und dem Rückgang der Vollzeitbeschäftigung

Beschäftigungswirkungen des Wandels der Erwerbsformen 169

Tab. 1: Modellrechnung zum Arbeitsvolumen der abhängig Beschäftigten

	Jahr 1994			Jahr 2005				Jahr 2005 fiktiv	
	in Mrd. Std.	%	Beschäftigte (in Tsd.)	in Mrd. Std.	%	Beschäftigte (in Tsd.)	in Mrd. Std.	%	Tatsächliche durchschnittliche Jahresarbeitszeit 2004	Beschäftigte (in Tsd.)
Arbeitsvolumen: Vollzeitanteil	45,297	91,2	27331	39,017	83,4	23259	42,666	91,2	1677,5	25434
Arbeitsvolumen: Teilzeitanteil	4,071	8,2	6460	6,930	14,8	11169	3,835	8,2	620,5	6180,5
Arbeitsvolumen: Nebenjobs	0,284	0,6	761	0,822	1,8	1965	0,268	0,6	418,3	640,69
Arbeitsvolumen: insgesamt	49,652	100,0	33791	46,769	100,0	36393	46,769	100,0		32255,19

Eigene Darstellung – Daten aus Allmendinger/Eichhorst/Walwei 2005 sowie aus Bach et al. 2006.

bestehen. Dieser Wandel hin zur Teilzeitbeschäftigung kann sich in unterschiedlichen Betrieben und Branchen vollzogen haben, so dass auf hoch aggregiertem Niveau nicht auf Substitutionseffekte geschlossen werden sollte. In jedem Fall deuten die Berechnungen aber darauf hin, dass negative Beschäftigungseffekte des Strukturwandels über eine Ausweitung der Teilzeitarbeit abgefedert werden können, denn bei einem unveränderten Vollzeit-Teilzeit-Anteil wäre die Zahl der Beschäftigten in der Modellrechnung deutlich gesunken.

Insgesamt sollte man jedoch angesichts der vorliegenden theoretischen und empirischen Befunde die potentiellen Beschäftigungseffekte kürzerer Arbeitszeiten nicht überschätzen (Allmendinger et al. 2005). Zwar ist kurzfristig mit positiven Wirkungen einer Arbeitszeitverkürzung zu rechnen, weil ansonsten die Produktion nicht realisiert werden könnte. Doch können sich die Positiveffekte durch einen zumindest kurzfristigen Zusatzbedarf an Überstunden und höhere Lohnstückkosten (durch einen nicht durch Produktivitätssteigerungen kompensierten Lohnausgleich) abschwächen. Allenfalls durch eine strikt kostenneutrale und auf individuelle wie betriebliche Erfordernisse abgestellte Arbeitszeitpolitik sind nennenswerte Beiträge zu mehr Beschäftigung zu erwarten. Potentiell erfüllt Teilzeitbeschäftigung genau diese Voraussetzungen. Jedoch ist analog zu einer allgemeinen Arbeitszeitverkürzung bei einem stärkeren Einsatz von Teilzeitbeschäftigung zu beachten, dass insbesondere infolge endogener Lohnsteigerungen mittel- und längerfristig Wachstumsverluste auftreten können (Barth/Zika 1996; Gerlach 2004).

Im Folgenden soll mit der geringfügigen Beschäftigung auf eine Erwerbsform ausführlicher eingegangen werden, die in der letzten Dekade maßgeblich zum Wachstum der Teilzeitbeschäftigung und der Nebenjobs beigetragen hat. Das Sozio-oekonomische-Panel (SOEP) weist für die neunziger Jahre eine steigende Zahl dieser Beschäftigungsverhältnisse aus – im Bundesgebiet nahmen sie von knapp 4 Mio. (1993) auf rund 5,4 Mio. (1998) zu. Aus der Meldestatistik der BA geht hervor, dass die geringfügige Beschäftigung seit 1999 weiter stark an Bedeutung gewonnen hat. Im September 2005 gab es 6,6 Mio. Mini-Jobs.

Nach der Umsetzung der Neuregelung im Zuge der Hartz-Reform (Einführung der Mini-Jobs) im April 2003 stieg die Zahl der ausschließlich geringfügig Beschäftigten bis September 2005 um gut 600.000 auf knapp 4,8 Mio. Allerdings wird die Zunahme etwas geschmälert, wenn man berücksichtigt, dass zum 1. April 2003 zwischen 100.000 und 200.000 bestehende sozialversicherungspflichtige Beschäftigungsverhältnisse durch Anhebung der Verdienstgrenze und Aufhebung der Arbeitszeitgrenze von 15 Sunden pro Woche zu Mini-Jobs wurden (Rudolph 2006). Die wieder eingeführte Sozialversicherungsfreiheit bei der ersten Nebenbeschäftigung schafft Möglichkeiten zu einer individuellen Verlängerung der Arbeitszeit. Hieraus erklärt sich der noch stärkere Zuwachs bei den geringfügig entlohnten Nebenjobbern. Ihre Zahl ist binnen kurzer Zeit von rund 700.000 im März 2003 auf mehr als 1,8 Mio. im September 2005 angewachsen. Die Neuregelungen verstärken den Anreiz, Beschäftigungsverhältnisse zu Lasten der Sozialversicherungen zu zerlegen. Allerdings setzt dies die betriebliche Bereitschaft voraus, Arbeitsplätze auf verschiedene Personen aufzuteilen. Die Frage, ob und inwieweit sozialversicherungspflichtige Beschäftigte durch Mini-Jobs verdrängt werden, kann vorläufig nur mit ersten Auswertungen aus der Beschäftigtenstatistik beantwortet werden.[3] Branchenbezogene Analysen zeigen, dass die Expansion der Mini-Jobs sowohl in schrumpfenden als auch in wachsenden Bereichen stattfand. Im verarbeitenden Gewerbe und im Bausektor konnte der starke Rückgang sozialversicherungspflichtiger Beschäftigung schon rein rechnerisch nicht durch Mini-Jobs kompensiert werden. In den wirtschaftsnahen Dienstleistungen und im Gesundheits- und Sozialwesen nahmen sowohl Mini-Jobs als auch sozialversicherungspflichtige Beschäftigung zu, was auf eine gewisse Komplementarität beider Beschäftigungsformen hindeutet. Dagegen konnten im Handel oder im Gaststättenbereich Mini-Jobs einen Teil des Arbeitsvolumens abdecken, das bei regulärer Beschäftigung entfallen ist (Rudolph 2006; Voss-Dahm 2005). In diesen Bereichen spielt die zeitliche Flexibilität eine besondere Rolle, und die Tätigkeiten lassen sich relativ problemlos auf mehrere Personen verteilen.

Ob es sich bei dieser Branchenbetrachtung aber um betriebliche Substitution oder zwischenbetriebliche Verschiebungen der Beschäftigungsformen handelt, kann noch nicht abschließend beantwortet werden (ISG/ RWI 2005). Die Bundesagentur für Arbeit stellte zwischen März 2003 und März 2004 lediglich in etwa 8% der Betriebe gleichzeitig einen Abbau sozialversicherungspflichtiger Beschäftigung und einen Aufbau von Minijobs (ohne Nebenjobs) fest. Mehr geringfügige Arbeitsverhältnisse entstanden in Betrieben, die ebenfalls sozialversicherungspflichtige Beschäftigung aufbauten (Bundesagentur für Arbeit 2004; Rudolph 2006).

Abschließend lässt sich festhalten, dass ein positiver Effekt von mehr Teilzeitbeschäftigung auf das Niveau der Erwerbstätigkeit unbestritten sein dürfte. Ein nennenswerter Anteil des Anstiegs der Teilzeitbeschäftigung ist daher mit Blick auf das Niveau der Erwerbstätigkeit als komplementär anzusehen. Einen vergleichbaren Effekt gibt es jedoch mit Blick auf das Arbeitsvolumen nicht, weil bei insgesamt wenig dynamischer Gesamtbeschäftigung die durchschnittliche Jahresarbeitszeit je Erwerbstätigen gesunken ist.

---

3 Von einem zusätzlichen Arbeitsvolumen könnte insbesondere dann ausgegangen werden, wenn Schwarzarbeit verdrängt würde. Hierzu gibt es keine belastbaren Befunde.

2.2 Temporäre Erwerbsformen

Unter den Begriff der temporären Erwerbsformen fallen die befristeten Arbeitsverhältnisse und die Leiharbeit. Beide haben in den vergangenen Jahren in unterschiedlicher Weise an Bedeutung gewonnen.

2.2.1 Befristungen

Die Besonderheit von Befristungen besteht darin, dass das Arbeitsverhältnis ohne explizite Kündigung nach Ablauf der vereinbarten Frist endet. Durch die Senkung der Einstellkosten gehen auch die erwarteten Entlassungskosten bei Neueinstellungen zurück, so dass gerade in Aufschwungphasen verstärkt Beschäftigung aufgebaut werden kann.

Die Zahl befristeter Beschäftigungsverhältnisse von Arbeitnehmern und Angestellten (ohne Auszubildende) ist von 1994 bis 2005 um rund 750.000 auf gut 2,7 Mio. gestiegen. Dies entspricht einer Quote von 9,7%. Bei dieser Entwicklung spielen arbeitsmarktpolitische Einflüsse eine besondere Rolle. So waren 1994 mit etwa 340.000 Personen knapp sechsmal so viele Menschen in ABM und SAM beschäftigt wie 2005. Dagegen erhöhte sich im Jahr 2005 die Zahl der Befristungen auch wegen der stark genutzten Arbeitsgelegenheiten um 600.000.

Was die zuletzt etwas stärkere Verbreitung von Befristungen angeht, bestehen Hinweise auf eine Substitution unbefristeter Arbeitsverhältnisse (Giesecke/ Groß in diesem Band). Ein Indiz hierfür ist, dass befristete Arbeitsverhältnisse häufig als verlängerte Probezeit genutzt werden, die nachfolgend zu einer Übernahme in Normalarbeitsverhältnisse führen (Boockmann/Hagen 2005). Selbst wenn es nicht zur betrieblichen Übernahme kommt, können durch Mitnahme des geringeren Kündigungsschutzes Substitutionseffekte auftreten. Wie frühere Untersuchungen zu den gesamtwirtschaftlichen Effekten der Einführung des Beschäftigungsförderungsgesetzes zeigen, dürfte aber dennoch ein gewisser, eher kleiner Teil komplementär sein und damit zusätzliche Beschäftigung bewirken (Büchtemann/Höland 1989; Bielenski 1997). Dies ergibt sich aus der mit dem Einsatz von Befristungen verbundenen Absenkungen der Einstellungs(grenz)kosten, dem dadurch möglichen Vorziehen von Neueinstellungen und den Chancen des Abbaus vermeidbarer Überstunden.

2.2.2 Leiharbeit

Im Vergleich zu Befristungen erlangt das Unternehmen bei Leiharbeit eine noch größere Flexibilität bei der Beendigung des Beschäftigungsverhältnisses. Aufgrund der Vorselektion durch die Leiharbeitsfirma fallen geringere Einstellungskosten an und durch die Arbeitnehmerüberlassung sind Effizienzsteigerungen durch eine verbesserte Auslastung möglich. Für Spitzenbelastungen bzw. kurzfristige Arbeitsausfälle muss nun weniger Personal vorgehalten werden.

Nach der Wiedervereinigung kam es zu einer Reihe von Reformen des Leiharbeitsrechts mit dem Schwerpunkt einer Verlängerung der Überlassungshöchstdauer. Anfang 2003 wurde dann die Arbeitnehmerüberlassung umfassend dereguliert, gleichzeitig aber auch das Prinzip des „equal treatment" für Leiharbeitnehmer eingeführt (Jahn 2004; ISG/RWI 2005). Die Leiharbeitnehmerquote stieg zwischen 1994 und 2005 um etwas mehr als einen Prozentpunkt auf gut 1,7%, die Zahl der Leiharbeitnehmer nahm um rund 300.000 Personen auf knapp 450.000 zu (Abb. 2). Damit ist die Leiharbeit in der jüngeren Vergangenheit die Beschäftigungsform mit dem höchsten Wachstum, auch wenn ihr Beschäftigungsanteil in Deutschland deutlich hinter internationalen Werten zurückbleibt (Promberger in diesem Band).

Abb. 2: Leiharbeit 1994 bis 2005 – Anzahl der Personen und Anteil an den sozialversicherungspflichtigen Beschäftigten

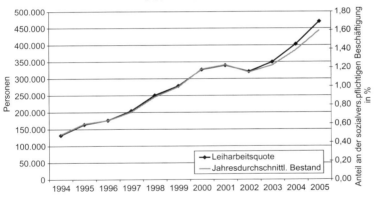

Quelle: IAB auf Grundlage der Arbeitnehmerüberlassungsstatistik; IAB-FB4

Die gesamtwirtschaftliche Wirkung verschwimmt bereits durch die gegenläufigen Effekte in Entleih- und Verleihbetrieben. So stehen den Beschäftigungsgewinnen in den Zeitarbeitsagenturen mögliche Arbeitsplatzverluste bei den Entleihern gegenüber. Promberger (2005) zeigt anhand von Untersuchungen des IAB-Betriebspanels, dass zwar von einer gewissen Substitution von Normalarbeitsverhältnissen auszugehen ist, dass diese jedoch gesamtwirtschaftlich kaum ins Gewicht fällt. So sind im Zeitraum von 1998 bis 2003 lediglich in etwa 15.000 Betrieben (dies entspricht 0,75%) ein gleichzeitiger Abbau von regulärer Beschäftigung und ein Ausbau der Leiharbeit zu konstatieren. Der Aufbau von Leiharbeit geht zudem häufig zu Lasten befristeter Arbeitsverhältnisse. Der aufgrund der zunehmenden Nutzung von Leiharbeit mögliche Verzicht auf Neueinstellungen kann hierdurch jedoch nicht abgebildet werden. Vor allem Betriebe des verarbeitenden Gewerbes nutzen in Auslastungsspitzen die Leiharbeit und können so ihre Personaldecke knapper kalkulieren.

Auch wenn sich die zusätzlichen Beschäftigungseffekte einer Ausweitung der Leiharbeit alles in allem in Grenzen halten dürften, sind sie dennoch nicht auszuschließen. So könnten bei den Entleihern über die Einsparung von Arbeitskosten und einer damit möglichen Produktionsausweitung mittel- und längerfristig Beschäftigungsgewinne erzielt werden (Emmerich et al. 2002). Von positiver gesamtwirtschaftlicher Bedeutung ist schließlich, dass Leiharbeit – aufgrund starker Aktivitäten im Bereich gewerblich-technischer Mangelberufe – Beiträge zur Überwindung von Arbeitskräfteengpässen und damit zur Reduzierung von Mismatch sowie von vermeidbaren Überstunden leistet (Klös 2000).

3. Struktureffekte und Arbeitsmarktdynamik

Neben der in Kapitel 2 behandelten Frage der Zusätzlichkeit von Beschäftigung soll nun untersucht werden, inwiefern es Arbeitslosen und wettbewerbsschwächeren Arbeitnehmern gelingt, über atypische Beschäftigungsverhältnisse den Weg in ein reguläres Beschäftigungsverhältnis zu finden. Es ist also zu diskutieren, welche Auswirkungen der Wandel der Erwerbsformen auf die Durchlässigkeit des Arbeitsmarktes und die Beschäftigungsdynamik hat, und ob atypische Beschäftigungsformen die ihnen häufig zugedachte Brückenfunktion in Normalarbeitsverhältnisse erfüllen können. Neben dieser Übergangsfunktion ist es jedoch ebenso denkbar, dass Personen in atypischen Beschäftigungsformen fest stecken (Einsperreffekte) oder dass sich Drehtüreffekte ergeben. Schließlich können atypische Erwerbsformen eine Brücke in die Arbeitslosigkeit darstellen. Weiterhin ist zu fragen, ob sich der Wandel der Beschäftigungsformen für bestimmte Personengruppen besonders positiv oder negativ ausgewirkt hat. Im Hinblick auf die Problemgruppen am Arbeitsmarkt spielen vor allem die Charakteristika Alter und Qualifikation eine besondere Rolle.

Die makroökonomische Wirkung des Erwerbsformenwandels leitet sich aus den mikroökonomischen Entscheidungen der Unternehmen ab. Zunächst spricht die Organisation komplexer Produktionsprozesse in hochtechnisierten Unternehmen dafür, dass ein Interesse an stabilen und vertrauensvollen Beziehungen mit den Mitarbeitern besteht (Hohendanner/Bellmann in diesem Band). Denkbar ist jedoch der Wunsch nach einer stärkeren externen Flexibilität zum Ausgleich betrieblicher oder personeller Schwankungen. Hier sind insbesondere einfache Tätigkeiten zu nennen, deren Ausübung leicht kontrollierbar ist und die daher stärker „marktgängig" sind (Nienhüser in diesem Band). Eine auf diese Weise entstehende Differenzierung kann einerseits zu einer (fortschreitenden) Segmentierung des Arbeitsmarktes beitragen. Andererseits bietet sie Arbeitslosen den Einstieg in ein – wenn auch unsicheres – Beschäftigungsverhältnis. Aus Sicht der Outsider steht dann die Frage im Vordergrund, inwiefern sie sich auf diese Weise für einen Platz in der Kernbelegschaft empfehlen können.

Betrachtet man atypische Beschäftigungsverhältnisse als eine Möglichkeit, längere Zeitspannen der Arbeitslosigkeit zu vermeiden, gehen hiermit weitere positive Effekte einher, die mit dem Erhalt der allgemeinen und spezifischen Qualifikationen zusammenhängen. Die geringere Entwertung des bestehenden Humankapitals trägt dazu bei, dass sich Verfestigungstendenzen der Arbeitslosigkeit abschwächen. Auch aus psychologischer Sicht dürften die Effekte positiv ausfallen, insbesondere wenn man der Erwerbsarbeit neben der reinen Einkommensfunktion weitere Eigenschaften zuspricht (Statusfunktion, Selbstverwirklichung).

Auch Entmutigungseffekte, die vor allem bei dauerhafter Arbeitslosigkeit eine Rolle spielen, treten seltener auf, wenn zusätzliche Beschäftigungsmöglichkeiten existieren. Menschen gewöhnen sich nicht an Unterstützung durch Dritte, Eigeninitiative und Eigenverantwortung werden gestärkt und der Rückgriff auf staatliche Leistungen oder das soziale Netz erfolgt seltener. Damit strahlen die positiven Effekte eines erleichterten Zugangs zu einer Erwerbstätigkeit auch in andere gesellschaftliche Bereiche aus.

3.1 Teilzeitbeschäftigung

Obwohl die Teilzeitbeschäftigung bei Männern in den vergangenen Jahren deutlich zugenommen hat, erhöht sich durch diese Erwerbsform vor allem die Arbeitsmarktpartizipation von Frauen. Diese stellen noch immer etwa drei Viertel der Teilzeitbeschäftigten. Fast die Hälfte aller weiblichen Beschäftigten arbeitet damit Teilzeit. Bei ihnen zeigt sich ein relativ ausgeglichenes Verhältnis von regulärer Teilzeit zu geringfügiger Beschäftigung, während Letztere bei den Männern mit 75% deutlich überwiegt. Während Männer Teilzeitarbeit eher am Anfang und am Ende ihrer Lebensarbeitszeit nutzen, nimmt sie bei Frauen in der gesamten Erwerbszeit eine wichtige Rolle ein (Wanger 2006).

„Reguläre" Teilzeitarbeit

Obwohl der Anteil von Frauen auf „regulären" Teilzeitstellen deutlich höher liegt als bei Männern, gelingt ihnen seltener der Sprung von der Teilzeit in ein Normalarbeitsverhältnis. Reguläre Teilzeitarbeit stellt für Männer also einen ersten Schritt auf der Karriereleiter dar, während bei Frauen die Vereinbarkeit verschiedener Lebensmuster im Vordergrund steht. Die starke Verbreitung von Teilzeitarbeit bei Frauen spiegelt nur zum Teil ihren Wunsch nach geringerer Arbeitszeit wider. Vielmehr bildet es die Mängel bei der gesellschaftlichen Verbindung von Arbeit und Beruf ab, die noch immer vor allem von den Frauen getragen werden. Dies lässt sich auch daran ablesen, dass sich der Haushaltskontext beträchtlich auf ihre Erwerbsmöglichkeiten auswirkt. Frauen mit Kindern wechseln deutlich seltener in Vollzeitbeschäftigung als ihre kinderlosen Pendants. Dagegen spielt der Haushaltskontext bei Männern keine Rolle für ihren Verbleib in Teilzeitarbeit (Schäfer/Vogel 2005). Daher sind weitere Verbesserungen zur Vereinbarkeit von Familie und Beruf eine Voraussetzung für mehr Chancengleichheit auf dem Arbeitsmarkt (Wanger 2006).

Den Weg aus der Arbeitslosigkeit über die Teilzeit in eine Vollzeitbeschäftigung gingen im Zeitraum 1995 bis 2003 nur 5,4%. Die Wahrscheinlichkeit, aus der Arbeitslosigkeit sofort eine Vollzeitbeschäftigung zu finden, ist deutlich höher. Der umgekehrte Weg aus einer Teilzeitbeschäftigung in die Arbeitslosigkeit wird allerdings auch nicht häufig gegangen – lediglich bei ostdeutschen Männern steht dieses Muster mit rund 15% der Sequenzen an der Spitze (Schäfer/Vogel 2005).

Ein hohes Bildungsniveau erhöht allgemein die Wahrscheinlichkeit des Wechsels in eine Vollzeitbeschäftigung und senkt die Wahrscheinlichkeit, im Anschluss arbeitslos zu werden. Ein weiterer wichtiger Gesichtspunkt ist die bereits erworbene Berufserfahrung (O'Reilly/Bothfeld 2002). Es existiert also eine gewisse Pfadabhängigkeit: Während vorangehende Arbeitslosigkeit die Gefahr erneuter Arbeitslosigkeit erhöht, steigt bei vorangehender Beschäftigung die Chance auf einen neuen Arbeitsplatz.

Mini-Jobs und geringfügige Beschäftigung

Unter Status-quo-Bedingungen ist das Arrangement der Mini-Jobs kaum geeignet, den Übergang in ein Normalarbeitsverhältnis zu ebnen. So hat sich gezeigt, dass diese Erwerbsform gerade für solche Tätigkeiten attraktiv ist, die nur einer relativ geringen Qualifikation bedürfen. Eine Umwandlung der Mini-Job-Beschäftigung in ein relativ teureres Normalarbeitsverhältnis ist damit nicht zu erwarten.

Auch für viele Arbeitsanbieter in diesem Segment steht der Übergang in ein Normalarbeitsverhältnis nicht im Vordergrund. Im April 2004 strebte nur rund ein Viertel der Mini-Jobber den Wechsel in nicht-geringfügige Beschäftigung an. Mini-Jobs sind in rund 40% der Fälle von Vornherein als Nebenbeschäftigung und damit als Hinzuverdienstmöglichkeit angelegt (Fertig et al. 2005). Gründe hierfür lassen sich in der Struktur der Mini-Jobber finden, in der Schüler, Studenten und Rentner stark vertreten sind. Weiterhin bietet der Mini-Job die Chance zur Aufbesserung des Haushaltseinkommens bei gleichzeitiger Vereinbarkeit von Familie und Beruf – dies erklärt, warum etwa zwei Drittel der geringfügig Beschäftigten Frauen sind.

Geringfügige Beschäftigungsverhältnisse zeichnen sich durch eine hohe Fluktuation aus. Betrachtet man die Gruppe der ausschließlich geringfügig Beschäftigten, ist die Fluktuation doppelt so hoch wie bei voll sozialversicherungspflichtig Beschäftigten. Knapp zwei Drittel dieser Personen wechseln innerhalb eines Jahres den Arbeitsplatz (Kalina/Voss-Dahm 2005). Empirische Untersuchungen zu Übergängen zwischen Mini-Jobs und sozialversicherungspflichtiger Beschäftigung aus den Jahren 2003/2004 zeigen, dass die Brücke in beide Richtungen begangen wird. Mit 437.000 Menschen wechselten sogar rund 50.000 Beschäftigte mehr aus sozialversicherungspflichtiger Beschäftigung in einen Mini-Job als umgekehrt (Statistik der Bundesagentur für Arbeit 2004, Tab. 2).

Der Integrationswirkung von Mini-Jobs ist also mit Skepsis zu begegnen, wenn man den Übergang in ein Normalarbeitsverhältnis als oberstes Ziel betrachtet (Keller/Seifert sowie Bäcker in diesem Band). Andererseits ergeben sich Möglichkeiten zur verstärkten Partizipation sowie zur verbesserten Vereinbarkeit unterschiedlicher Lebensinhalte, und zwar anscheinend, ohne dass es in einem größeren Ausmaß zu einer Substitution von Normalarbeitsverhältnissen käme (siehe Abschnitt 2.1). Problematisch erscheint die Tatsache, dass durch Mini-Jobs keine ausreichenden Sozialversicherungsansprüche erworben werden. Damit fehlt den Beschäftigten bei einem längeren Verbleib in dieser Erwerbsform eine wichtige Säule der finanziellen Absicherung. Dann ist die Wahrscheinlichkeit groß, dass diese Menschen im Alter auf steuerfinanzierte Leistungen angewiesen sein werden.

3.2 Temporäre Erwerbsformen

Bei befristeten Arbeitsverhältnissen mit einem vertraglich vereinbarten Enddatum stellt sich automatisch die Frage nach dem „Danach". Auch bei der Leiharbeit wurden hohe Erwartungen geweckt, was den Klebeeffekt in den entleihenden Betrieben angeht. Der Übergang in neu zu schaffende, sozialversicherungspflichtige Beschäftigungsverhältnisse war erklärtes Ziel der Hartz-Kommission.

3.2.1 Befristungen

Untersuchungen deuten darauf hin, dass Befristungen durchaus eine Scharnierfunktion auf dem Arbeitsmarkt einnehmen (Giesecke/Groß in diesem Band). So lässt sich eine höhere Wahrscheinlichkeit ermitteln, dass die Personen auch drei Jahre nach Aufnahme einer befristeten Tätigkeit noch in Beschäftigung sind als jene aus einer Vergleichsgruppe, die aus der Arbeitslosigkeit nach einer regulären Beschäftigung suchten (McGinnity/Mertens 2002; Hagen 2003; Boockmann/Hagen 2005).

Etwa 40% der befristeten Arbeitsverträge werden in unbefristete umgewandelt, wobei 70% auf Wechsel innerhalb des Betriebes zurückzuführen sind. Befristungen führen anschließend zu Erwerbsverhältnissen, die langfristig ebenso stabil sind wie unbefristet abgeschlossene. Damit erfüllen Befristungen in einem beträchtlichen Umfang eine erweiterte Probezeitenfunktion und dienen als Brücke in ein Normalarbeitsverhältnis.

Neben der steigenden Einstellungswahrscheinlichkeit erhöht sich aber auch das individuelle Risiko, aufgrund auslaufender Verträge arbeitslos zu werden. Der Gefahr der anschließenden Arbeitslosigkeit steht jedoch die Chance des Übergangs in ein gesichertes Erwerbsverhältnis gegenüber (Boockmann/Hagen 2005). Schließlich besteht die Möglichkeit, dass einem befristeten Arbeitsverhältnis weitere folgen (Giesecke/Groß 2002). Damit deuten sich zwar gewisse Einsperreffekte an – solange es an sicheren Beschäftigungsverhältnissen fehlt, sind solche Befristungsketten aber einem längerfristigen Verbleib in Arbeitslosigkeit vorzuziehen.

Die Beschäftigungsrisiken und -chancen von Befristungen fallen in Abhängigkeit von persönlichen Charakteristika unterschiedlich aus (McGinnity/Mertens 2002). So ist das anschließende Arbeitslosigkeitsrisiko bei Geringqualifizierten deutlich höher als bei Höherqualifizierten. Dies überrascht allerdings nicht, wenn man sich die allgemeine Arbeitsmarktlage beider Gruppen vor Augen führt. Beide Pole stellen die Qualifikationsgruppen mit den höchsten Anteilen befristeter Beschäftigung (Rudolph 2006). Bei qualifizierten Arbeitnehmern dürfte die Probezeitenfunktion eine größere Rolle spielen, während bei den geringer Qualifizierten eher die erhöhte Anpassungsfähigkeit an veränderte betriebliche Auslastungslagen im Vordergrund stehen wird.

In den höheren Altersgruppen fallen – trotz massiver Deregulierung in den letzten Jahren – die wenigsten Befristungen an (Abb. 3). Mittlere und höhere Altersgruppen sehen sich zudem einem größeren Risiko ausgesetzt, im Anschluss an eine Befristung arbeitslos zu werden. Die Daten deuten also nicht darauf hin, dass Befristungen geeignet sind, die Probleme älterer Arbeitsloser zu lösen.

Während die Variablen Ausländer und Behinderung den Übergang aus Arbeitslosigkeit in unbefristete Beschäftigung signifikant erschweren, ist dies beim Abschluss befristeter Arbeitsverhältnisse nicht der Fall. Für diese Gruppen bieten Befristungen damit die Chance zur Arbeitsmarktintegration (Boockmann/ Hagen 2005).

Grundsätzlich deuten die vorliegenden Untersuchungen darauf hin, dass Befristungen die Durchlässigkeit am Arbeitsmarkt und damit auch die Arbeitsmarktdynamik erhöhen. So stieg die Relation von befristeten zu unbefristeten Neueinstellungen von etwa 1:4 im Jahr 1991 auf rund 4:5 im Jahr 2003 (Rudolph 2006). Diese Entwicklung ist darin begründet, dass sich der Einstieg in den Arbeitsmarkt immer mehr über befristete Arbeitsverhältnisse vollzieht, was sich in einem wachsenden Anteil junger Arbeitnehmer mit befristeten Arbeitsverträgen niederschlägt. Zudem sind befristete Beschäftigungsverhältnisse stärker volatil, d.h. Auf- und Abbau vollziehen sich mit einer höheren Rate. Während auf 100 unbefristete Beschäftigungsverhältnisse halbjährlich nur drei bis vier unbefristete Neueinstellungen vorgenommen werden, sind es bei befristeten Beschäftigungsverhältnissen über 40. Dies deutet darauf hin, dass Befristungen die Anpassung der Beschäftigtenzahlen an zyklische Schwankungen verbessern.

Abb. 3: Befristungsquoten nach Altersgruppen 1994 bis 2005

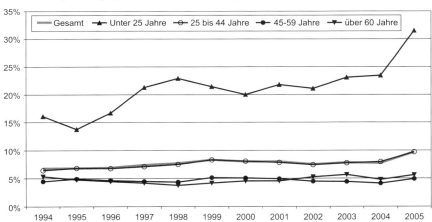

Quelle: Mikrozensus, STATIS-Bund, Auswertung IAB Ber. 6

Diese zusätzliche Dynamik ist insgesamt positiv zu beurteilen, weil der Zugang zum Arbeitsmarkt erleichtert wird. Sie geht eher nicht auf Kosten der bereits unbefristet beschäftigten Arbeitnehmer. Es ist sogar zu vermuten, dass die befristet Beschäftigten eine Art Absicherung der Festangestellten in schlechten Zeiten bieten, da über Befristungen relativ leicht Beschäftigung abgebaut werden kann („Puffereffekt").

Die mit Befristungen verbundene Lockerung des Kündigungsschutzes bietet gerade für Personenkreise mit strukturellen Nachteilen eine Möglichkeit zur Arbeitsmarktintegration. Dabei spielen zunächst Kostensenkungspotentiale eine Rolle, die den Einsatz von weniger produktiven Arbeitnehmern für die Unternehmen attraktiver machen. In diesem Zusammenhang ist vor allem auf Geringqualifizierte, Ausländer und Behinderte zu verweisen, die überdurchschnittlich häufig befristet eingestellt werden. Eine weitere Gruppe mit starkem Anteil befristeter Beschäftigungsverhältnisse stellen die jüngeren Arbeitnehmer (Abb. 3). Die Neueinsteiger auf dem Arbeitsmarkt verfügen naturgemäß noch nicht über große Berufserfahrung, so dass der Probezeitenaspekt von Befristungen im Vordergrund steht. Das Instrument verbessert auf diese Weise die Effizienz des Arbeitseinsatzes in den Unternehmen. Auf der übergeordneten Arbeitsmarktebene erhöht sich zudem die Qualität des Matching-Prozesses.

3.3 Leiharbeit

Verleihfirmen rekrutieren in hohem Maße aus der Arbeitslosigkeit, bzw. aus der Nicht-Erwerbstätigkeit. Etwa 60% der Leiharbeitnehmer waren zuvor nicht beschäftigt, weitere zehn Prozent wechselten von anderen Verleihern. Die Wünsche und Eigenschaften der Leiharbeitnehmer decken sich jedoch nicht immer mit den Anforderungen der Branche, so dass eine hohe Fluktuation zu verzeichnen ist (Jahn/Wolf 2005). Nur 40% der Arbeitsverhältnisse dauern länger als drei Monate.

In einer Untersuchung auf Grundlage des IAB-Betriebspanels wird für 2003 ein *direkter* Klebeeffekt von 12% ausgewiesen – hier sind lediglich die Übergänge gezählt, die innerhalb ein und desselben Betriebes gelingen (Promberger in diesem Band). In einer breiteren Perspektive sind jedoch zusätzlich Wechsel in sozialversicherungspflichtige Beschäftigung in anderen Unternehmen von Interesse. Untersuchungen lassen darauf schließen, dass die gesamte Übergangsquote in etwa bei 30% liegt (Schröder 1997; Rudolph 2005; Burda/Kvasnicka 2005).[4] Auf der anderen Seite sind auch Übergänge von Leiharbeit in Arbeitslosigkeit zu verzeichnen – Schröder (1997) beziffert sie mit rund 20%. Trotzdem kann der Arbeitnehmerüberlassung vor allem bei jüngeren Arbeitnehmern und Berufsanfängern eine Brückenfunktion in feste Beschäftigung zugesprochen werden. Eine Ursache für die Integrationseffekte besteht darin, dass sich die Zeitarbeiter aus einem bestehenden Beschäftigungsverhältnis für einen regulären Arbeitsplatz bewerben und damit Arbeitswillen und -fähigkeit signalisieren können.

Weiterhin erfüllt die Leiharbeit gesamtwirtschaftlich die Funktion eines Beschäftigungspuffers, indem sie vor allem im Umfeld von Großbetrieben eine Mittlerrolle bei der Allokation des Faktors Arbeit spielt. Dabei leistet sie einen Beitrag, um die negativen Konsequenzen des Strukturwandels für wettbewerbsschwächere Arbeitnehmer abzumildern. So zeigt sich, dass die Erwerbsform der Leiharbeit vor allem bei geringer qualifizierten Beschäftigten expandiert (Rudolph 2005). Diese üben jedoch in der Regel Tätigkeiten aus, für die in den vergangenen Jahren immer weniger Normalarbeitsverhältnisse zur Verfügung ste-

---

4 Von den Beschäftigten der 2003 neu geschaffenen Personal-Service-Agenturen (PSA) konnten zwischen April 2003 und Januar 2004 etwa 42% in eine sozialversicherungspflichtige Beschäftigung wechseln. Der Arbeitnehmerbestand in den PSA lag im Jahr 2004 bei 28.000 Personen (Jahn 2005).

hen. Durch ihr Kostensenkungspotential trägt die Leiharbeit also dazu bei, dass das Segment der einfachen Tätigkeiten nicht weiter an Bedeutung verliert und gerade für Geringqualifizierte eine Einkommensquelle jenseits von Transferleistungen bestehen bleibt.

4. Flexibilität: nicht ob, sondern wie!

Die Erwerbsformen sind seit langem in Bewegung. Zwar ist die externe Flexibilität der Unternehmen durch atypische Erwerbsformen ebenso gewachsen wie die interne Flexibilität durch die stärkere Verbreitung tarifvertraglicher Öffnungsklauseln. Doch auch nach den jüngsten umfassenden Arbeitsmarktreformen ist das Normalarbeitsverhältnis weiter mit hohen Abgaben belastet und durch einen recht weitgehenden Kündigungsschutz gekennzeichnet. Solange die atypischen Erwerbsformen in beiderlei Hinsicht relativ attraktiver sind, dürften sich weitere Verschiebungen zu ihren Gunsten ergeben.

Durch diese Entwicklung kann durchaus Druck auf das allgemeine Lohnniveau ausgeübt werden. Allerdings tritt diese Situation nur dann ein, wenn die Erwerbsformen tatsächlich in Konkurrenz zueinander stehen. Dies ist jedoch nur eingeschränkt der Fall, da bestehende Normalarbeitsverhältnisse in der Regel über weitere Arbeitsmarktinstitutionen abgesichert sind. Die Kernbelegschaft profitiert sogar vom Aufbau einer Randbelegschaft, da letztere in der Regel zuerst von Entlassungen betroffen sein wird.

Was die gesamtwirtschaftlichen Effekte des Wandels der Erwerbsformen angeht, dürften sich die Zusatzbeschäftigungseffekte durch den Erwerbsformenwandel (gemessen an der Zahl der Erwerbstätigen) abgesehen von dem Wachstum der Teilzeitarbeit in engen Grenzen halten. Eine andere Frage ist allerdings, ob die Probleme auf dem Arbeitsmarkt ohne den Erwerbsformenwandel nicht noch größer wären. Denn neben den Niveaueffekten ist auch die Durchlässigkeit des Arbeitsmarktes zu betrachten. Für die Gruppe der Outsider spielen der Zugang zum ersten Arbeitsmarkt und die Brückenfunktion atypischer Beschäftigungsverhältnisse eine wichtige Rolle. Diese Funktion wird von befristeter Beschäftigung oder Leiharbeit nicht selten erfüllt. Durch die vom Normalarbeitsverhältnis abweichenden Erwerbsformen ist es zumindest zu einer etwas stärkeren Öffnung des Arbeitsmarktes gekommen. Hierdurch kann das Problem dauerhafter Arbeitslosigkeit angegangen und einem weiteren Anstieg der Langzeitarbeitslosigkeit entgegengewirkt werden.

Den positiven Effekten des Erwerbsformenwandels stehen allerdings ernstzunehmende Probleme gegenüber. So führen insbesondere geringfügige Formen der Teilzeitarbeit nicht zu einem Existenz sichernden Einkommen. Weiterhin lassen sich nicht intendierte Nebenwirkungen von atypischen Beschäftigungsformen, beispielsweise in Form von Drehtüreffekten oder Stigmatisierungseffekten nicht ausschließen. Wie die Entwicklung der Leiharbeit zeigt, können sich Letztere jedoch mit der Zeit abschwächen, so dass eine durchaus wünschenswerte Erweiterung der Beschäftigungsformen gelingen kann.

Eine Alternative zu noch mehr Vielfalt bei den Erwerbsformen wäre eine stärkere Flexibilisierung und Neudefinition des Standardarbeitsverhältnisses. Zu beachten ist dabei allerdings, dass dafür auch auf der Arbeitsangebotsseite Voraussetzungen zu schaffen sind, beispielsweise durch eine möglichst gute Erstausbildung und die Etablierung von Systemen lebenslangen Lernens. Dies würde die Beschäftigungsfähigkeit in Zeiten eines beschleunigten Strukturwandels so verbessern, dass die mit mehr Flexibilität einhergehenden Veränderungen auch als Chance betrachtet werden können (Eichhorst et al. 2004).

Die Ergebnisse dieses Beitrages werfen die Frage auf, ob das Normalarbeitsverhältnis in der bestehenden Ausgestaltung noch die adäquate Form der Beschäftigung in einer international arbeitsteiligen Wirtschaftswelt ist. Diese Frage ist zentral, da sie wiederum auf ein Problem verweist, das sich an anderer Stelle auf dem Arbeitsmarkt auftut, nämlich bei der Kopplung der Sozialversicherungen eben an das Normalarbeitsverhältnis. Sollte letzteres ein Auslaufmodell darstellen, ist hierin ein Grund mehr zu sehen, auch die institutionelle Ausgestaltung des Sozialversicherungssystems zu überdenken. Schon aus diesem Grund sollten die Reformen des Arbeitsmarktes und der Sozialversicherungen Hand in Hand gehen.

Literatur

Allmendinger, J.; Eichhorst, W.; Walwei, U. (2005) (Hg.): IAB Handbuch Arbeitsmarkt. Analysen, Daten, Fakten. Frankfurt/M., New York

Bach, H. U.; Gaggermeier, Chr.; Klinger, S.; Rothe, Th.; Spitznagel, E.; Wanger, S. (2006): Aktuelle Projektion. Die Konjunktur belebt den Arbeitsmarkt 2006. IAB Kurzbericht, 12/26, S. 7

Barth, A.; Zika, G. (1996): Volkswirtschaftliche Effekte einer Arbeitszeitverkürzung. Eine Simulationsstudie für Westdeutschland mit dem makroökonometrischen Modell SYSIFO. In: Mitteilungen aus der Arbeitsmarkt- und Berufsforschung, 29, S. 179-202

Bielenski, H. (1997): Deregulierung des Rechts befristeter Arbeitsverträge. Enttäuschte Hoffnungen, unbegründete Befürchtungen. In: WSI Mitteilungen, 50, S. 532-537

Boockmann, B.; Hagen, T. (2005): Die Bedeutung befristeter Arbeitsverhältnisse. In: Kronauer, M.; Linne, G. (Hg.): Flexicurity. Die Suche nach Sicherheit in der Flexibilität. Berlin, S. 149-168

Büchtemann, Chr.; Höland, A. (1989) Befristete Arbeitsverträge nach dem Beschäftigungsförderungsgesetz 1985. Bonn

Bundesagentur für Arbeit (2004) Mini- und Midi-Jobs in Deutschland. Sonderbericht. Dezember 2004. Nürnberg

Burda, M. C.; Kvasnicka, M. (2005): Zeitarbeit in Deutschland: Trends und Perspektiven. SFB 649, discussion paper, 2005–048

Dietz, M.; Walwei, U. (2006): Die Zunahme atypischer Beschäftigung: Ursachen und Folgen. In: Orientierungen zur Wirtschafts- und Gesellschaftspolitik 109, S. 17-24

Eichhorst, W.; Koch, S.; Walwei, U. (2004): Wie viel Flexibilität braucht der deutsche Arbeitsmarkt? In: Wirtschaftsdienst, 86, S. 551-556

Emmerich, K.; Schnur, P.; Walwei, U.; Zika, G. (2002): Beschäftigung im Focus: Über makroökonomische Wirkungen mikroökonomischer Erfolge. In: Kleinhenz, G (Hg.): IAB-Kompendium Arbeitsmarkt- und Berufsforschung. Nürnberg, S. 145-157

Fertig, M.; Kluve, J.; Scheuer, M. (2005): Was hat die Reform der Minijobs bewirkt? Erfahrungen nach einem Jahr. Essen

Gerlach, K. (2004): Arbeitszeitflexibilisierung. In: Zeitschrift für Wirtschaftspolitik, 53, S. 333-342

Giesecke, J.; Groß, M. (2002): Befristete Beschäftigung: Chance oder Risiko? In: Kölner Zeitschrift für Soziologie und Sozialpsychologie, 54, S. 85-108

Hagen, T. (2003): Do fixed-term contracts increase the long-term employment opportunities of the unemployed? ZEW Discussion Paper, 03-49

Hoffmann, E.; Walwei, U. (1998): Normalarbeitsverhältnis: ein Auslaufmodell? Überlegungen zu einem Erklärungsmodell für den Wandel der Beschäftigungsformen. In: Mitteilungen aus der Arbeitsmarkt- und Berufsforschung, 31, S. 409-425

ISG; RWI (2005): Evaluation der Umsetzung der Vorschläge der Hartz-Kommission – Arbeitspaket 1 – Bericht 30. Köln, Essen

Jahn, E. J. (2004): Leiharbeit – für Arbeitslose (k)eine Perspektive? In: van Aaken, A.; Grözinger, G. (Hg.): Ungleichheit und Umverteilung. Marburg, S. 215-236

Jahn, E. J. (2005): Personal-Service-Agenturen. Start unter ungünstigen Voraussetzungen. In: IABForum, 1, S. 14-17

Jahn, E. J.; Wolf, K. (2005): Flexibilität des Arbeitsmarktes: Entwicklung der Leiharbeit und regionale Disparitäten. IAB-Kurzbericht 14

Kalina, Th.; Voss-Dahm, D. (2005): Mehr Minijobs = mehr Bewegung auf dem Arbeitsmarkt? Fluktuation der Arbeitskräfte und Beschäftigungsstruktur in vier Dienstleistungsbranchen. IAT-Report Nr. 2005-07. Gelsenkirchen

Klös, H. P. (2000): Zeitarbeit – Entwicklungstrends und arbeitsmarktpolitische Bedeutung. In: IW-trends, 27, S. 5-21

McGinnity, F.; Mertens, A. (2002): Fixed-term contracts in East and West Germany: Low wages, poor prospects, SFB 373, Working Paper 2. Berlin

Mückenberger, U. (1985): Die Krise des Normalarbeitsverhältnisses. Hat das Arbeitsrecht noch Zukunft? In: Zeitschrift für Sozialreform, 31, S. 415-433; S. 457-474

OECD (2004): Employment Outlook. Paris

O'Reilly, J.; Bothfeld, S. (2002): What happens after working part time? Integration, maintenance or exclusionary transitions in Britain and western Germany. In: Cambridge Journal of Economics, 26, S. 409-439

Promberger, M. (2005): Leiharbeit. Flexibilitäts- und Unsicherheitspotenziale in der betrieblichen Praxis. In: Kronauer, M.; Linne, G. (Hg.): Flexicurity. Die Suche nach Sicherheit in der Flexibilität. Berlin, S. 183-204

Rudolph, H. (2005): Beschäftigungsformen. Ein Maßstab für Flexibilität und Sicherheit? In: Kronauer, M.; Linne, G. (Hg.): Flexicurity. Die Suche nach Sicherheit in der Flexibilität. Berlin, S. 97-125

Rudolph, H. (2006): Neue Beschäftigungsformen. Brücken aus der Arbeitslosigkeit? In: Badura, B.; Schellschmidt, H.; Vetter, C. (Hg.): Fehlzeiten-Report 2005. Berlin u.a.O., S. 35-56

Sachverständigenrat zur Begutachtung der gesamtwirtschaftlichen Entwicklung (2005): Die Chance nutzen – Reformen mutig voranbringen. Wiesbaden

Schäfer, A.; Vogel, C. (2005): Telzeitbeschäftigung als Arbeitsmarktchance. In: DIW-Wochenbericht, 72, S. 131-138

Schröder, E. (1997): Arbeitnehmerüberlassung in Vermittlungsabsicht. Start oder Fehlstart eines arbeitsmarktpolitischen Modells in Deutschland? Nürnberg

Statistik der Bundesagentur für Arbeit (2004): Mini- und Midi-Jobs in Deutschland. Sonderbericht, Dezember 2004. Nürnberg

Voss-Dahm, D. (2005): Verdrängen Minijobs „normale" Beschäftigung? In: Institut Arbeit und Technik: Jahrbuch 2005. Gelsenkirchen, S. 232-246

Wanger, S. (2006): Erwerbstätigkeit, Arbeitszeit und Arbeitsvolumen nach Geschlecht und Altersgruppen. Ergebnisse der IAB-Arbeitszeitrechnung nach Geschlecht und Alter für die Jahre 1991-2001. IAB Forschungsbericht 2. Nürnberg

Atypische Beschäftigung und sozialer Schutz
EU-Regulierung und Situation in Deutschland

Ute Klammer, Simone Leiber

1. Einleitung

Nicht zuletzt im Kontext der 2003 in Kraft getretenen Neuregelungen des „Ersten und Zweiten Gesetzes für Moderne Dienstleistungen am Arbeitsmarkt" (auch bekannt als Hartz-Gesetze I und II) wurde eine Reihe institutioneller Änderungen für „atypische" Beschäftigungsformen vorgenommen.[1] Auch für die Sozialpolitik auf der EU-Ebene hat das Thema im Laufe der 1990er Jahre eine beachtliche Bedeutung erlangt. Dies zeigt sich nicht zuletzt an den EU-Richtlinien zu den Bereichen Teilzeitarbeit, befristete Beschäftigung oder der Rahmenvereinbarung der EU-Sozialpartner über Telearbeit. Diese Regelungen wirken wiederum auf die nationalen Rahmenbedingungen für atypische Beschäftigung ein. Dabei haben wir es mit einem komplexen Netz von Wechselbeziehungen zwischen den verschiedenen Erwerbsformen und den Subsystemen sozialer Sicherung zu tun. Der vorliegende Beitrag beleuchtet einige Zusammenhänge, die in ihren kurz- und langfristigen finanziellen Implikationen – so die These – im Rahmen der arbeitsmarktpolitisch motivierten Förderung atypischer Beschäftigung häufig nicht angemessen berücksichtigt werden.

Zunächst gehen wir der Frage nach, welche Folgen für die nationale Ebene von europäischen Regelungen zu atypischer Beschäftigung zu erwarten sind und inwiefern sich diese auf die soziale Sicherung atypisch Beschäftigter auswirken (Abschnitt 2). Im Anschluss widmen wir uns den sozialpolitischen Folgen atypischer Beschäftigung in Deutschland. Bei der Frage nach den Auswirkungen atypischer Beschäftigungsformen auf den Bereich der sozialen Sicherung unterscheiden wir zwischen den beiden Dimensionen „Folgen für die zu sichernden Personen" (Abschnitt 3) und „Konsequenzen für die Systeme der sozialen Sicherung" (Abschnitt 4). Die beleuchteten Formen der Erwerbsarbeit folgen der verbreiteten Abgrenzung des Normalarbeitsverhältnisses (NAV) als sozialversicherungspflichtigem, unbefristetem, abhängigen Vollzeitarbeitsverhältnis. Thematisiert werden als „atypische" Arbeitsverhältnisse dementsprechend Arbeitsformen, die mindestens in Bezug auf eines dieser Kriterien vom NAV abweichen, d.h. durch Teilzeit, geringfügige Beschäftigung, Befristung oder Selbständigkeit geprägt sind. Das Thema Leiharbeit kann in diesem Rahmen aus Platzgründen

---

1   Wir danken *Britta Seine* für ihre hilfreiche Unterstützung bei den Recherchearbeiten.

nicht ausführlich thematisiert werden. Formell weicht die Integration von Leiharbeitnehmer/inne/n in die Systeme der sozialen Sicherung nicht von Arbeitnehmer/inne/n im NAV ab, wobei in der Längsschnittperspektive Auswirkungen einer geringeren Beschäftigungsstabilität zu berücksichtigen wären, wie sie hier am Beispiel der befristeten Beschäftigung angesprochen werden.[2]

2. Die Regulierung atypischer Beschäftigung durch die EU

Weitgehend unbemerkt von der Öffentlichkeit in den Mitgliedstaaten kam es in den 1990er Jahren auf EU-Ebene zu Regelungen, die zu einem besseren Gleichgewicht zwischen der Flexibilität und der Sicherheit der Arbeitnehmer/innen führen sollten. Die Initiativen der EU-Kommission dazu reichen zurück bis in die 1980er Jahre, wurden jedoch lange Zeit durch die Mitgliedstaaten blockiert. Ende der 1990er Jahre kam es jedoch zu einer Einigung in folgenden Bereichen (Falkner 1998, S. 55-155).

Die *Teilzeitarbeits-Richtlinie* (97/81/EG) sieht vor, dass Teilzeitarbeitnehmer in Bezug auf ihre Beschäftigungsbedingungen nicht schlechter behandelt werden dürfen als vergleichbare Vollzeitarbeitnehmer, sofern eine solche Ungleichbehandlung nicht durch „objektive Gründe" gerechtfertigt ist. Es können Schwellenwerte (etwa eine bestimmte Betriebszugehörigkeitsdauer) für den Zugang zu Beschäftigungsbedingungen festgelegt werden. Darüber hinaus umfasst die Richtlinie einige Empfehlungen über die Nichtdiskriminierung von Teilzeitarbeitnehmern in Bezug auf die gesetzlichen Systeme der sozialen Sicherung sowie über Maßnahmen zur Förderung der Teilzeitarbeit.

Kern der Richtlinie über *befristete Arbeitsverträge* (99/70/EG) ist, analog zur Teilzeit-Richtlinie, der Grundsatz der Nicht-Diskriminierung von befristet Beschäftigten gegenüber vergleichbaren Dauerbeschäftigten bezüglich ihrer Beschäftigungsbedingen – sofern nicht „sachliche Gründe" eine Diskriminierung rechtfertigen. Des Weiteren werden Rahmenbedingungen festgelegt, um Missbrauch durch aufeinander folgende befristete Arbeitsverträge zu verhindern. Auch diese Richtlinie beinhaltet einige Empfehlungen über die Nichtdiskriminierung von befristet Beschäftigten in Bezug auf die gesetzlichen Systeme der sozialen Sicherung zum angemessenen Zugang zu Aus- und Weiterbildungsmöglichkeiten.

---

[2] Zu aktuellen Entwicklungen bei Leiharbeit vgl. Promberger in diesem Band. Ein bislang wenig beachtetes Thema sind auch die Folgen einer ungleichmäßigen und in diesem Sinne „atypischen" Verteilung der Arbeitszeit (z.B. durch Arbeitszeitkonten, Sabbaticals oder Altersteilzeit) für die soziale Sicherung, vgl. dazu Klammer 2005a.

Die Rahmenvereinbarung der EU-Sozialpartner zur *Telearbeit*[3] legt den Grundsatz der Freiwilligkeit von Telearbeit für den Fall fest, dass diese zu einem späteren Beschäftigungszeitpunkt aufgenommen werden soll und nicht Teil der anfänglichen Tätigkeitsbeschreibung war. Der Wechsel zu Telearbeit darf dabei den Beschäftigungsstatus des Telearbeitnehmers nicht berühren und hinsichtlich der Beschäftigungsbedingungen gelten dieselben Rechte wie für vergleichbare Arbeitnehmer, die in den Einrichtungen des Arbeitgebers tätig sind. Des Weiteren werden Grundsätze des Datenschutzes, der Respektierung der Privatsphäre des Telearbeitnehmers durch den Arbeitgeber, der Bereitstellung der Ausrüstung, des Gesundheitsschutzes und der Sicherheit am Arbeitsplatz sowie der Arbeitsorganisation festgelegt. Hinsichtlich des Zugangs zu Aus- und Weiterbildung und der Wahrnehmung kollektiver Rechte sollen Telearbeitnehmer gegenüber vergleichbaren Beschäftigten in den Einrichtungen des Arbeitgebers nicht benachteiligt werden.

Eine EU-Richtlinie zu Arbeitsbedingungen der *Leiharbeit* ist ebenfalls seit einigen Jahren in der Diskussion. Verhandlungen der EU-Sozialpartner dazu scheiterten jedoch im Mai 2001. Daraufhin erfolgte im März 2002 ein Vorschlag der EU-Kommission[4], der bislang jedoch noch im europäischen Gesetzgebungsverfahren „feststeckt", da sich die Einigung zwischen den Mitgliedstaaten und dem Europäischen Parlament als schwierig erweist. Der Vorschlag der Kommission beinhaltet – mit gewissen Ausnahmetatbeständen – den Grundsatz der Nicht-Diskriminierung von Leiharbeitnehmern hinsichtlich ihrer Arbeitsbedingungen (einschließlich Arbeitszeit und Bezahlung) gegenüber Arbeitnehmern des Unternehmens, in das der Leiharbeitnehmer entsandt wird. Abweichende Bedingungen können vorgesehen werden, wenn der Leiharbeitnehmer einen permanenten Vertrag hat und auch zwischen zwei Entsendungen bezahlt wird, Tarifverträge ein ausreichendes Schutzniveau von Leiharbeitnehmern festlegen oder die Entsendung sechs Wochen nicht übersteigt.

Bei diesen Regelungen handelt es sich (bis auf das Abkommen zur Telearbeit, siehe Fußnote 3) um arbeitsrechtliche Mindeststandards, die auf einem schwierigen Konsensfindungsprozess zwischen den Mitgliedstaaten bzw. den

---

3 http://www.europa.eu.int/comm/employment_social/news/2002/oct/teleworking_agreement_de.pdf (download 10.11.2006). Im Gegensatz zu EU-Richtlinien besitzen Rahmenvereinbarungen keine allgemeine Rechtsgültigkeit, sondern werden von den Mitgliedsorganisationen der EU-Dachverbände, EGB, UNICE und CEEP selbst implementiert. Diese Vereinbarungen sind damit nur für durch entsprechende Tarifverträge abgedeckte Arbeitgeber und Arbeitnehmer gültig und nicht vor dem EuGH einklagbar.

4 Vorschlag für eine Richtlinie des Europäischen Parlamentes und des Rates über die Arbeitsbedingungen von Leiharbeitnehmern, Brüssel, 20.3.2002, KOM (2002) 149 endgültig.

europäischen Dachverbänden von Arbeitnehmern und Gewerkschaften beruhen.[5] Sie bieten einen Rahmen, der die soziale Sicherung[6] atypisch Beschäftigter vor einem deregulativen Wettbewerb zwischen den Mitgliedstaaten schützt. Entgegen gängiger Annahmen stellen derartige arbeitsrechtliche Richtlinien nicht zwangsläufig den „kleinsten gemeinsamen Nenner" zwischen den Mitgliedstaaten dar, sondern rufen punktuell durchaus substanzielle Anpassungen in den Mitgliedstaaten hervor (Falkner et al. 2005, Kapitel 13.1).[7] Andererseits zeichnen sich gerade die Richtlinien im Bereich der atypischen Beschäftigung durch einen sehr hohen Anteil voluntaristischer[8], also auf die freiwillige Befolgung durch die Mitgliedstaaten oder die Sozialpartner setzende, Elemente aus. Dies zeigt sich beispielsweise daran, dass ein großer Teil der Bestimmungen in den Richtlinientexten lediglich Empfehlungscharakter hat. Dies betrifft auch den wichtigen Bereich der Bestimmungen zur Sozialversicherung. Sowohl in den Richtlinien zur Teilzeitarbeit sowie zu befristeter Beschäftigung bleibt dieser Bereich strikt der nationalen Regulierungshoheit überlassen. Eine Nichtdiskriminierung bzw. Kontinuität der Leistungen in Bezug auf die gesetzlichen Systeme der sozialen Sicherung wird lediglich empfohlen. Derartige Empfehlungen, so konnte gezeigt werden, werden weder prinzipiell ignoriert noch stets befolgt (Falkner et al. 2005, S. 348-353). Sie können als „selektiver Verstärker"[9] betrachtet werden, den sich nationale Akteure in bestimmten politischen Konstellationen für ihre Interessen zu Nutze machen können.

Insgesamt betrachtet bleiben die europäischen Regelungen somit nicht ohne Folgen für die Regulierung atypischer Beschäftigung in den EU-Mitgliedstaaten. Der Bereich der sozialen Sicherung atypisch Beschäftigter, der im Zentrum dieses Beitrags steht, wird bisher lediglich von „weichen" Bestimmungen mit Empfehlungscharakter tangiert.

Bemerkenswert ist vor diesem Hintergrund allerdings, zu welchen beträchtlichen politischen Spannungen das im November 2006 veröffentlichte Grünbuch des Rates der Europäischen Union zur „Modernisierung des Arbeitsrechts" (COM [2006] 708 final) geführt hat, das die (bessere) Verknüpfung von Flexibilität und Sicherheit auf dem Arbeitsmarkt in den Mitgliedstaaten anmahnt. Scharfe Kritik aus Großbritannien und Protest der Industrie- und Arbeitgeber-

---

5 Zu verschiedenen Verfahren der Aushandlung von EU-Richtlinien durch die EU-Sozialpartner oder das „normale" Gesetzgebungsverfahren der EU Leiber 2005, S. 22-27.
6 Soziale Sicherung wird hier in einem weiten, nicht nur die klassische Sozialversicherung sondern auch soziale Rechtsstandards einschließenden Sinne verstanden.
7 Im Gegensatz zu Verordnungen sind EU-Richtlinien nicht unmittelbar in den Mitgliedstaaten rechtsgültig, sondern müssen zuerst in nationales Recht umgesetzt werden.
8 Zum Voluntarismusbegriff Streeck 1995.
9 Der Begriff stammt von Visser 2005, der ihn allerdings auf die Offene Methode der Koordinierung bezieht.

verbände Europas (UNICE) an der vermeintlich zu negativen Darstellung von flexibler Beschäftigung und Selbständigkeit in den Entwürfen hatten zur Verzögerung und Überarbeitung des Entwurfs geführt (EurActiv 2006). Die Ergebnisse einer Anhörung zum Grünbuch sollen in eine Mitteilung der Kommission zur Anpassung des Arbeitsrechts im Hinblick auf Flexicurity führen (ebd.).

3. Die soziale Sicherung atypisch Beschäftigter in Deutschland

Bei einer Beurteilung der Implikationen atypischer Beschäftigungsformen für die soziale Sicherung derer, die sie ausüben, wäre es unzureichend, ausschließlich auf die (fehlende) Integration der Beschäftigungsform in die einzelnen Zweige sozialer Sicherung zu sehen. Auch wenn sich hieraus wichtige Anhaltspunkte ergeben, so ist die soziale Absicherung der Person – vor allem vor dem Hintergrund der existierenden Formen abgeleiteter Sicherung – immer auch stark vom *Haushaltskontext* abhängig. So kann die Ausbreitung der Mini-Jobs nach den Neuregelungen von 2003 nicht allein den Interessen der Arbeitgeber an „preiswerter" Arbeit zugeschrieben werden. Vielmehr muss auch berücksichtigt werden, dass für einen Teil der Beschäftigten mit solchen Arbeitsverhältnissen – vor allem Ehefrauen mit erwerbstätigen Ehemännern – aufgrund der hohen Belastung des zweiten Erwerbseinkommens durch Steuern und Sozialbeiträge die Ausübung entsprechender Jobs zumindest kurzfristig rational ist, zumal sie sich häufig durch die abgeleiteten Sicherungsformen hinreichend geschützt fühlen.

Viele atypische Erwerbsformen können zudem erst in einer *Längsschnittperspektive* angemessen beurteilt werden. In der sozialen Sicherung – vor allem in der Rentenversicherung – ist die *Dauer* einer bestimmten Beschäftigungsform entscheidend. Daher ist die Frage zentral, welches Gewicht Phasen atypischer Arbeit und Erwerbsunterbrechungen über den Lebensverlauf haben. Verteilen sie sich auf die Erwerbsbevölkerung oder kumulieren sie bei bestimmten Beschäftigtengruppen? Wie werden Übergänge bewältigt und abgesichert – handelt es sich z.B. bei befristeter Beschäftigung oder Mini-Jobs um „Sackgassen" oder um „Sprungbretter"? Treffen die atypischen Erwerbsformen mit Flexibilitätswünschen, aber auch Kontinuitätserwartungen über den Lebensverlauf überein? Gleichzeitig werden Fragen nach der langfristigen Auswirkung auf die Gesundheit, auf die Vereinbarkeit von Beruf und Familie und Ähnlichem aufgeworfen, die im unmittelbaren Zusammenhang mit den sozialen Sicherungssystemen und ihrer Finanzierung stehen. Erst die Berücksichtigung des Haushaltszusammenhangs und des Erwerbsverlaufs der Beschäftigten ermöglichten Aussagen darüber, inwieweit atypische Beschäftigung tatsächlich prekär ist (Keller/Seifert in diesem Band).[10]

3.1 Teilzeitarbeit

Die inzwischen erreichte weitgehende Gleichstellung von sozialversicherungspflichtiger Teilzeitarbeit mit Vollzeitarbeit gilt auf den ersten Blick in Deutschland auch für die Sozialversicherungen, insofern sozialversicherungspflichtige Teilzeitbeschäftigung den Zugang zu allen Zweigen der Sozialversicherung öffnet. Teilzeitbeschäftigte haben im Vergleich zu Vollzeitbeschäftigten sogar einige Vorteile: Im Hinblick auf die „Rendite" der gezahlten Beiträge profitieren Teilzeitbeschäftigte in den Sachleistungssystemen der Gesetzlichen Krankenversicherung (GKV) und der Pflegeversicherung (PV), da diese bei der Leistungsbemessung dem Prinzip der Bedarfsgerechtigkeit folgen und allen Versicherten – unabhängig von der Höhe der Beiträge – bei Bedarf gleiche Leistungen gewähren.

Im Rahmen der Gesetzlichen Rentenversicherung (GRV) werden durch die Berechnungsweise der Entgeltpunkte in Abhängigkeit von Erwerbsjahren und Höhe des beitragspflichtigen Einkommens überwiegend proportionale Ansprüche aufgebaut. Damit stehen sich Teilzeitbeschäftigte bezüglich ihrer individuellen Beitrags-Leistungs-Relation zumindest nicht schlechter als Vollzeitbeschäftigte. Im Gegenteil: Selbst wenn man von der bewussten Förderung und Subventionierung bestimmter Teilzeitphasen – vor allem der Teilzeitarbeit von Eltern während der so genannten Kinderberücksichtigungszeiten und der Förderung der Altersteilzeit – absieht, werden Teilzeitbeschäftigte in der GRV von einigen (inzwischen allerdings nur noch wenigen) Umverteilungselementen begünstigt.[11]

Auch in der ebenfalls auf dem Prinzip der Äquivalenz von Beiträgen und Leistungshöhe beruhenden Arbeitslosenversicherung (AV) entstehen Teilzeitbeschäftigten keine prinzipiellen Nachteile. Sie können im Verhältnis zu ihren Beitragszahlungen sogar überproportional durch ihren Zugang zu Maßnahmen der aktiven Arbeitsmarktpolitik, z.B. zu Weiterbildungs- und Umschulungsmaßnahmen, profitieren. Ebenso werden Teilzeiterwerbstätige, die früher vollzeiterwerbstätig waren, dadurch begünstigt, dass sich bei Arbeitslosigkeit unter bestimmten Bedingungen ihr Arbeitslosengeld nach dem früheren Vollzeiterwerbseinkommen bemisst. Das Arbeitslosengeld (67% mit Kind oder 60% ohne Kind) hängt

---

10 Zur internationalen Kontroverse über den Zusammenhang zwischen atypischen Arbeitsverhältnissen und Prekarität sei auf die Publikationen des Forschungsprojekts „ESOPE" verwiesen, Düll 2002.

11 So reicht eine zweijährige Teilzeitbeschäftigung der Mutter eines Kindes zum Erreichen der fünfjährigen Wartezeit und damit zur Erlangung eines Rentenanspruchs.

vom letzten pauschalierten Nettoverdienst ab. Unter der Voraussetzung, dass die neue Arbeitszeit mindestens 20% weniger als die tarifliche Arbeitszeit beträgt und der Arbeitnehmer die vorausgegangene Tätigkeit mit längerer Arbeitszeit in den letzten dreieinhalb Jahren wenigstens sechs Monate zusammenhängend ausübte, wird bei Ausscheiden aus der Teilzeitarbeit das Arbeitslosengeld bis zu 100% des durchschnittlichen Nettolohns der Teilzeitarbeit gezahlt.

Aus der individuellen Perspektive kann die Absicherung von Teilzeitbeschäftigten dennoch nachteilig erscheinen. So kann das Rentensystem Vollzeiterwerbstätige davon abhalten, ihre Arbeitszeit zu reduzieren, da dies im Vergleich zu kontinuierlicher Vollzeiterwerbstätigkeit mit Renteneinbußen verbunden ist. Angesichts der Tatsache, dass ein durchschnittlicher Verdiener schon heute fast 25, ein Erwerbstätiger mit 75% des Durchschnittseinkommens sogar rund 35 Erwerbsjahre benötigt, um eine GRV-Rente oberhalb der Sozialhilfe/ Grundsicherung zu erreichen (Thiede 2005, S. 153), kann dauerhafte Teilzeitarbeit zu unzureichenden Alterssicherungsansprüchen führen.

Anderweitige Nachteile bei der Aufnahme einer Teilzeiterwerbstätigkeit ergeben sich für Personen, die zuvor als nichterwerbstätige Familienmitglieder beitragsfrei in der GKV und PV mitversichert waren. Sie werden mit der Aufnahme einer sozialversicherungspflichtigen Beschäftigung beitragspflichtig, ohne dass sich ihre Leistungsansprüche – mit Ausnahme des Krankengeldes – verändern. Dies dürfte sich dämpfend auf den Wunsch verheirateter Nichterwerbstätiger nach Aufnahme einer (Teilzeit-)Erwerbstätigkeit auswirken (Deutscher Bundestag 2002, Kapitel 7). In der GRV ist zu berücksichtigen, dass die Anrechnung eigener Einkünfte auf eventuelle Hinterbliebenenrentenansprüche die Anreize zum Aufbau eigener Versicherungsansprüche durch Erwerbstätigkeit herabsetzt.[12] Hierin dürfte ein Grund, wenn auch empirisch wohl nicht der ausschlaggebende, für die schleppende Steigerung der Frauenerwerbstätigkeit in Deutschland liegen. Sozialpolitisch bedingte Zurückhaltung gegenüber der Ausübung einer Teilzeiterwerbstätigkeit kann also sowohl von Vollzeiterwerbstätigen wie auch von Nichterwerbstätigen kommen.

3.2 Geringfügige Beschäftigung

Auch die geringfügige Beschäftigung muss im Hinblick auf die soziale Sicherung stärker als bisher üblich im Haushaltskontext diskutiert werden. Unter den gegebenen Bedingungen, zuletzt den 2003 im Rahmen des „Ersten und Zweiten Gesetzes für Moderne Dienstleistungen am Arbeitsmarkt" in Kraft getretenen

---

12 2003 kumulierten rund 30% aller Rentnerinnen eine eigenständige Rente mit einer Hinterbliebenenrente; bei etwa jeder zehnten bzw. zweiten Bezieherin einer Hinterbliebenenrente im Westen bzw. Osten wird die Hinterbliebenenrente aufgrund des eigenen Einkommens gekürzt (eigene Berechnungen auf Basis von VDR-Daten, Klammer 2005b, S. 353f.).

Regelungen, sind diese Beschäftigungsverhältnisse nicht nur unter der Perspektive „Einbuße an sozialem Schutz" zu diskutieren. Ein Großteil der geringfügig Hauptbeschäftigten ist über abgeleitete Sicherungssysteme (in GKV, PV, GRV) „billiger" abgesichert, als er es bei Aufnahme einer sozialversicherungspflichtigen Beschäftigung wäre. Dies gilt nach der letzten Neuregelung auch für die geringfügig Nebenbeschäftigten, für die es wieder attraktiver geworden ist, ihre Haupttätigkeit durch eine Nebentätigkeit zu ergänzen, statt ihre Haupttätigkeit aufzustocken (Koch/Bäcker 2003; Bäcker in diesem Band).[13]

Da zur AV und zur PV keine Beiträge erhoben werden, werden auch keine Ansprüche auf Arbeitslosengeld I und Leistungen im Pflegefall aufgebaut. Auf Grund der geringen Einkommenshöhe der Minijobs wäre ein hypothetisches Arbeitslosengeld I allerdings ohnehin nicht Existenz sichernd und unterhalb des ALG II anzusiedeln, zu dem arbeitslos gewordene Minijobber Zugang haben. Sind die Minijobber/innen über ihren Ehepartner versichert, erwerben sie zudem auch Ansprüche auf Pflegeleistungen. Rentenansprüche werden zwar aufgebaut, das Niveau der *eigenständigen* Absicherung bleibt jedoch sehr gering. Zudem haben Minijobber keinen Anspruch auf das volle Leistungsspektrum der GRV; Leistungen für Rehabilitation, vorgezogene Altersrenten oder Renten wegen verminderter Erwerbsfähigkeit sind ausgenommen. Die Möglichkeit, durch eine freiwillige Aufstockung auch zu diesen Leistungen Zugang zu erhalten, wird bislang nur in weniger als 10% der Fälle genutzt (Fertig et al. 2005).

In der GKV erwerben Arbeitnehmer keine *zusätzlichen* Ansprüche; wer nicht schon GKV-Mitglied ist, z.B. im Rahmen einer Familienversicherung, hat insofern keine Leistungsansprüche. Jüngere Studien machen einen steigenden Anteil ausschließlich geringfügig Beschäftigter aus, die nicht pflicht- und familienversichert sind und sich auf Grund ihres geringen Einkommens keine Krankenversicherung leisten wollen oder können (Greß et al. 2005, S. 6).

Sicherunglücken bestehen also vor allem für geringfügig Hauptbeschäftigte, die nicht an einer Familienversicherung partizipieren. Dies betrifft allerdings nur einen vergleichsweise kleinen Anteil der Minijobber. Eine Untersuchung zeigt zwar, dass etwas mehr als 83% der Minijobber kein weiteres sozialversicherungspflichtiges Beschäftigungsverhältnis ausüben. Die Studie zeigt jedoch auch, dass weniger als 20% aller Beschäftigten in Minijobs allein stehend und somit nicht durch abgeleitete Ansprüche abgedeckt sind. Allerdings zeigen sich Unterschiede zwischen West- und Ostdeutschland: ostdeutsche Minijobber sind selte-

---

13 Die aktuelle Regelung sieht seit Juli 2006 für den Einkommensbereich bis 400 Euro eine Befreiung der Arbeitnehmer von Sozialabgaben vor, während die Arbeitgeber einen pauschalen Satz von 13% für die GKV und 15% für die GRV (plus 2% Steuer) entrichten. Für Minijobs in Privathaushalten gibt es nochmals reduzierte Arbeitgebersätze (im Detail z.B. Brandt 2006, S. 447).

ner verheiratet und der Lebenspartner von geringfügig Beschäftigten im Osten ist deutlich häufiger arbeitslos als der der Vergleichsgruppe im Westen oder partizipiert nicht am Arbeitsmarkt (Fertig et al. 2005). Geht geringfügige Beschäftigung also mit längeren Phasen der Arbeitslosigkeit des Ehepartners einher, wie sich dies in Ostdeutschland zeigt, stößt langfristig die abgeleitete Absicherung in den auf dem Prinzip der Einkommensproportionalität aufbauenden Versicherungssystemen an ihre Grenzen.

Es besteht die Gefahr, dass die übrigen Versicherten die Lasten dieser Strategie zu tragen haben, da durch die scheinbare Begünstigung geringfügiger Beschäftigungsverhältnisse das Ernährermodell weiter subventioniert und der Ausgabenanteil für Hinterbliebenenrenten, die von allen Versicherten finanziert werden, künstlich hochgehalten wird. Ein Teil der Kosten wird auch auf die Steuerzahler überwälzt, insofern sie die Sozialhilfe bzw. die bedarfsgeprüfte Grundsicherung finanzieren müssen, die denjenigen zusteht, die weder hinreichende eigenständige Versicherungsansprüche aufbauen konnte, noch Anspruch auf abgeleitete Renten haben.

3.3 Befristet Beschäftigte

Das Kriterium der Befristung ist für die individuelle soziale Sicherung auf den ersten Blick unschädlich, da ein Beschäftigungsverhältnis, das sich allein durch seine Befristung von einem NAV unterscheidet, den Zugang zu allen Sozialversicherungszweigen eröffnet. Mehrere Gesetze der letzten Jahre, vor allem das Gesetz über Teilzeitarbeit und befristete Arbeitsverträge (in Kraft seit dem 1.1. 2001) sowie das Erste Gesetz für moderne Dienstleistungen am Arbeitsmarkt (in Kraft seit dem 1.1.2003), haben die Befristungsmöglichkeiten weiter ausgedehnt, gleichzeitig jedoch auch Diskriminierungsverbote für befristete Beschäftigung und Zeitarbeit bei Lohn- und Arbeitsbedingungen verankert. Vielfach sehen die Biografien von Personen, die zeitweilig befristet beschäftigt waren, aus der Retrospektive glatt und unauffällig aus – zumindest, wenn nahtlose Übergänge in andere Beschäftigungsverhältnisse gelungen sind und Erwerbsunterbrechungen vermieden werden konnten. Dennoch hat diese Form atypischer Beschäftigung erhebliche Konsequenzen für die soziale Sicherung der Beschäftigten:

(1) So werden durch Befristung die Regelungen des Elternzeitgesetzes unterlaufen. Es entfällt die Beschäftigungsgarantie, die Risiken der Elternschaft werden auf die Eltern (vor allem die Mütter) überwälzt. Dies kann zum Aufschub von oder zum Verzicht auf Elternschaft führen.

(2) Obwohl die bisherigen Voraussetzungen zur Unverfallbarkeit von Anwartschaften auf eine betriebliche Alterssicherung im Rahmen der Rentenreform 2001 reduziert wurden, gibt es weiterhin Defizite beim Zugang von befristet

Beschäftigten zu Betriebsrentensystemen sowie bei der Portabilität im Falle eines Arbeitgeberwechsels. Zwar wurden die Möglichkeiten zur Übertragung von Versorgungsanwartschaften 2005 durch das Alterseinkünftegesetz erweitert, bei internen Durchführungswegen (Direktzusage, Unterstützungskasse) gilt dies jedoch nur, sofern Einvernehmen zwischen den Beteiligten (alter Arbeitgeber, neuer Arbeitgeber, Beschäftigter) besteht.

(3) Zu konstatieren ist eine deutliche Zunahme subjektiver Beschäftigungsunsicherheit (Kohli 2000, S. 377). Hiermit verbunden ist ein erst in Ansätzen erforschtes Thema, nämlich die Auswirkung flexibler/befristeter Beschäftigung auf Gesundheit und Wohlbefinden. Die Ergebnisse vergangener Studien (im Vergleich Deutschland-Großbritannien: Rodriguez 1999) deuten darauf hin, dass flexible, vor allem befristete Arbeitsverhältnisse für die Beschäftigten mit besonderen gesundheitlichen Belastungen und Risiken einhergehen.

(4) Problematisch werden befristete Verträge vor allem dadurch, dass oft kein nahtloser Übergang in eine Anschlusstätigkeit gelingt. Gieseke/Groß (in diesem Band) kommen zu einem ambivalenten Ergebnis bezüglich der „Brückenfunktion" befristeter Beschäftigung; ähnlich zwiespältig sehen die Ergebnisse bezüglich der im Rahmen der Hartz-Gesetze stark ausgebauten Leiharbeit aus (Promberger in diesem Band). Häufig folgt auf die befristete Beschäftigung und Leiharbeit eine Erwerbsunterbrechung. Im Falle der Arbeitslosigkeit entsteht aber nur dann ein Anspruch auf ALG I, wenn mindestens zwölf Monate innerhalb der Rahmenfrist von zwei Jahren in einer sozialversicherungspflichtigen Tätigkeit gearbeitet wurde.

3.4 Selbständige

Historisch war die Bismarck'sche Sozialversicherung in Deutschland als reine Arbeitnehmerversicherung konzipiert. Bis heute zeichnet sich die deutsche Sozialversicherung – anders als in den meisten europäischen Ländern – dadurch aus, dass Selbständige bis auf wenige Sondergruppen von der Versicherungspflicht in den gesetzlichen Systemen ausgeschlossen sind. Dahinter stand die Vorstellung, dass Selbständige eigenständig in der Lage seien, sich gegen soziale Risiken abzusichern. Insbesondere seit Anfang der 1990er Jahre haben sich jedoch sowohl das Ausmaß als auch der Charakter selbständiger Beschäftigung verändert. Wie in vielen europäischen Ländern ist in Deutschland ein Anstieg selbständiger Erwerbstätigkeit zu verzeichnen. Laut Daten des Mikrozensus stieg ihre Anzahl zwischen 1991 und 2005 um ca. 34% an und umfasst heute etwa 4,08 Mio. Personen. Der Anteil Selbständiger an der erwerbstätigen Bevölkerung stieg von knapp über 8% auf etwas mehr als 11% (SVR 2006, S. 265-266). Verstärkt wurde dieser Boom durch den arbeitsmarktpolitisch motivierten

Ausbau der Förderung von Existenzgründungen aus Arbeitslosigkeit im Rahmen der Hartz-Reformen in Form des Existenzgründungszuschusses (Ich-AG; § 421 SGB III alt).[14] Nicht zuletzt in Folge dieser Reformen verbreiteten sich auch zunehmend Formen „neuer" Selbständigkeit, die meist Klein- oder Solounternehmen mit häufig nur geringem Einkommen und Vermögen darstellen (Schulze Buschoff 2006, S. 3; Noll/Wießner in diesem Band; SVR 2006, S. 266).

Insgesamt unterscheidet sich die Einkommenssituation Selbständiger inzwischen nicht mehr wesentlich von der abhängig Beschäftigter, und für einen großen Teil der neuen Selbständigen liegen die Einkommen sogar unter dem allgemeinen Durchschnitt (Betzelt 2004, S. 31; SVR 2006, S. 266). Das Bild von Selbständigen, die nicht des Schutzes der Solidargemeinschaft gegen soziale Risiken bedürfen, muss heute also stark relativiert werden. Wie sind die sozialen Sicherungssysteme in Deutschland auf die Zunahme von (neuer) Selbständigkeit sowie häufiger werdende Wechsel zwischen abhängiger Beschäftigung, Arbeitslosigkeit und Selbständigkeit (Klammer/Tillmann 2002, Kapitel II.3, II.4) eingestellt?

In der gesetzlichen RV sind Selbständige nur in Ausnahmefällen pflichtversichert. Sonderregelungen gelten z.b. für Selbständige, die im kulturellen Bereich tätig sind. Sie sind in der Künstlersozialkasse (KSK) abgesichert. Weitere Ausnahmen bestehen für einige freie Berufe wie Ärzte oder Rechtsanwälte, die in berufsständische Versorgungswerke eingebunden sind, sowie bestimmte Berufsgruppen wie etwa Lehrer, Hebammen oder Landwirte (Fachinger et al. 2004, Kapitel 3.2). Vom Zugang zu einer staatlich geförderten privaten Altersvorsorge im Rahmen der Riester-Reform (Riester-Rente) waren Selbständige zunächst ausgeschlossen. 2005 hat der Gesetzgeber allerdings in Form der so genannten Rürup-Rente, einem steuerlich geförderten Vorsorgeprodukt, das auch von Selbständigen genutzt werden kann, einen Ausgleich geschaffen. Insgesamt ist die Absicherung sozialer Risiken für verschiedene Berufsgruppen Selbständiger in Deutschland sehr uneinheitlich gestaltet und eine Pflichtversicherung, soweit sie überhaupt vorhanden ist, gilt in der Regel nur in den Bereichen Alterssicherung und Invalidität. In den Feldern Krankheit und Pflegebedürftigkeit sind lediglich Landwirte, Künstler und Publizisten versicherungspflichtig.

Ende der 1990er Jahre reagierte der Gesetzgeber auf die Zunahme nur formaler, so genannter Scheinselbständigkeit, indem man den Begriff der „arbeitnehmerähnlichen Person" entwickelte. Der besonderen Schutzbedürftigkeit dieser Gruppe wurde dadurch Rechnung getragen, dass für sie ebenfalls die Rentenversicherungspflicht, nicht jedoch die Pflichtversicherung in der GKV einge-

---

14 Im Juni 2006 wurde dieser nach Zusammenlegung mit dem Überbrückungsgeld (§ 57 SGB III alt) durch den so genannten Gründungszuschuss (§ 57 SGB III neu) ersetzt.

führt wurde.[15] Relativ rasch wurden die Regelungen zur Feststellung der Sozialversicherungspflicht arbeitnehmerähnlicher Arbeitsverhältnisse jedoch durch Nachfolgegesetze wieder aufgeweicht, so dass eine effektive Kontrolle gegen Missbrauch kaum mehr möglich ist.

Mit den Hartz-Reformen fand dann endgültig eine Kehrtwende im Kurs gegenüber den Selbständigen statt, wonach weniger deren Schutzbedarf als arbeitsmarktpolitische Motive für den Ausbau von Selbständigkeit in den Vordergrund gestellt wurden. So wurden etwa auf Ich-AGs Kriterien der Scheinselbständigkeit nicht angewandt. Sie galten als Selbständige, auch wenn sie beispielsweise nur für einen Arbeitgeber arbeiten (Schulze Buschoff 2006, S. 14-15, 17). Anders als beim Mitte der 1980er Jahre eingeführten Überbrückungsgeld (ÜG)[16] existierte für Ich-AGs bis vor kurzem die Rentenversicherungspflicht. Eine freiwillige Versicherung in der Kranken- und Pflegeversicherung auf der Basis von Mindestbeiträgen war möglich. Dass mit der Ich-AG eine bedeutende Gruppe Selbständiger der Sozialversicherungspflicht unterworfen wurde, wenngleich lediglich in der RV und für die Dauer der staatlichen Förderung, stellte eine bemerkenswerte sozialrechtliche Neuerung dar.

Mit der Reform vom Juni 2006 ist man von diesem Prinzip jedoch wieder abgerückt, mit der man sich tendenziell stärker am Überbrückungsgeld als an der Ich-AG orientierte. Die Versicherungspflicht wurde abgeschafft, wenngleich die Möglichkeiten der freiwilligen Versicherung zu besonderen Konditionen auf der Grundlage von Mindestbeiträgen bestehen bleiben. Während der gesamten Förderdauer des Gründungszuschusses werden die Sozialversicherungsbeiträge mit einer Pauschale von 300 Euro staatlich bezuschusst. Diese Lösung birgt allerdings das Risiko, dass die Vorsorge zum Zwecke der sozialen Sicherung leicht kurzfristigen Kostenerwägungen in der häufig schwierigen Startphase eines Unternehmens oder einer schwankenden Auftragslage zum Opfer fällt. Denn ob die Pauschale tatsächlich zum Zweck der sozialen Sicherung verwendet wird, wird nicht überprüft. Dies kann im Schadensfall mit hohen Folgekosten sowohl für die Gemeinschaft, die beispielsweise im Alter mit Fürsorgeleistungen einspringen muss, als auch für die Gesundheit und Existenz des betroffenen Selbständigen verbunden sein.

Von diesen Problemen sind nicht nur die Existenzgründer aus Arbeitslosigkeit betroffen, sondern alle Selbständigen ohne obligatorische Versicherung. In

---

15 Es bestehen allerdings Ausnahmemöglichkeiten in den ersten drei Jahren nach Beginn der Selbständigkeit, z.B. für bestimmte Formen der Existenzgründung. Zu den genauen Regelungen für Ich-AGs bzw. Bezieher/innen des Gründungszuschusses siehe unten.
16 ÜG-Empfänger erhalten eine Förderung in Höhe des ihnen zustehenden Arbeitslosengeldes zuzüglich der darauf entfallenden Sozialversicherungsbeiträge. Ihre soziale Absicherung liegt jedoch in ihrer eigenen Hand (Noll/Wießner in diesem Band).

der Krankenversicherung ist z.b. das Risiko der Nicht-Versicherung seit Mitte der neunziger Jahre für Erwerbstätige, darunter vor allem für Selbständige, deutlich gestiegen, was ebenfalls auf die heterogenen Versicherungsstrukturen des KV-Systems für die verschiedenen Erwerbsformen zurückzuführen ist. Es lässt sich ein Anstieg des Anteils der nicht krankenversicherten Selbständigen beobachten (Greß et al. 2005, S. 8). In der GKV wurde der Zugang für Selbständige vom Gesetzgeber bereits seit Ende der achtziger Jahre erschwert, um Trittbrettfahrerverhalten im nach GKV und PKV segmentierten Versicherungssystem einzudämmen.[17] Die Kehrseite dieser Maßnahmen ist, dass privat versicherte Selbständige, die sich ihre Prämien in schwierigen Geschäftsphasen nicht mehr leisten können, ihren privaten Versicherungsschutz verlieren und nicht ohne Weiteres in die GKV zurückkehren können. Der in den Eckpunkten zur Gesundheitsreform 2006 vorgesehene PKV-Basistarif könnte eine gewisse Abhilfe schaffen. Durch den Basistarif müssen alle Nicht-Versicherten in Zukunft bei der Versicherung aufgenommen werden, in der sie zuletzt versichert waren (Kontrahierungszwang). Dieser Tarif soll die gleichen Leistungen beinhalten wie bei den gesetzlichen Krankenkassen üblich, und der Beitrag darf nicht höher sein als der GKV-Höchstbeitrag.

In der Arbeitslosenversicherung konnten bis weder Existenzgründer aus Arbeitslosigkeit noch andere Selbständige Mitglied werden. Schlug bei den erstgenannten die selbständige Tätigkeit fehl, konnte jedoch die Restdauer eines Anspruchs auf Arbeitslosengeld bis zu vier Jahre nach Entstehung noch geltend gemacht werden. Seit Februar 2006 haben Selbständige unter bestimmten Voraussetzungen das Recht, freiwillig in der Arbeitslosenversicherung Beiträge zu leisten und damit ihren Versicherungsschutz aufrecht zu erhalten. Dies kann vor dem Hintergrund sich wandelnder Arbeitswelten und Erwerbsverläufe als bemerkenswerte Innovation betrachtet werden. Allerdings rückte man bereits nach wenigen Monaten vom Konzept einer umfassenden Absicherung ab und beschränkte diese Option auf Neugründungen nach dem 1.1. 2004 (Müller-Schoell 2006).

Die Erwerbslandschaft verändert sich und internationale Vergleichsstudien heben vorteilhafte Wirkungen von Sozialstaatsstrategien hervor, die unterschiedliche Erwerbsformen in Bezug auf die sozialen Sicherungssysteme nicht selektiv, sondern vergleichbar behandeln (Döring 2006). Dies gilt umso mehr, da Erwerbsformen wie Selbständigkeit heute oft nur noch eine Phase im Erwerbsleben darstellen bzw. Erwerbsform und -umfang im Lebensverlauf häufig wech-

---

17 Dies sollte verhindern, dass privat Versicherte in jungen Jahren die Vorzüge der höheren PKV-Leistungen in Anspruch nehmen, um im Alter, wenn die PKV-Versicherungsprämien ansteigen, ins Solidarsystem der gesetzliche Krankenversicherung zurückzukehren, dessen Beiträge nicht nach Gesundheitsrisiken differenzieren.

seln. Wie die vorangegangen Ausführungen gezeigt haben, ist die Sozialversicherung in Deutschland davon weit entfernt.

Segmentierte Schutzsysteme bergen nicht nur Gerechtigkeitsdefizite im Sinne einer ungleichen Beitrags-/Leistungsbilanz für verschiedene Berufsgruppen und Erwerbsformen, sie gehen auch mit der Gefahr von Sicherungslücken für Personengruppen einher, deren Sicherung auf Freiwilligkeit beruht. Der Wechsel zwischen Erwerbsformen birgt damit ein höheres Risiko, zumindest jedoch ist er mit einem höheren organisatorischen Aufwand verbunden. Im Rahmen einer Erwerbstätigenversicherung, die alle Selbständigen systematisch und obligatorisch einbezieht, ließen sich solche Wechsel leichter organisieren. Auf das damit zwangsläufig einhergehende Problem einer gerechten Beitragsgestaltung, die weder die Selbständigen zu sehr belasten[18], noch zu stark zu Ungunsten der abhängig Beschäftigten umverteilen sollte, kann an dieser Stelle nicht näher eingegangen werden. Internationale Erfahrungen zeigen jedoch (für die Arbeitslosenversicherung Müller-Schoell 2006), dass diese Fragen lösbar und die soziale Sicherung Selbständiger tragfähiger gestaltbar ist, als dies derzeit in Deutschland der Fall ist.

4. Auswirkungen der Verbreitung „atypischer" Beschäftigungsverhältnisse auf die Finanzierung der sozialen Sicherungssysteme

Die Ausbreitung von atypischen Arbeitsverhältnissen hat nicht nur Konsequenzen für die soziale Sicherung der Beschäftigten, sondern wirkt sich auch direkt auf die Sozialleistungssysteme und ihre Finanzierbarkeit aus, wie im Folgenden skizziert wird.

4.1 Teilzeitarbeit

Von der Zunahme sozialversicherungspflichtiger Teilzeitbeschäftigung wäre auf den ersten Blick ein Anstieg der Finanzierungsprobleme in den Sozialversicherungssystemen zu erwarten, da zumindest in den Sachleistungssystemen volle Leistungen bei vergleichsweise geringen Beiträgen gewährt werden (Bedarfsprinzip). Faktisch ist das Anwachsen der Teilzeitbeschäftigung jedoch nicht für den bisher stattgefundenen Beitragssatzanstieg verantwortlich, da die Teilzeitarbeit überwiegend nicht Vollzeitarbeit ersetzt hat, sondern an die Stelle der Nichterwerbstätigkeit (von Frauen) getreten ist. Ein beträchtlicher Teil der teilzeitbeschäftigten Frauen war zuvor als Ehefrau eines Versicherten beitragsfrei mit-

---

18 Für Selbständige steuert in der Regel kein Arbeitgeber, in einigen Fällen allerdings – wie etwa in der Künstlersozialkasse – der Auftraggeber Beiträge hinzu.

versichert, das heißt es bestand ohnehin über die abgeleitete Sicherung ein Leistungsanspruch.

Für die GRV ist der Anstieg von Teilzeitbeschäftigung ebenfalls wenig problematisch, da die Leistungen von den vorherigen Beiträgen abhängig sind, wobei die GRV im Wesentlichen die gesamte Erwerbsbiografie abbildet und insofern ein echtes „erwerbsbiografisches" System ist, in dem Zeit und Einkommen durch die Berechnung der Entgeltpunkte im Wesentlichen substituierbar sind. Zu beachten ist, dass sich das durch die Erhöhung der Teilzeitquote verminderte Durchschnittseinkommen über die Rentenanpassung auch dämpfend auf den Anstieg aller Renten auswirkt. Ein entlastender Nebeneffekt ergibt sich für die GRV auch dadurch, dass die Aufnahme einer (Teilzeit-) Erwerbstätigkeit durch vorher nicht berufstätige Frauen deren eigenständige Ansprüche erhöht und über die Anrechnungsvorschriften der Anteil bzw. das Volumen der Hinterbliebenenleistungen sinkt, ohne dass gleichzeitig Einbußen an Beiträgen durch die versicherten Ehepartner anfallen.

(Relative) Mehrausgaben für die GRV können sich allerdings im Rahmen der wenigen umverteilenden Regelungen ergeben, so im Bereich der Anrechnung von Ausbildungszeiten, die durch die letzten Rentenreformen jedoch sukzessive abgebaut wurde. Mehrausgaben in beträchtlichem Umfang finden sich bei solchen Teilzeitoptionen, die bewusst kollektiv subventioniert werden. Zu nennen sind hier vor allem die Aufwertung von Teilzeiterwerbstätigkeit von Eltern während der so genannten Kinderberücksichtigungszeiten, die Zahlung von Beiträgen für Teilzeit arbeitende private Pflegepersonen sowie die Beitragsaufstockung in Altersteilzeitmodellen. Die Mehrbelastung haben nicht allein die Versicherten, sondern über den Bundeszuschuss zur GRV alle Steuerzahler zu tragen. Die Absicherung von Pflegepersonen wird dagegen von der beitragsfinanzierten PV, die Aufstockung der Altersteilzeit teils von den Betrieben, teils von der BA getragen. Es gehen also gegenläufige Effekte von einer Erhöhung der Teilzeitquote auf die Finanzierbarkeit des Rentensystems aus, deren Saldo nicht leicht zu ermitteln ist.

4.2 Geringfügige Beschäftigung

Durch die geringfügige Beschäftigung kommt es angesichts der bestehenden Regelungen im Vergleich zu einer „vollen" Steuer- und Beitragspflicht zu Ausfällen an Steuern und Sozialbeiträgen, da nur eine zweiprozentige Pauschalbesteuerung erfolgt, keinerlei Beiträge an die AV gezahlt werden und auch die vom Arbeitgeber zu entrichtenden Beiträge zur GRV und GKV deutlich unter dem üblichen Gesamtbeitragssatz liegen. Diese Beitragsausfälle waren vor der Reform im Jahr 1999 ein Argument dafür, die geringfügigen Beschäftigungsverhältnisse in die Sozialversicherungspflicht einzubeziehen, während die erneute Verringerung der Beitragsverpflichtungen für bestimmte Gruppen von Niedrigeinkommensbezieher/inne/n (vor allem geringfügig Nebentätige) im Jahr 2003 von der gegenteiligen Auffassung geprägt war, dass auf diese Weise Schwarzarbeit legalisiert werden könne und den Sozialversicherungen hierdurch letztlich mehr Beiträge zuflössen.

Die Versicherungsträger gingen jedoch schon bei der Einführung der Mini-/Midi-Jobs von weniger optimistischen Erwartungen aus: Während die Rentenversicherungsträger Beitragsausfälle von 500 bis 750 Mio. Euro pro Jahr erwarteten, rechneten die Krankenkassen mit Mindereinnahmen von 200 bis 250 Mio. Euro (Koch/Bäcker 2003, S. 100). Die bisher vorliegenden Einschätzungen der finanziellen Auswirkungen der Mini-/Midi-Job-Reform auf die Finanzen der Sozialversicherungen divergieren stark. Solange nicht klar ist, in welchem Umfang zusätzliche Minijobs aus der Schattenwirtschaft entstehen und wie viel Substitution sozialversicherungspflichtiger Beschäftigung stattfindet, lassen sich Mehr- oder Mindereinnahmen für die Sozialversicherung somit nicht exakt beziffern (Ehler 2005, S. 394). Je nachdem, welche Annahmen über Verdrängungseffekte getroffen werden, variieren Schätzungen zwischen Mehreinnahmen für GRV und GKV (Bundesknappschaft) über Einnahmeverluste von jährlich ca. 612 Mio. Euro (IAB) bis hin zu Mindereinnahmen von 1 Mrd. Euro pro Jahr (DIW[19], Studien zitiert nach Brandt 2006, S. 450).

Für die GKV sind die (niedrigen) Beiträge unter den gegebenen Umständen ein Gewinn, insofern sie nur von denen erhoben werden, die ohnehin schon beitragsfrei mitversichert waren, so dass für die Kassen keine Mehrausgaben resultieren. In der GRV kommt es kurzfristig zu Mehreinnahmen, wenn man Schwarzarbeit zum Vergleichsmaßstab nimmt, aber zu Mindereinnahmen, sofern man den Vergleich mit der „normalen" Beitragspflicht zieht. Diese sind in der GRV und AV auch deshalb höher einzuschätzen als in der GKV, weil hier die Beitragssatzdifferenz zwischen Mini-Job und sozialversicherungspflichtiger Beschäftigung größer ist (SVR 2004, S. 271). Langfristig stehen den Beiträgen in der GRV auch Ansprüche entgegen. Hier macht die GRV jedoch einen „guten Deal": Sofern die Rentenversicherungsbeiträge nicht vom Arbeitnehmer freiwillig auf den vollen Satz aufgestockt werden, was bislang selten geschieht, wie in Abschnitt 3.2 beschrieben, gewährt sie dem Versicherten nicht den kompletten vorgesehenen Schutz gegen biometrische Risiken, wodurch die Rendite der Beiträge von geringfügig Beschäftigten unter derjenigen der „normalen" Versicherten liegen dürfte.

---

19 Die Zahl umfasst Aufkommensverluste der Sozialversicherung zuzüglich der Einkommensteuerminderung.

Atypische Beschäftigung und sozialer Schutz

4.3 Befristete Beschäftigung

Da befristete Beschäftigung zur gleichen Versicherungs- und Beitragspflicht wie eine vergleichbare unbefristete Beschäftigung führt, entstehen keine unmittelbaren Probleme für die Finanzierung der Sozialversicherungen. Sofern sich allerdings an die befristete Tätigkeit eine Phase der Arbeitslosigkeit anschließt, kommt es – wie generell im Falle der Arbeitslosigkeit – auf vielen Ebenen zu Einnahmeausfällen und Mehrausgaben für den Fiskus und die Parafisci. Günstig ist es für die Sozialversicherungssysteme, wenn Arbeitslosigkeit durch interne Arbeitsumverteilung vermieden oder reduziert werden kann. Der Fiskus beteiligt sich in diesem Fall im Rahmen der progressiven Einkommensbesteuerung, indem er Steuerausfälle in Kauf nimmt, die aber geringer sein dürften als die ansonsten zu entrichtenden Arbeitslosenleistungen.

Ein wichtiges Thema im Kontext der Kosten für die soziale Sicherung sind die Zusammenhänge zwischen befristeter Beschäftigung und Gesundheit. Untersuchungen deuten auf erhöhten Stress und langfristige Folgen befristeter Beschäftigung (wie auch Langzeitarbeitslosigkeit) hin (Rodriguez 1999, S. 8-10). Dies kann zu Kostensteigerungen im Gesundheitswesen führen; die Kosten der Flexibilisierung werden externalisiert und auf die Sozialversicherungssysteme überwälzt. Ceteris paribus führt befristete Beschäftigung auch zu höheren Kosten für das System der Arbeitslosensicherung, da die Wahrscheinlichkeit, dass schon nach kurzer Zeit ein Leistungsanspruch (aufgrund eines Übergangs in die Arbeitslosigkeit) geltend gemacht wird, höher ist als bei unbefristeter Beschäftigung (Giesecke/Groß in diesem Band). Entscheidend ist hier, dass die Anspruchsdauer auf ALG I, sofern die Schwelle von einem Beitragsjahr überschritten ist[20], im Wesentlichen unabhängig von der Dauer der vorherigen Beitragszahlung ist.[21] Dieser Effekt wurde bis Ende 2004 durch die Arbeitslosenhilfe weiter verstärkt. Die negative Bilanz für das System der AV gilt allerdings nicht, wenn angenommen wird, dass es sich bei befristeter Beschäftigung um zusätzliche Stellen handelt. Dies ist jedoch empirisch kaum zu belegen.

Für die Finanzierungsseite der GRV ist die Frage der Befristung im Wesentlichen unerheblich. Innerhalb von herkömmlichen Betriebsrentensystemen ergeben sich bei höherer Fluktuation durch einen höheren Anteil befristet Beschäftigter dagegen aufgrund der Mindestvoraussetzungen zur Unverfallbarkeit von Ansprüchen tendenziell Einsparungen zu Lasten der Betroffenen, die ihren Anspruch beim Ausscheiden aus dem Betrieb verlieren.

---

20 Beitragszahlungen von unter einem Jahr führen nicht zu Ansprüchen auf ALG I.
21 Eine stärkere Verknüpfung zwischen Einzahlungsdauer und potenzieller Leistungsdauer wird zur Zeit (Nov. 06) politisch intensiv, jedoch kontrovers diskutiert.

4.4 Selbständige

Die Ungleichbehandlung von Erwerbsformen trägt zur Risikoselektion und finanziellen Erosion der Kernsysteme bei, wie sich besonders deutlich am Beispiel der Krankenversicherung zeigt. Dass sich bestimmte Gruppen (vor allem Selbständige und Beamte) sowie einkommensstarke Angestellte oberhalb der Versicherungspflichtgrenze dem System der GKV systematisch entziehen können, hat die Einnahmensituation der GKV zusätzlich verschlechtert. In den letzten 20 Jahren haben im Saldo rund 4 Mio. Personen die GKV verlassen und sind in die PKV gewechselt (Bundesministerium für Gesundheit 2005, Tab. 9.18). Dabei handelte es sich vorwiegend um gut verdienende, gesunde und freiwillig Versicherte in der GKV. Viele Selbständige sind erst gar nicht in die GKV eingetreten. Die Mitglieder der PKV beteiligen sich weder (direkt) am Einkommensausgleich für Personen mit geringem Einkommen, noch am Familienlastenausgleich, noch am Risikostrukturausgleich für Kassen mit vielen Schwer- und chronisch Kranken. Der Abgang an guten Risiken mit hohen Einkommen von der GKV in die PKV erzwang weitere Leistungskürzungen und Beitragssatzsteigerungen in der GKV, was wiederum andere freiwillig Versicherte zum Wechsel bewegt haben dürfte.

Generell würden durch eine weit gehende Einbeziehung der Selbständigen in die verschiedenen Zweige der Sozialversicherungen nicht nur neue Finanzquellen erschlossen, sondern auch neue Leistungsansprüche entstehen. Inwiefern eine solche Einbeziehung das Einnahme- und Ausgabenverhältnis in der Sozialversicherung langfristig verbessert, hängt wesentlich von den sozio-ökonomischen Merkmalen des neuen Versichertenkreises wie Lebenserwartung und Einkommenshöhe ab. Zudem kommt es auf die Ausgestaltung der Beitragsregeln an. Günstige Mindestbeiträge wie im Fall der Existenzgründungen aus Arbeitslosigkeit sind aus der Perspektive des Schutzbedarfes von Selbständigen wünschenswert. Würden diese nicht über zusätzliche Steuermittel ausgeglichen, wären die Beiträge dieser Versicherten aber voraussichtlich nicht kostendeckend. Im Bereich Alterssicherung wären Einsparungen jedoch in jedem Fall bei der Grundsicherung im Alter zu erwarten. Für das Krankenversicherungssystem kann davon ausgegangen werden, dass die Eingliederung von derzeit PKV-versicherten Selbständigen in das GKV-System die Finanzierung der Sozialversicherung insofern optimieren würde, als die Trennung zwischen „guten Risiken" in der PKV und „schlechten Risiken" in der GKV relativiert würde.

5. Atypische Beschäftigung – sozial gesichert oder prekär?

Aus den dargestellten Zusammenhängen wird ersichtlich, dass EU-Regelungen zwar nicht ohne Einfluss auf die Regulierung atypischer Beschäftigung in den Mitgliedstaaten bleiben, der Bereich der sozialen Sicherung dieser Beschäftigtengruppen lediglich sehr schwach berührt wird. Wie die Betrachtung der deutschen Situation zeigte, ist das Kriterium der „atypischen" Beschäftigung – als Sammelbegriff für vom NAV abweichende Beschäftigungsformen – nur begrenzt hilfreich zur Erklärung von Problemen der individuellen sozialen Absicherung wie auch der Finanzierung der Sozialleistungssysteme. Ob die soziale Absicherung einer Person unzureichend oder „prekär" ist, hängt nicht nur von der Art der Erwerbstätigkeit, sondern auch von ihrer Dauer sowie vom familiären Kontext ab.

In Bezug auf die Finanzierung der an abhängige Erwerbsarbeit anknüpfenden Sozialversicherungen ist, neben anderen Faktoren, nicht die Zahl der *atypischen*, sondern die Zahl der *nicht sozialversicherungspflichtigen* Beschäftigungsverhältnisse sowie ihr Anteil an allen Arbeitsplätzen, an der Lohnquote und am Volkseinkommen relevant.

Problematisch ist die Tatsache, dass in Deutschland die Zahl und der Anteil sozialversicherungspflichtiger Beschäftigungsverhältnisse rückläufig sind und sozialversicherungspflichtige Arbeit zunehmend durch Formen nicht-sozialversicherungspflichtiger Erwerbsarbeit ersetzt wird. Wie eine IAB-Studie (Bach et al. 2005) aufzeigte, ist in den letzten anderthalb Jahrzehnten (von 1991 bis 2005) zwar die Zahl der Erwerbstätigen leicht – von 38,6 auf 38,8 Mio. – angestiegen, die sozialversicherungspflichtigen Beschäftigungsverhältnisse sind jedoch von 30,0 auf 26,2 Mio., d.h. um 13%, zurückgegangen. Seit 2001 gingen bis Anfang 2006 pro Quartal saisonbereinigt etwa 100.000 sozialversicherungspflichtige Arbeitsplätze verloren. Dem standen Zuwächse in vergleichbarer Höhe an nicht sozialversicherungspflichtiger Erwerbstätigkeit (vor allem Mini-Jobs, Selbständigkeit) gegenüber: die geringfügige Beschäftigung hat sich mehr als verdoppelt, die Zahl der Selbständigen und mithelfenden Familienangehörigen stieg um rund ein Viertel (ebd., S. 4). Auch im zweiten Arbeitsmarkt wurden durch die arbeitsmarktpolitischen Reformen sozialversicherungspflichtige Maßnahmen (ABM, SAM) abgebaut, während die neuen Arbeitsgelegenheiten (Ein-Euro-Jobs) nicht sozialversicherungspflichtig sind.

Die arbeitsmarktpolitische Strategie, Arbeit durch Einsparungen bei den Sozialversicherungsbeiträgen „billiger" zu machen (Mini- und Midijobs, Förderung von Ich- und Familien-AGs etc.) birgt insofern, da sie zu Mitnahme- und Substitutionseffekten führt, ein nicht unerhebliches Risiko in Bezug auf die soziale Sicherung der Erwerbstätigen und die Finanzierbarkeit der Sozialleistungssysteme.

Schwierig ist es zudem, wenn auch sozialversicherungspflichtige Erwerbstätigkeit nur noch zu einem Einkommen führt, mit dem die Erwerbstätigen – gegebenenfalls im Familienzusammenhang – gerade „über die Runden kommen". Treten diejenigen Risiken ein, die eigentlich durch das Sozialversicherungssystem geschützt werden sollen, allen voran Arbeitslosigkeit und Alter, reicht der erworbene Anspruch auf Lohnersatzeinkommen nicht mehr aus, um Armut zu vermeiden. Die Überwälzung der Lasten auf die steuerfinanzierte Sozialhilfe bzw. das ALG II oder aber auf die bedarfsorientierte Grundsicherung im Alter ist damit vorprogrammiert. Dies betrifft nicht nur Personen mit atypischer Beschäftigung, sondern auch Personen in niedrig entlohnten Normalarbeitsverhältnissen. Wie Auswertungen auf der Basis der IAB-Beschäftigtenstichprobe zeigen, sind nicht nur die Zahl und der Anteil der Niedriglöhner unter den Vollzeitbeschäftigten seit der zweiten Hälfte der 1990er Jahre in Deutschland deutlich gestiegen (auf 17,4% bzw. 3,6 Mio. im Jahr 2001)[22], sondern die Aufstiegsmobilität aus dem Niedriglohnbereich ist im Laufe der letzten zwei Jahrzehnte auch deutlich zurückgegangen (Rhein et al. 2005). Es ist somit eine Verfestigung im Niedriglohnbereich zu konstatieren.

Vor der Rentenreform 2001 musste ein Durchschnittsverdiener bereits fast 25 Jahre, ein (Vollzeit- oder Teilzeit-)Erwerbstätiger mit einem Erwerbseinkommen in Höhe von 75% des Durchschnitts aller rentenversicherten Personen sogar fast 33 Jahre arbeiten, um eine Rente oberhalb des Sozialhilfeniveaus zu erhalten (Koch/Bäcker 2003, S. 112). Im Rahmen des 2005 in Kraft getretenen RV-Nachhaltigkeitsgesetzes wurde die bisherige Niveausicherungsklausel des §154 Abs. 3 SGB VI für das (Netto-)Standardrentenniveau gestrichen und durch ein reduziertes Mindestsicherungsziel ersetzt, durch das Alterseinkünftegesetz (2005) wurde zudem der allmähliche Übergang zur nachgelagerten Besteuerung beschlossen. Wie der VDR berechnet hat, bedeuten die Kürzungen durch das RV-Nachhaltigkeitsgesetz eine langfristige Absenkung des Nettostandardrentenniveaus (für den Eckrentner) von knapp 69% bis auf 58,5% im Jahr 2030, durch das Alterseinkünftegesetz ergibt sich für den Standard-Zugangsrentner des Jahres 2030 sogar nur noch ein Nettorentenniveau von 52,2% (Steffen 2005, A2). Wenn diese Reformen nicht durch eine generelle Versicherungspflicht für alle Erwerbsformen und -einkommen (gegebenenfalls mit Subventionierung der Beiträge) flankiert werden, wird es für Niedrigverdiener und Personen mit diskontinuierlichen Erwerbsbiografien in Zukunft kaum noch möglich sein, Versicherungsansprüche oberhalb des Niveaus der bedarfsorientierten Grundsicherung zu

---

22 Als Niedriglohnbezieher werden die Vollzeitbeschäftigten angesehen, die weniger als zwei Drittel des Medianeinkommens verdienen. Im Unterschied zu Deutschland hat die Mehrheit der EU-Länder (nämlich 20 der 27 Mitgliedstaaten) einen gesetzlichen Mindestlohn.

akkumulieren. Die Kosten hätten die Steuerzahler der Rentenbezugsperiode zu tragen.

In ähnlicher Weise werden die Kosten dort verschoben, wo sozialversicherungspflichtige Teilzeitbeschäftigung oder geringfügige Beschäftigung durch die steuerliche Begünstigung der Ehe und abgeleitete Sicherungsformen unterstützt werden: Sie werden zum Teil der Gemeinschaft der Versicherten und ihrer Arbeitgeber aufgebürdet (Kosten für beitragsfreie Mitversicherung, Hinterbliebenenrenten), zum Teil den Steuerzahlern (Kosten für ALG II, bedarfsorientierte Grundsicherung im Alter).

Die Legitimation der Sozialversicherungen liegt u.a. in der Tatsache begründet, dass Menschen ihre zukünftigen Bedürfnisse zu gering einschätzen und aufgrund einer hohen Gegenwartspräferenz zu wenig Vorsorge betreiben. Die gegenwärtige politische Strategie, die es nicht nur ermöglicht, der Abgabenbelastung durch Lücken in der Versicherungspflicht (z.B. durch das Ausweichen in selbständige Formen der Erwerbstätigkeit) zu entgehen, sondern die die Einsparung von Sozialbeiträgen (unter Inkaufnahme eines verminderten Schutzes) im Rahmen des Ausbaus von geringfügiger Beschäftigung und nicht sozialversicherungspflichtiger Selbständigkeit sogar fördert, ignoriert diese Grundprämisse der „Minderschätzung zukünftiger Bedürfnisse" zugunsten einer Gegenwartsorientierung. Die Folgen – unzureichende Renten, steigender Sozialhilfe-/Grundsicherungsbedarf – werden kollektiviert und stellen eine Hypothek für die Zukunft dar. Die Weiterentwicklung der arbeitnehmer/innenzentrierten Sozialversicherung Bismarck'scher Prägung in Richtung Erwerbstätigen- oder gar Bürgerversicherung, in die alle Erwerbsformen bzw. Bürger/innen obligatorisch und systematisch einbezogen sind, könnte dem entgegenwirken. Wie die Reform der Ich-AGs sowie die aktuelle Gesundheitsreform zeigen, findet diese Empfehlung bisher jedoch kaum Eingang in die Politik.

Literatur

Bach, H.-U.; Gaggermeier, C.; Klinger, S. (2005): Sozialversicherungspflichtige Beschäftigung. Woher kommt die Talfahrt? IAB-Kurzbericht 26. Nürnberg

Bäcker, G.; Koch, A. (2003): Die Jungen als Verlierer? Alterssicherung und Generationengerechtigkeit. In: WSI Mitteilungen, 56, S. 111-117

Betzelt, S. (2004): Konzeptvorschlag zur sozialen Altersabsicherung Selbstständiger. Gutachten im Auftrag des Projektes mediafon der Vereinten Dienstleistungsgewerkschaft (ver.-di). Bremen

Brandt, T. (2006): Bilanz der Minijobs- und Reformperspektiven. In: WSI Mitteilungen, 59, S. 446-452

Bundesministerium für Gesundheit (2005): Statistisches Taschenbuch Gesundheit 2005. Berlin

Deutscher Bundestag (2002): Bericht der Bundesregierung zur Berufs- und Einkommenssituation von Frauen und Männern. BT-Drucksache 14/8952. Berlin

Döring, D. (2006): Der verlorene Charme des Sozialstaats: Ein Vergleich zwischen verschiedenen europäischen Strategien und ihrer Auswirkungen auf die Beschäftigung. In: Frankfurter Allgemeine Zeitung, 5.8.2006, S. 13

Düll, N. (2002): Defining and assessing precarious employment in Europe: a review of main studies and services, ESOPE Project, Deliverable 1. München

Ehler, J. (2005): Zur Entwicklung der Mini- und Midijobs. In: Deutsche Rentenversicherung, 60, S. 394-412

EurActiv (2006): Kommission zieht Mitteilung zum Arbeitsmarkt zurück (www.euractiv.com; abgerufen am 24.11.2006)

Fachinger, U.; Oelschläger, A.; Schmähl, W. (2004): Alterssicherung von Selbstständigen. Bestandsaufnahme und Reformoptionen. Münster

Falkner, G. (1998): EU Social Policy in the 1990s: Towards a Corporatist Policy Community. London

Falkner, G.; Treib, O.; Hartlapp, M.; Leiber, S. (2005): Complying with Europe: EU Harmonisation and Soft Law in Member States. Cambridge

Fertig, M.; Kluve, J.; Scheuer, M. (2005): Was hat die Reform der Minijobs bewirkt? Erfahrungen nach einem Jahr. Berlin

Greß, S.; Walendzik, A.; Wasem, J. (2005): Nichtversicherte Personen in Krankenversicherungssystem der Bundesrepublik Deutschland – Bestandsaufnahme und Lösungsmöglichkeiten. Expertise für die Hans-Böckler-Stiftung. Düsseldorf

Klammer, U. (2005a): Sozialpolitische Dimensionen flexibler Arbeitszeiten und Erwerbsbiographien. In: Seifert, H. (Hg.): Flexible Zeiten in der Arbeitswelt. Frankfurt/M., New York, S. 304-329

Klammer, U. (2005b): Soziale Sicherung. In: Bothfeld, S. et al.: WSI-FrauenDatenReport 2005. Berlin, S. 307-383

Klammer, U.; Tillmann, K. (2002): Flexicurity – Soziale Sicherung und Flexibilisierung der Arbeits- und Lebensverhältnisse, MASQT 1106. Düsseldorf

Koch, A.; Bäcker, G. (2003): Mit Mini- und Midi-Jobs aus der Arbeitslosigkeit? Die Neuregelungen zur Beschäftigungsförderung im unteren Einkommensbereich. In: Sozialer Fortschritt, 52, S. 94-102

Kohli, M. (2000): Arbeit im Lebensverlauf: Alte und neue Paradoxien. In: Kocka, J.; Offe, C. (Hg.): Geschichte und Zukunft der Arbeit. Frankfurt/M., New York, S. 362-382

Leiber, S. (2005): Europäische Sozialpolitik und nationale Sozialpartnerschaft. Frankfurt/M.

Müller-Schoell, T. (2006) Arbeitslosenversicherung für Selbstständige: Ist die freiwillige Weiterversicherung ein positiver Beitrag zu Flexicurity? (http://www.monapoli.de/cps/rde/xbcr/SID-3D0AB75D-9ED28445/monapoli/Selbstaendige_AV_TMS_1006.pdf; abgerufen 1.11.2006)

Rhein, T.; Gartner, H.; Krug, G. (2005): Niedriglohnsektor. Aufstiegschancen für Geringverdiener verschlechtert. IAB-Kurzbericht 3. Nürnberg

Rodriguez, E. (1999): Marginal Employment and Health in Germany and the United Kingdom: Does Unstable Employment Predict Health? Berlin: Wissenschaftszentrum Berlin für Sozialforschung (WZB), discussion paper FS I 99-203

Schulze Buschoff, K. (2006): Die soziale Sicherung von Selbstständig Erwerbstätigen in Deutschland. Berlin: Wissenschaftszentrum Berlin für Sozialforschung (WZB), discussion paper SP I 2006-107

Steffen, J. (2005): Rentenversicherung. Übersicht zu den Neuregelungen ab 2005 (http://www.arbeitnehmerkammer.de/sozialpolitik; abgerufen 1.11.2006)

Streeck, W. (1995): Neo-Voluntarism: A New European Social Policy Regime? In: European Law Journal, 1, S. 31-59

SVR – Sachverständigenrat zur Begutachtung der gesamtwirtschaftlichen Entwicklung (2004): Erfolge im Ausland – Herausforderungen im Innland. Jahresgutachten 2004/05. Berlin

SVR – Sachverständigenrat zur Begutachtung der gesamtwirtschaftlichen Entwicklung (2006): Widerstreitende Interessen – Ungenutzte Chancen. Jahresgutachten 2006/07. Berlin

Thiede, R. (2005): Anforderungen an eine zukunftsfähige Rentenversicherung In: Die Angestelltenversicherung, 52, S. 145-155

Visser, J. (2005): The OMC as Selective Amplifier for National Strategies of Reform. What the Netherlands Want to Learn from Europe. In: Zeitlin, J.; Pochet, P; Magnussen, L. (Hg.): The Open Method of Co-ordination in Action. The European Employment and Social Inclusion Strategies. Brussels, S. 173-215

Atypische Beschäftigung, Normalarbeitsverhältnis und Gewerkschaften

Ein internationales Problem?

Christian Dufour, Adelheid Hege

Welche Rolle spielen atypische Beschäftigungsformen in der und für die gewerkschaftliche Interessenvertretung? Dieser Frage sind wir am Beispiel von acht Ländern nachgegangen: Niederlande, Dänemark, Schweden, Deutschland, Italien, Spanien, Vereinigtes Königreich, USA.[1] Alle gehören dem kleinen Kreis der reichen Industrienationen an. Der Arbeitnehmerstatus hat sich in diesen Ländern im Lauf der Zeit zur dominierenden Form der sozialen und ökonomischen Integration der Bevölkerung entwickelt. Gewerkschaften gibt es seit langer Zeit in jedem dieser Länder, und den Arbeitnehmerorganisationen ist es im Laufe von Jahrzehnten gelungen, das Arbeitsverhältnis durch ein ausgebautes System von Rechten und Garantien abzusichern. Eben diese Schutzeinrichtungen werden heute in Frage gestellt.

Die Rolle der Gewerkschaften steht im Mittelpunkt des vorliegenden Beitrags. Einleitend stellen wir fest, dass „atypische Beschäftigung" als Problem in den Ländern thematisiert wird, in denen das Normalarbeitsverhältnis zuvor zur praktischen sozialen Norm geworden war (1). Die Gewerkschaften, die bei der Beschäftigungssicherung eine hervorragende Rolle gespielt haben, sind vom Bedeutungszuwachs atypischer Beschäftigung nicht in gleichem Maße betroffen; wir versuchen die länderspezifischen Situationen zu typologisieren (2). Anschließend gehen wir der Frage nach, warum mit der Erosion des Normalarbeitsverhältnisses zugleich die Qualität der gewerkschaftlichen Interessenvertretung bedroht ist; dabei interessieren wir uns für den historischen Beitrag der Gewerkschaften zur Strukturierung und Hierarchisierung einer heterogen zusammengesetzten Arbeitnehmerschaft – und für die Auswirkungen ihrer abnehmenden Fähigkeit zur sozialen Integration (3). Die Bedingungen gewerkschaftlicher

---

1   Ausführungen zur Situation und Entwicklung atypischer Beschäftigung in den einzelnen Ländern, die im Rahmen dieses Artikels nicht vertieft werden können, finden sich in: *Précarisation de l'emploi et représentation syndicale*, („Atypische Beschäftigung und gewerkschaftliche Interessenvertretung") *Chronique internationale de l'IRES*, numéro spécial, n° 97, novembre 2005. Die Zeitschrift ist auf der homepage des IRES zu finden: http://www.ires-fr.org/files/publications/chronique%20internationale/chroniqueires.htm. Dieser Veröffentlichung ist auch der vorliegende Beitrag entnommen: Christian Dufour, Adelheid Hege, „Emplois précaires, emploi normal et syndicalismes", S. 5-22.

Erneuerung vor dem Hintergrund der abnehmenden Bindewirkung des Normalarbeitsverhältnisses werden abschließend (kritisch) skizziert (4).

1. Die Diskussion um die Sicherung der Beschäftigungsverhältnisse

Die wirtschaftliche Tätigkeit ist in diesen Ländern stark reguliert, selbst wenn nicht immer alle Bereiche erfasst sind (Schwarzarbeit). Die Formalisierung der Beschäftigungsverhältnisse über den normierten Zugang zum Arbeitnehmerstatus entspricht einer sowohl rechtlichen als auch sozial verankerten Norm. Es gilt hier nicht die Situation die, der ILO zufolge, für die Mehrheit der Länder und ihrer Beschäftigten zutrifft, für die die Regulierung der wirtschaftlichen Tätigkeit und die Verbesserung elementarer Arbeitsbedingungen erst noch erreicht werden müssen (ILO 2005). Die Frage der Ausweitung der atypischen Beschäftigung ist nicht mit der Forderung nach einem Mindestschutz im Arbeitsprozess gleichzusetzen, selbst wenn die beiden Themen sich gelegentlich überschneiden.

Die Frage der *„Ent-Sicherung"* des Arbeitnehmer/innenstatus wird dann relevant, wenn zuvor die *Sicherung* der individuellen und kollektiven Erwerbsbiographien (vermittelt über eben diesen Status) für einen signifikanten Anteil der Arbeitnehmerschaft zur praktischen sozialen Norm geworden ist und für die übrigen Arbeitnehmer/innen zu einer sowohl erreichbar erscheinenden als auch erstrebenswerten Norm. Dies bedeutet nicht, dass diese Norm jemals für alle oder selbst für eine Mehrheit der Arbeitnehmer/innen gegolten hätte. In den acht Ländern unserer Untersuchung waren es die Gewerkschaften, die in jahrzehntelangen konfliktreichen Auseinandersetzungen diese Frage thematisiert und dazu beigetragen haben, dass die Norm des gesicherten Beschäftigungsverhältnisses als Element sozialer Strukturierung anerkannt und als öffentliches Gut wahrgenommen wurde.

Die von den Gewerkschaften erkämpften und von ihnen verteidigten Normen beruhen auf sehr unterschiedlichen nationalen Arrangements. Drei wesentliche Unterschiede sind festzuhalten.

So ist erstens der Zugang zu den individuellen und kollektiven Schutzmechanismen von Land zu Land verschieden. Manche Länder haben sich für einen „universalen" Zugang zu den Systemen der sozialen Sicherheit entschieden, der die Absicherung des individuellen Beschäftigungsverhältnisses (im öffentlichen und privaten Sektor) mit der Einbindung in das Sozialversicherungssystem verbindet. Ein zweiter Unterschied ergibt sich aus dem Umfang der Beschäftigungssicherung: In manchen Ländern erstreckt sie sich, mit Ausnahmen, auf alle Beschäftigungsverhältnisse; in anderen kommt sie als besonderer Vorzug nur bestimmten Arbeitnehmern zugute. Drittens ist die Rolle der Gewerkschaften in den einzelnen Ländern unterschiedlich. Sie spielen immer eine wichtige Rolle, haben aber nicht immer dieselben Aufgaben, z.B. in den mehr oder weniger zentralisierten Kollektivverhandlungen zu diesem Thema oder in der gesellschaftsspezifischen Rollenverteilung zwischen Gewerkschaften und Politik.

Aus der Kombination dieser drei Faktoren resultieren sehr unterschiedliche nationale Problemstellungen. Das führt dazu, dass einerseits die Frage der Sicherung (und Ent-Sicherung) des Arbeitnehmerstatus ein länderübergreifendes Problem darstellt, aber andererseits die Diskussion zu diesem Thema in Form und Inhalt national geprägt bleibt.

2. Beschäftigungssicherung und Modelle der Arbeitsbeziehungen

Die Sicherung der Beschäftigungsverhältnisse ist in allen acht Ländern ein vorrangiges gewerkschaftliches Ziel. Aber nicht alle Gewerkschaften sind in der Lage, dabei die Stellung zu behaupten, die sie in einer vorausgehenden Phase ihrer Geschichte errungen hatten – als es darum ging, eben die Normen durchzusetzen, die heute in Frage gestellt werden. Die Auseinandersetzungen zum Thema Beschäftigungssicherung haben nicht überall die gleiche Bedeutung, aber in jedem Land sind sie ein Indiz für die Entwicklung der gewerkschaftlichen Machtposition.

Wir haben diesbezüglich vier unterschiedliche Konstellationen beobachtet. In den Vereinigten Staaten und in Großbritannien besteht ein direkter Zusammenhang zwischen Beschäftigungssicherung und gewerkschaftlicher Präsenz, zwischen Deregulierung und Gewerkschaftsrückzug (2.1). Im Gegensatz dazu sind in den kontinentaleuropäischen Ländern detaillierte Normen der Beschäftigungssicherung gesetzlich und/oder tariflich festgelegt (2.2.) Die Entwicklung der atypischen Beschäftigung hat jedoch nicht dieselben Auswirkungen auf die Stellung der Gewerkschaften: Während in Dänemark, Schweden und den Niederlanden die Gewerkschaften ihren Einfluss weitgehend bewahren konnten, wird in Spanien und Italien atypische Beschäftigung im Kampf gegen die Schattenwirtschaft auch von den Gewerkschaften mit Einschränkungen akzeptiert. Die deutschen Gewerkschaften müssen sich mit einem deutlicheren Rückgang ihres Einflusses abfinden und feststellen, dass die Politik zunehmend die Verantwortung für die Gestaltung des Normalarbeitsverhältnisses übernimmt.

2.1 USA und Großbritannien: Deregulierung in Folge gewerkschaftlicher Schwächung

In den USA und Großbritannien bieten Gesetze und Rechtsprechung einen mehr oder weniger weitmaschigen Schutz vor willkürlichen Entlassungen, nicht jedoch eine umfassende Absicherung der Beschäftigungsverhältnisse.[2] Das Ausmaß der Sicherheit steht in direktem Zusammenhang mit der gewerkschaftlichen Präsenz im Betrieb. Die Kollektivverträge legen für die einzelnen Arbeitnehmerkategorien detaillierte Regeln der Beschäftigungssicherheit fest. Die Gewerkschaft spielt für die Kontrolle dieser Regeln eine bedeutsame Rolle im Betrieb. Im Falle eines Stellenabbaus begründet das Prinzip „*Last in, first out*" die genaue Rangfolge der Entlassungen und Wiedereinstellungen, die normalerweise auf Seniorität und Qualifikation aufbaut. Der Schutz vor Entlassungen und die Einstellung von Beschäftigten mit abweichendem Status im Betrieb sind Kernelemente der Tarifverträge. Gewerkschaftsgebundene und gewerkschaftsfreie Betriebe, aber auch gewerkschaftlich organisierte Betriebe untereinander, unterscheiden sich stark hinsichtlich der Normierung des Beschäftigungsschutzes. Die Kollektivabkommen decken unterschiedlich große Bereiche ab (je nach Größe der Verhandlungseinheit), was aber Rückwirkungen auf andere Bereiche nicht ausschließt. In Zeiten ihrer größten Stärke gründete sich der gesellschaftliche Einfluss der nordamerikanischen und britischen Gewerkschaften auf diese Fähigkeit der indirekten Regulierung des Arbeitsmarktes durch die Verallgemeinerung der in ihren Bastionen gültigen Normen.

In beiden Ländern, in denen eine enge Korrelation zwischen Gewerkschaftspräsenz und Beschäftigungsgarantie besteht und es nur wenige formale Rechte auf Beschäftigungsschutz gibt, bedarf es keines gesetzlichen Eingriffs, um die Struktur des Arbeitsmarktes grundsätzlich zu verändern. Deregulierung erfolgt über „Entgewerkschaftlichung". In beiden Ländern war die Deregulierung Ergebnis eines frontalen Machtkampfes zwischen den Verfechtern eines liberalen Wirtschaftsmodells auf der einen und den Akteuren des traditionellen Sozialmodells auf der anderen Seite, das zwar nur Teile der Gesellschaft direkt betraf, aber dennoch tief in die Gesellschaft hineinwirkte. In den achtziger Jahren verfolgten die Regierungen Reagan und Thatcher eine ähnliche Politik der Gewerkschaftsausgrenzung. Die Politik profitierte von den Rationalisierungen und Restrukturierungen vor allem der fordistischen Großindustrie, in denen die Gewerkschaften traditionell stark waren. Die Symbole der Gewerkschaftsmacht boten ein willkommenes Angriffsziel: Die Fluglotsen in den USA (1981) fanden ihr Pendant in den britischen Bergarbeitern, deren langer Streik (1984-1985) zu einer ganzen Reihe gewerkschaftsfeindlicher Gesetze Anlass gab. In beiden Fällen ging es der Politik darum, die von den Gewerkschaften eroberte Macht-

---

2   In den USA und Großbritannien taucht die Frage der Erosion des Normalarbeitsverhältnisses vor allem als Problem der *bad jobs* oder der *job insecurity* auf. Neuerdings ist auch von Prekarität die Rede: „Precarity is just another term for job insecurity or casual labour", liest man in einem militanten Forum zum Thema. http://en.internationalism.org/wr/285_precarity.html.

position grundsätzlich in Frage zu stellen, weit über die Zonen ihrer tatsächlichen Verankerung hinaus.

Zwanzig Jahre später ist es den Gewerkschaften in den USA nicht gelungen, eine wirksame Gegenstrategie zu entwickeln. Eng an den Betrieb gekoppelte Vertretungsrechte, komplizierte, fragile Repräsentationsmechanismen, aber auch interne Machtkämpfe und ein historisch niedriger Organisationsgrad schwächen die Gewerkschaften in ihrem Versuch, Beschäftigte in atypischen Arbeitsverhältnissen für sich zu gewinnen (Fondeur 2005). Die Arbeitnehmer der USA müssen sich heute mit einem dünnen Netz individuellen Kündigungsschutzes begnügen und auf die Dynamik des Arbeitsmarktes hoffen, um ihren Lebensunterhalt zu sichern. „Jenseits des Atlantiks ist eine niedrige Arbeitslosenquote die unabdingbare Voraussetzung für die Akzeptabilität des Sozialsystems" (Sauvia 2005). Die US-Gewerkschaften befinden sich in einer besonders schwierigen Situation, selbst wenn manche Autoren eine bevorstehende Genesung ankündigen (Turner 2005).

Insbesondere unter den konservativen Regierungen Thatcher und Major (1979-1997) hatten die britischen Gewerkschaften immense Mitgliederverluste zu verzeichnen (Edwards et al. 1998). Die Ablösung des Thatcherismus durch den Blairismus bedeutete für die Gewerkschaften eher einen Aufschub als einen Ausweg. New Labour setzt auf die Stärkung des britischen Standortes über verstärkte Wettbewerbsfähigkeit der Arbeitsmärkte vor allem gegenüber dem kontinentaleuropäischen Raum. Die Deregulierung erfolgt in Form einer Neuregulierung – die auf die Mitgestaltung durch die Gewerkschaften weitgehend verzichtet. Die Gewerkschaften können ihren Organisationsgrad von ungefähr 27% vor allem über Zugewinne im expandierenden öffentlichen Sektor halten. Der neueste Bericht über die Entwicklung der Arbeitsbeziehungen im Betrieb (*Workplace Employment Relations Survey*, WERS) sieht in der „Zunahme der Formen der direkten Kommunikation zwischen Betriebsleitung und Beschäftigten (…) eine Antwort auf den Rückgang der kollektiven Interessenvertretung" (IRS Employment Trends 2005).

Zwar spielen die Kollektivverhandlungen weiterhin eine zentrale, jedoch von immer mehr Arbeitgebern in Frage gestellte, Rolle für die Lohngestaltung; die Beschäftigungssicherung aber wird zunehmend zum Gegenstand direkter Verhandlungen zwischen Arbeitgebern und Arbeitnehmern. Dies führt zu einem Nebeneinander unterschiedlicher Beschäftigungsformen. Die Gewerkschaften versuchen, bestimmte Beschäftigtengruppen zu organisieren, deren Gemeinsamkeiten jedoch immer schwerer ersichtlich sind. Diese Gruppen „werden weniger in ihren beruflichen Identitäten erfasst", auf die sich die britischen Gewerkschaften historisch gründen, als vielmehr „in ihrer sozialen Identität" oder ihrer Stellung auf dem Arbeitsmarkt: Frauen, Migranten, Jugendliche, usw. (Lefresne 2005). Diese Strategie hat sicherlich dazu beigetragen, den Mitgliederschwund aufzuhalten; ungewiss ist, ob sie die Position der Gewerkschaften insgesamt stärken kann. Zwischen New Labour und dem TUC schwelt weiterhin der Konflikt. Er ist symptomatisch für eine Politstrategie, die versucht, den Einfluss der Gewerkschaften zurückzudrängen, indem sie ihnen die Berechtigung abspricht, für mehr als spezifische (und zum Teil stark rückläufige) Arbeitnehmergruppen zu sprechen (Dufour 2005).

2.2 Im Herzen des europäischen Sozialmodells: Beständigkeit oder Erosion

Die sechs kontinentaleuropäischen Länder unserer Untersuchung (Italien, Spanien, Dänemark, Schweden, Niederlande, Deutschland) verfügen über gesetzliche oder kollektivvertragliche Schutzregeln, die im Prinzip sämtliche Beschäftigtengruppen erfassen. Dies unterscheidet sie grundsätzlich von den USA und Großbritannien.

Vor der Erweiterung der EU galten diese Länder oft als das Herz des europäischen Sozialmodells. Deregulierung erfolgt hier eher über Differenzierung und Ausweitung der atypischen Beschäftigungsverhältnisse als über den Frontalangriff auf die Stellung der Gewerkschaften oder auf das Normalarbeitsverhältnis (OECD 2004, chap. 2). Die sozial- und christdemokratischen Traditionen der Nachkriegszeit prägen weiterhin die Gesellschaften Kontinentaleuropas, in denen sich politische und gewerkschaftliche Legitimität insbesondere im Bereich der sozialen Sicherheit ergänzen.

Die Bündnisse zwischen Politik und Gewerkschaften sind heute jedoch überall Spannungen ausgesetzt und wurden mancherorts offen gekündigt. In den Wahlkämpfen spielt die Frage der Beschäftigungssicherung und ihrer nationalen Besonderheiten zunehmend eine Rolle. So war es eine der ersten Initiativen der neu gewählten spanischen Regierung, gemeinsam mit den Gewerkschaften eine „Erklärung zu Wettbewerbsfähigkeit, Beschäftigungssicherung und sozialem Zusammenhalt" zu unterzeichnen (Vincent 2005a). In Deutschland führte die fehlende gesellschaftliche Akzeptanz der Arbeitsmarktreformen (Agenda 2010) zu vorgezogenen Parlamentswahlen und Regierungswechsel (Hege 2005a). Die in der europäischen Arena geführten politischen und gewerkschaftlichen Diskussionen (Sozialpakte, Lissabon-Strategie) verbreiten ein manchmal konfuses Echo der nationalen Auseinandersetzungen zum Thema.[3]

Die Länder Kontinentaleuropas verfügen über komplexe Systeme der Beschäftigungssicherung. Diese Systeme beruhen auf drei Pfeilern: Ein umfassendes System der Sozialversicherung,[4] ein detailliertes Arbeitsrecht und ein relativ

---

3 Wie auch zweifellos das französische und das niederländische Referendum zur Europaverfassung im Frühjahr 2005.

4 In den skandinavischen Ländern zeichnet sich der Wohlfahrtsstaat durch seine Universalität aus („The Welfare State is characterised by its universalim"), wie Hans Jensen, Vor-

zentralisiertes Tarifsystem. Die Länder unterscheiden sich hinsichtlich der Öffnungen, die sie an den Seiten des Dreiecks zulassen.

Im Laufe der letzten zwanzig Jahre haben die Beschäftigungssysteme der sechs Länder vielfache und technisch komplexe Veränderungen erfahren. Hier enden jedoch die Gemeinsamkeiten. Sowohl die Natur der Veränderungen als auch die Beteiligung der Gewerkschaften an diesen Veränderungen gestalten sich in den einzelnen Ländern durchaus unterschiedlich. Zieht man allein die Rolle der Gewerkschaften in Betracht, können drei Modelle unterschieden werden.

Dänemark, Schweden und Holland : das noch immer respektierte Sozialmodell

Der dänische Fall ist – vorübergehend? – zum „goldenen Dreieck" und damit zum Maßstab für die internationale soziale Geometrie geworden. Anders als andere kontinentaleuropäische Länder und selbst Schweden hat Dänemark in den achtziger Jahren seine Arbeitsmarktpolitik stark flexibilisiert, „was für die Betriebe einen vereinfachten Zugriff auf Entlassungen bedeutete" (Meilland 2005). Die Öffnung des Systems wird durch Mechanismen sozialer Sicherheit, die Förderung der Weiterbildung der zeitweilig von Arbeitslosigkeit Betroffenen und die Dynamik der Tarifverhandlungen kompensiert.

Dieses delikate Gleichgewicht beruht allein auf einem „von den Tarifparteien konzipierten System", [das] „die Arbeitsteilung mit dem politischen System voraussetzt" (Jensen/Larsen 2005) und dessen Effizienz von der gewissenhaften Wahrnehmung der Regeln abhängt, an die sich auch die wieder gewählte Rechtsregierung hält. Die Gewerkschaften erscheinen als die Gewinner eines Systems, in dem sie einen zentralen Platz einnehmen. Sie versuchen, gleichzeitig mit ihrer gestärkten gesellschaftlichen Rolle die Dynamik des gesamten Systems zu bewahren. Sie lehnen deshalb auch die europäischen Regelungen zu diesem Thema ab (Danish Labour News 2005). Gemeinsam mit den Arbeitgebern befürchten sie die Ausgrenzung bestimmter Arbeitnehmerkategorien. Die Zukunft der etwa 900.000 Leistungsempfänger im Alter von 15 bis 65 Jahren, die aus dem einen oder anderen Grund öffentliche Unterstützung erhalten (rund 25% der Arbeitsbevölkerung), gibt Anlass zu Besorgnis, ohne jedoch als Gefährdung des „goldenen Dreiecks" wahrgenommen zu werden.[5]

In Schweden haben die Gewerkschaften „zunehmend die Notwendigkeit von vom Normalarbeitsverhältnis abweichenden Beschäftigungsverhältnissen akzep-

---

sitzender von LO und Jorn Neegaard Larsen, Generalsekretär des Arbeitgeberbundes, feststellen (vgl. Jensen/Larsen 2005).
5   Ibid. In dem Artikel steht weiter zu lesen: „Viele von ihnen sind nicht in der Lage, einer Vollzeitbeschäftigung nachzugehen, etwa aus Gesundheitsgründen oder weil es sich um Flüchtlinge und Einwanderer handelt, die schlecht integriert sind. Migranten und Flüchtlinge haben eine sehr niedrige Beschäftigungsquote, ganz besonders die Frauen".

tiert". Aber flexible Arbeitsverhältnisse sind kein vorrangiges Thema. Die Entwicklung der Leiharbeit wird aufmerksam verfolgt, um zu verhindern, dass das „Niveau der Beschäftigungssicherung sinkt" (Jolivet 2005). So ist man dazu übergegangen, Leiharbeit über tarifvertragliche Mechanismen in das System der Arbeitsbeziehungen einzubeziehen. Dies bedeutet keine besondere Schwierigkeit für eine Gewerkschaftsbewegung, deren Stärke auf einem hohen Organisationsgrad von fast 80% (und einer seit den neunziger Jahren leicht überdurchschnittlichen Mitgliedsrate der Frauen) sowie auf engen Beziehungen zur sozialdemokratischen Partei beruht.

Die Gewerkschaften beanspruchen eine Initiativrolle auf dem Arbeitsmarkt. Zugang und Verbleib im Arbeitsverhältnis sind Zentralthemen für LO, dem wichtigsten Gewerkschaftsbund in Schweden, für den langfristige Strategien eine Überlebensfrage sind, wenn er seine Rolle als „*folkrörelse*" bewahren will – ein kaum übersetzbarer Terminus, der in etwa der Idee der „Volksbewegung" entspricht (Nelander 2004). Die Gewerkschaftspolitik zielt weniger auf Flexibilität ab als auf die Kontrolle von Beschäftigungsnormen, die innerhalb eines Systems der sozialen Sicherheit, in dem die Gewerkschaften eine entscheidende Rolle spielen, akzeptable Lebensbedingungen garantieren. Besondere Aufmerksamkeit gilt dem Zugang der Frauen zum Arbeitsmarkt sowie der Sicherung ihres sozialen Status als Teilzeitbeschäftigte. LO stellt eine starke Zunahme unfreiwilliger Teilzeitarbeit in den neunziger Jahren fest – zu einem Zeitpunkt, als die Mitgliedschaft der Frauen anfing, die der Männer in der Gewerkschaft zu übertreffen. Seitdem ist die Tendenz rückläufig, aber die Frauen sind weiterhin von unfreiwilliger Teilzeitarbeit überproportional betroffen.

Der vorzeitige Rückzug der Senioren aus dem Arbeitsmarkt stellt ein weiteres Problem dar. LO zufolge sind 20% der Arbeiter im Alter von 50 bis 54 Jahren und 50% der 60-64jährigen Arbeiter arbeitsunfähig, wobei die Frauen besonders stark von Berufskrankheiten betroffen sind.[6] Diese Situation könnte längerfristig das Niveau sowohl der individuellen als auch der kollektiven Schutzmechanismen gefährden. Auch wenn die Rolle der Gewerkschaften kaum öffentlich in Frage gestellt wird, wirft LO den Arbeitgebern vor, internationale Zwänge zum Vorwand zu nehmen, um die Arbeitnehmer gegeneinander auszuspielen und auf diese Weise die Gewerkschaften zu schwächen.

Die niederländischen Gewerkschaften haben sich ihrerseits mit dem Begriff der „Flex-security" angefreundet, den sie in Zeiten hoher Beschäftigung ausgehandelt hatten. Die Eingriffe in das Sozialsicherungssystem und der erneute Anstieg der Arbeitslosigkeit haben seitdem das Bild vom „holländischem Wundermodell" und seinem tugendhaftem Tarifsystem getrübt. „Menschen, die früher von der Aufgabe der Wiedereingliederung in den Beruf befreit waren" sind

---

6 www.lo.se/home/lo/home.nsf/unidView/291CF2DCAB5F4826C1256F6300507663

heute zur Rückkehr in den Arbeitsmarkt verpflichtet (Wierink 2005, S. 44). Ihre begrenzten Beschäftigungsmöglichkeiten erhöhen das Armutsrisiko. Das niederländische System könnte vor einer ähnlich problematischen Entwicklung stehen, die auch dem dänischen Modell droht: Kohärenzverlust durch abnehmende Integrationsfähigkeit aller Beteiligten in das Netz der sozialen Sicherheit. Eine fortschreitende Schwächung des Systems würde auch den Sozialkompromiss und seine Akteure gefährden, vor allem wenn sie dem Beispiel des benachbarten Deutschland folgen sollten.

Spanien und Italien : Flexibilisierung statt Schattenwirtschaft

Die Gemeinsamkeit von Spanien und Italien – und der Unterschied zu den übrigen Ländern – bestehen in vergleichsweise schwach formalisierten Arbeitsmärkten. Aus unterschiedlichen historischen Gründen betrifft der Arbeitnehmerstatus geringere Teile der arbeitenden Bevölkerung. Beide Länder haben seit den achtziger Jahren unter dem Druck hoher Arbeitslosigkeit und/oder Schwarzarbeit zahlreiche vom Normalarbeitsverhältnis abweichende Sonderbestimmungen eingeführt. Die Gewerkschaften der beiden Länder reagieren mit unterschiedlichen Mitteln auf die Unterregulierung der wirtschaftlichen Tätigkeit. Um die Formalisierung der Arbeitsmärkte zu fördern und die Schwarzarbeit einzudämmen, akzeptierten sie die Legalisierung atypischer Beschäftigungsformen.

Die „schleichende" Flexibilisierung des Arbeitsmarktes in den siebziger Jahren hat dazu geführt, dass in Spanien der Anteil flexibler Beschäftigungsverhältnisse dauerhaft über 30% liegt. Die gesicherten Arbeitsverhältnisse sind jedoch weiterhin in der Mehrzahl. Die 1997 im Konsens durchgeführte Arbeitsmarktreform hat nicht die erstrebten Ergebnisse gezeigt, aber die Sozialpartner hoffen weiterhin auf die Wirksamkeit einer Politik der Stärkung „stabiler zugunsten instabiler Beschäftigungsverhältnisse", bzw. der „Annäherung der für befristete und unbefristete Arbeitsverhältnisse geltenden Regeln" (Vincent 2005b).

Weniger als andere Gewerkschaftsbewegungen leiden die spanischen Gewerkschaften unter der Prekarisierung der Beschäftigung. Dies ist nicht weiter verwunderlich, da ihnen

> „bei der Durchsetzung des Rechts auf ein gesichertes Beschäftigungsverhältnis in den fünfziger und sechziger Jahren nicht dieselbe zentrale Stellung zukam wie anderen Gewerkschaften" (...). Ihre Stärke misst sich nicht an der Verteidigung der Normalarbeitnehmer." (Ebd.)

Die laufenden Verhandlungen über eine Arbeitsmarktreform bedeuten jedoch eine Herausforderung. Für die erst Ende der siebziger Jahre neu formierten, nach politischen Bündnispartnern suchenden spanischen Gewerkschaften stellt die Frage der atypischen Beschäftigung demnach ein zwar komplexes, aber nicht besonders bedrohliches Element dar.

Die italienischen Gewerkschaften bewerten die neuen Beschäftigungsformen sowohl negativ als auch positiv. Diese Haltung kennzeichnet auch die für die Arbeitsmarktreformen zuständigen Minister, die einerseits die „Regulierung und Begrenzung", andererseits die „Ausweitung flexibler Beschäftigungsformen" befürworten, jedoch durchgängig eine Politik der Weiterentwicklung der Flexibilität verfolgen. Innerhalb der Gewerkschaftsbewegung wird die Frage heftig debattiert; nicht alle Gewerkschaften sind von den kollektivvertraglichen Möglichkeiten einer Kontrolle der atypischen Beschäftigung und ihrer gesetzlichen Umsetzung überzeugt. Für die Gewerkschaften erschwert

> „die geringe Stabilität der atypischen Beschäftigung, ihre Vielfalt und Fragmentierung eine auf die betroffenen ArbeitnehmerInnen ausgerichtete Gewerkschaftspolitik." (Pignoni 2005)

Die Antwort besteht im Versuch, die atypisch Beschäftigten innerhalb neu geschaffener Strukturen zu organisieren und ihnen so eine neue Identität zu verleihen. Bedeutsame Mitgliederzugänge sind jedoch kaum zu verzeichnen und die Gewerkschaften schwanken zwischen einer Strategie der gruppenspezifischen Interessenvertretung der prekär Beschäftigten und der Forderung nach einer Stabilisierung ihrer Situation im Rahmen des Normalarbeitsverhältnisses. Die Perspektive, über atypische Beschäftigung Schwarzarbeit zu regulieren, lässt eine Flexibilität akzeptabel erscheinen, die den Arbeitsmarkt mehr formal als inhaltlich berührt. Die Gewerkschaften haben Mühe, sich zu einer klaren Position zu bekennen; ihr Einfluss erscheint jedoch nicht eigentlich geschwächt, zumal angesichts der gewaltigen Unterschiede zwischen Nord- und Süditalien von einem einheitlichen Effekt der Arbeitsmarktreformen nicht die Rede sein kann.

Paradigmenwechsel in Deutschland

Die deutschen Gewerkschaften befinden sich in einer vergleichsweise schwierigeren Situation. Sie sehen sich in die Ecke des Zuschauers gedrängt, der die gesetzlichen Öffnungen im Normalarbeitsverhältnis nolens volens zur Kenntnis nehmen muss.

> „Seit den achtziger Jahren flankieren und regulieren gesetzliche Maßnahmen atypische Beschäftigung, in einem Wechselspiel von De- und Neuregulierung." (Hege 2005b)

Die Flexibilisierung hat zu einer deutlichen Zunahme der Teilzeitarbeit geführt. Die Leiharbeit verharrt zwar auf niedrigem Niveau, fand aber Eingang in Tarifverträge, die von einer Tarifgemeinschaft im DGB abgeschlossen werden. Die 1998 erneut an die Regierung gelangte SPD schien zunächst die Einschnitte ihrer Vorgängerin rückgängig machen zu wollen. Aber die Zusammenarbeit innerhalb eines Bündnisses für Arbeit scheiterte, womit sich die Entfremdung zwischen SPD und Gewerkschaftsbewegung vertiefte. Die als Agenda 2010 durchgeführten Arbeitsmarktreformen leiteten eine regelrechte Paradigmenverschiebung ein: Die Verantwortung für die Bekämpfung der Arbeitslosigkeit fällt damit nicht mehr dem Staat, sondern den Leistungsempfängern selbst zu. Die deutschen Gewerkschaften beobachten einigermaßen hilflos die Entstehung eines ihnen fremden Systems, das den Qualifikationsverlust der Arbeitslosen ebenso in Kauf nimmt wie das erhöhte Armutsrisiko der atypisch Beschäftigten.

> „Die Unfähigkeit der Gewerkschaften, das Normalarbeitsverhältnis im Lichte der tief greifenden Umwälzungen auf dem Arbeitsmarkt neu zu überdenken ist zweifellos nicht ohne Rückwirkungen auf die Entwicklung des Normalarbeitsverhältnisses selbst geblieben." (Ebd.)

Dies könnte bedeuten, dass auf die deutschen Gewerkschaften Schwierigkeiten größeren Ausmaßes zukommen, wenn es ihnen nicht gelingt, die aktuellen Umwälzungen tarifpolitisch aufzugreifen und ihre Legitimität zu erneuern, indem sie bei den von diesen Veränderungen direkt betroffenen Arbeitnehmer/inne/n Gehör finden.

3. Beschäftigungsgarantien und die Zukunft der Gewerkschaften

In allen Ländern unserer Untersuchung sind die Gewerkschaften mit Veränderungen der Beschäftigungssysteme konfrontiert. Diese Entwicklungen sind qualitativ und quantitativ schwer zu erfassen. Sie sind auch schwer vergleichbar: Sie haben unterschiedliche Voraussetzungen und folgen unterschiedlichen Tendenzen. Auffallend ist, dass zwar in den meisten Ländern das Normalarbeitsverhältnis die dominante Beschäftigungsform bleibt, die Veränderungen aber als (tendenziell) bedrohlich sowohl für die abhängig Beschäftigten als auch für die Gewerkschaften selbst empfunden werden.

Warum wirkt atypische Beschäftigung so destabilisierend für die – zumindest in den kontinentaleuropäischen Ländern – noch immer sehr stabil erscheinenden Systeme der industriellen Beziehungen? Um dieser Frage nachzugehen, müssen historische und soziologische Faktoren in Betracht gezogen werden; sie erhellen auch die Hypothese der Entstehung einer neuen Machtbalance zwischen Gewerkschaften und Politik.

3.1 Identifikation und Distanz

Historisch gesehen hängt die gesellschaftliche Stellung der Gewerkschaften eng mit ihrer Fähigkeit zusammen, das Beschäftigungsverhältnis abzusichern und

– vermittelt über die für mehr oder weniger umfangreiche Gruppen errungenen Schutzmechanismen – abhängige Beschäftigung insgesamt zum zentralen gesellschaftlichen Bezugspunkt zu machen. Dabei gilt es festzuhalten, dass diese Schutzmechanismen mittel- und langfristige Effekte haben und sowohl das Beschäftigungsverhältnis selbst (Arbeitsvertrag, Kündigungsschutz) als auch das Leben außerhalb der Arbeit betreffen (Krankheit, Alter, etc.). Es ist ebenfalls nicht ohne Bedeutung, dass manche Gewerkschaftsbewegungen allgemeingültige Normen durchsetzen konnten, während andere nur bestimmte Arbeitnehmerkategorien abzusichern in der Lage waren.

Diese langfristigen gesellschaftlichen Entwicklungen zeitigen eine doppelte Wirkung. Zum einen wird abhängige Beschäftigung zum Vektor individueller und kollektiver Sicherheit, wozu sie nicht unbedingt vorbestimmt war. Zum anderen ermöglichten sie es den Gewerkschaften, eine mehr oder minder zentrale Rolle bei der Gestaltung gesellschaftlicher Veränderungen einzufordern. Am Ende dieser Geschichte steht die „Arbeitsgesellschaft": Die komplexen Strukturen sind zum selbstverständlichen Bezugspunkt der Gesellschaft geworden.[7]

Die sehr langfristige Entwicklung dieser Kompromisse und die Intensität, mit der sich die Gewerkschaften in dieser Frage engagiert haben, erklären den hohen Identifikationsgrad der Akteure mit ihrem eigenen System. Die deutschen Gewerkschaften erkennen sich im Alleinverdienermodell wieder, die französische Gewerkschaftsbewegung im Code du Travail oder dem Beschäftigungsverhältnis des öffentlichen Dienstes, die nordamerikanischen Gewerkschaften identifizieren sich mit dem *seniority principle*. Die Versuche internationaler Zusammenarbeit bringen die Verbundenheit der nationalen Gewerkschaftsbewegungen mit ihrem eigenen System deutlich zum Ausdruck. Das Ausmaß der Unterschiede erschwert die Verständigung und Kooperation und führt mitunter zu direkten Antagonismen. Wie kann eine europäische Gewerkschaftsbewegung sich die Strategie der dänischen Gewerkschaften zu Eigen machen, die ihre Rolle als Garant der Beschäftigungssicherung auf die Flexibilisierung eines Arbeitsmarkts gründet, der keinem anderen gleicht?

Warum identifizieren sich die Gewerkschaften in dieser Weise mit ihren Errungenschaften auf dem Feld der Beschäftigungssicherung? Warum wirkt die Erosion des Normalarbeitsverhältnisses so destabilisierend? Diese Fragen erscheinen umso wichtiger, als sie auf einen eher paradoxen Sachverhalt hinweisen: Warum ist die Entwicklung atypischer Beschäftigung bedrohlich für Gewerkschaften, deren Mitglieder zu der Gruppe der am besten geschützten Beschäftigten zählen und nur am Rande von einer Prekarisierung betroffen sind, die vor allem gewerkschaftlich nicht organisierte Arbeitnehmer/innen betrifft?

---

7   Es darf daran erinnert werden, dass die Abschaffung des Proletariats einmal eine politische Forderung der Gewerkschaften war.

3.2 Von der Lohnabhängigkeit zur Arbeitsgesellschaft

Jenseits von nationalen Besonderheiten und Deregulierungseffekten weisen die Beschäftigungssysteme eine grundlegende Gemeinsamkeit auf: Sie beziehen sich überall auf eine heterogen zusammengesetzte Arbeitnehmerschaft, die die verschiedenen sozialen Gruppen nicht in gleicher Weise integriert und ihnen keinen gleichwertigen Zugang zum Normalarbeitsverhältnis verschafft.

Die Gewerkschaften bemühen sich nicht spontan um die Verallgemeinerung der ihren Mitgliedern zustehenden „Rechte". Die Beschränkung der Mitgliedschaft auf bestimmte Arbeitnehmerkategorien, die in vielen Ländern lange üblich war, ist eine latent noch aktive Option. Die meisten Gewerkschaftsbewegungen haben sie im Laufe ihrer Geschichte weitgehend aufgegeben. Dieser Verzicht hatte bedeutsame Folgen: Um als Vertreter (auch) beschränkter Arbeitnehmergruppen anerkannt zu werden, war es notwendig, den Universalcharakter der gewerkschaftlichen Repräsentation hervorzuheben. Der Aufbau enger Beziehungen zu politischen Parteien diente ebenfalls dem Ziel der offiziellen Anerkennung des gewerkschaftlichen Vertretungsanspruchs. Gesetzliche Mindestlöhne und universale Sozialversicherungssysteme haben denselben Hintergrund.

Dies bedeutet nicht, dass die Errungenschaften der Kerngruppen auf die Randgruppen ausgedehnt werden sollen, sondern dass die Dynamik der Stammgruppen auch den Randgruppen zugute kommt. Das Normalarbeitsverhältnis wird zum Identifikationselement ohne Versprechen auf Allgemeingültigkeit oder Vereinheitlichung der damit verbundenen Vorteile oder auf egalitäre Verteilung der Zugangs- und Aufstiegschancen. Überall wirken explizite und implizite Mechanismen der Hierarchisierung der Arbeitnehmerschaft; Inklusion meint immer zugleich auch Exklusion.

3.3 Die Rolle der Stammidentitäten

Die Anerkennung abhängiger Beschäftigung als Element sozialer Identität bedeutet einen Durchbruch, der sehr langfristig an die Organisationsmuster gebunden bleibt, die ihm zum Sieg verholfen haben. Diese Strukturen sind selber Ausdruck eines zwischen ungleich mächtigen Fraktionen der Arbeitnehmerschaft eingegangenen Kompromisses. In die so entstandenen historischen Gebilde sind in subtiler Weise sämtliche Statusmerkmale eingegangen, auf die sich die Identität der Stammgruppen gründet (Segrestin 1980). Die Dynamik dieser Stammgruppen, ihre Anziehungskraft innerhalb der Arbeitnehmerschaft rechtfertigt die „Vasallisierung" der weniger mächtigen Gruppen und Identitäten, die sich mit ihrem Außenseiterstatus abfinden. Er ist der Preis für ihre soziale Integration: Ein junger Arbeiter ist weniger wert als ein erfahrener Arbeiter, eine Frau weniger als ein Mann, eine Teilzeitbeschäftigte weniger als ein Vollzeitbeschäftigter, ethnische und religiöse Zugehörigkeiten sind nicht gleichwertig und bestimmte Berufe auch nicht.

Die „Vasallisierungseffekte" entstehen zunächst über die Differenzierungen im Arbeitsprozess (Qualifikation, Seniorität, Arbeitszeit). Aber sie wirken umso stärker, je mehr sie über die Sphäre des Berufslebens hinausweisen und sämtliche sozialen Merkmale der abhängig Beschäftigten erfassen: Geschlecht, ethnische Zugehörigkeit, Alter, Familienstatus, usw. In seiner detailreichen Darstellung der Entstehungsgeschichte des englischen Proletariats führt Thompson eine Realität vor, die nicht nur auf dieses Land und diesen Zeitpunkt zugeschnitten ist (Thompson 1963, S. 1980). Getrieben von der Notwendigkeit der Anpassung an ökonomische und soziale Umwälzungen erwächst die Arbeiterklasse aus ununterbrochenen Diskussionen und Konflikten, die über die Gewerkschaften hinaus sämtliche politischen und gesellschaftlichen Repräsentationsorgane der Lohnarbeiterschaft erfassen. Diese Konflikte, die das Arbeiterbewusstsein und die Beziehungen zu einer heterogen zusammengesetzten Lohnarbeiterschaft dauerhaft prägen, sind von nicht weniger entscheidender Bedeutung für die Gewerkschaften als die Auseinandersetzung mit den Kräften, die ihren ökonomischen und politischen Vertretungsanspruch offen bekämpfen.

Daraus folgt erstens, dass die Differenzierungen innerhalb des Lohnarbeiterstatus weder zur Geschichte noch zu den Organisations- und Reproduktionsprinzipien der Gewerkschaften in Widerspruch stehen. Die Gewerkschaften entwickeln sich, indem sie ungleiche Beschäftigungsbedingungen in Kauf nehmen. Zweitens weisen die Prozesse der Beschäftigungssicherung und -entsicherung weit über das Arbeitsverhältnis hinaus. Es ist notwendig, alle gesellschaftlichen Rollen der Arbeitnehmer(innen) im Blick zu behalten, wenn man nicht ein verkürztes Bild von der Arbeitsgesellschaft und ihrer die Gesellschaft organisierenden Rolle zeichnen will. Die Gewerkschaften fungieren auch als der Organisator jeweils spezifischer Beziehungen zwischen der Arbeitswelt und der Welt jenseits des Beschäftigungsverhältnisses.

So kommt es, dass sehr verschiedene Systeme der Beschäftigungssicherung sich an mehr oder weniger identischen Leitbildern orientieren: Seniorität, Vollzeitarbeit und Männlichkeit durchziehen wie ein roter Faden die nationalen Kompromisse, so unterschiedlich sie sonst auch ausfallen mögen.

3.4 Soziale Errungenschaften auf dem Prüfstand gesellschaftlicher Veränderungen

Spiegelbildlich deutet sich damit die doppelte Gefährdung an, die für die Gewerkschaften aus der Prekarisierung der Beschäftigungsverhältnisse entsteht. Zum ersten könnten die Stammgruppen innerhalb der Gewerkschaften, die den Schutz des Normalarbeitsverhältnisses und der mit ihm verbundenen Vorteile in hohem Ausmaß genießen, zunehmend in Isolation geraten, wenn sie ihre Rolle als Vorreiter sozialer Rechte nicht mehr glaubwürdig vertreten können. Ihrer dynamischen Rolle beraubt, die sie zum Motor der Verbesserung mehr oder minder prekarisierter Arbeitssituationen hatte werden lassen, erscheinen sie plötzlich in Gefahr, als privilegierte Arbeitsplatzbesitzer dazustehen. Die Gewerkschaften sehen sich damit nicht nur der Gefahr ausgesetzt, Mitglieder und Einflusszonen zu verlieren; fast unmerklich scheint sich auch ihre Natur zu verändern. Die Prekarisierung muss nicht sehr weit fortgeschritten sein, um bei den Gewerkschaften Befürchtungen gesellschaftlichen Umbruchs und langfristiger Bedrohung auszulösen. Das Wechselspiel von Distanzierung und Solidarität innerhalb der Arbeitnehmerschaft funktioniert nicht mehr; die Distanz der atypisch Beschäftigten destabilisiert die Rolle der Gewerkschaften.

Zum anderen besteht für die Gewerkschaften die Gefahr der Eingrenzung ihres Aktionsradius auf die Arbeitswelt. Ohne Fähigkeit zur Integration unterschiedlicher Fraktionen der Arbeitnehmerschaft kann ein umfassender Vertretungsanspruch, der auf die Wahrung der Interessen verschiedener gesellschaftlicher Gruppen zielt, kaum glaubwürdig geltend gemacht werden. Die Gewerkschaften könnten damit in eine Schlichterrolle in einzelnen Betrieben mit ganz bestimmten Eigenheiten gleiten, ohne in der Lage zu sein, den Bezug zu anderen, mit geringeren Rechten ausgestatteten Betrieben und vor allem auch zu den Existenzbedingungen außerhalb des Arbeitsverhältnisses herzustellen.

Dem widerspricht nicht, dass die von den Gewerkschaften in den Jahrzehnten zuvor erkämpften Elemente der Beschäftigungssicherung inzwischen zum öffentlichen Gut geworden sind und als integrierender Bestandteil der Sozialsysteme und der ihnen zugrunde liegenden politischen Machtbalance wahrgenommen werden.

3.5 Die Hierarchisierung des Lohnarbeiterstatus: ein Aufgabenfeld der Politik?

Die Gewerkschaften haben jedoch inzwischen weitgehend Macht und Kontrolle über ihre eigenen Errungenschaften verloren. In mehreren Ländern werden die Beschäftigungssicherungssysteme nicht mehr „privat" zwischen Arbeitnehmer- und Arbeitgeberorganisationen ausgehandelt. Diese Systeme wurden lange in mehreren Ländern unserer Untersuchung – trotz ihrer „Universalisierung" – von den Gewerkschaften entscheidend mitgestaltet, dank der historischen Allianz zwischen Arbeitsmarkt- und politischen Parteien, wofür paradigmatisch die „neo-korporatistischen" Systeme stehen.

Zu Beginn des 21. Jahrhunderts ist der Einfluss dieser Bündnisse deutlich zurückgegangen. Die Politik steht zu ihrer Verantwortung für neu entstandene Ungleichheiten innerhalb der erwerbstätigen Bevölkerung, was unter Umständen

den Bruch zwischen der aus denselben historischen Wurzeln hervorgegangenen Partei und der Gewerkschaftsbewegung voraussetzt. Die Eingliederung ins Beschäftigungsverhältnis wird zur Regierungssache qua Gesetzgebung und über eine direktere Beteiligung der öffentlichen Hand an der Verwaltung der allgemeinen Sozialversicherungssysteme. Die Konfliktträchtigkeit dieser Themen wird dabei in Kauf genommen wie auch die Notwendigkeit, politische Mehrheiten zu finden. Die Beschäftigten sind aufgefordert, ihre Meinung nicht mehr über die Gewerkschaft vermittelt, sondern als Bürger und Wähler kundzutun. Es tut dabei wenig zur Sache, ob als Argument für den Paradigmenwechsel die hohe Arbeitslosigkeit, das Defizit der Sozialkassen, eine liberale Ideologie oder die internationale Wettbewerbsfähigkeit herhalten muss.

Das Ende der „Konsenstradition" wurde den US-amerikanischen und britischen Gewerkschaften schon vor zwanzig Jahren relativ brutal signalisiert. Die Rückkehr der Labour Party nach achtzehn Jahren Opposition erlaubte den britischen Gewerkschaften keineswegs, zu ihrer vorherigen politischen Rolle zurückzufinden. New Labour war gerade deshalb erfolgreich, weil nicht an die historische Nähe mit den Gewerkschaften angeknüpft, sondern im Gegenteil der Bruch mit dem historischen Bündnis eingefordert wurde. Seit kürzerer Zeit ist in Deutschland ein ähnlicher Prozess im Gange, und auch in Österreich bahnt sich eine solche Entwicklung an.

In diesen wie in den von dieser Tendenz noch weniger betroffenen Ländern stellt sich mit der Dualisierung des Arbeitsmarktes zugleich die Frage der Dualisierung der Zugangsbedingungen zu gesicherten Beschäftigungs- und Lebensverhältnissen. Der Arbeitnehmerstatus als solcher bietet diesen Schutz nicht mehr, es sei denn unter der Bedingung der Zugehörigkeit zu ganz bestimmten Beschäftigtenkategorien.

4. Die Erneuerung der Gewerkschaften: eine Herausforderung

Die Integrationsdynamik des Normalarbeitsverhältnisses war wirksam, so lange immer größere Beschäftigtengruppen erfasst werden konnten, wobei die höchsten, bestimmten Gruppen vorbehaltenen Sicherheitsstandards als Zielvorstellung und Stabilisierungselement zugleich fungierten. Mit der Verlangsamung der Integrationsdynamik kommt es für die Gewerkschaften zum Abknicken der Aufwärtsspirale. Eine gefährliche Phase der Destabilisierung setzt ein, wenn die Position als zentraler Akteur bei der Herausbildung sozialer Hierarchien nicht mehr verteidigt werden kann. Die Dynamik ist gebrochen, wenn die Normalarbeitnehmer einer anderen Welt zugeordnet werden als die Nicht-Normalarbeitnehmer(innen). Dabei spielt kaum eine Rolle, dass die Zugehörigkeit zur einen oder anderen Kategorie statistisch schwer nachzuweisen bzw. an bestimmten Beschäftigungsnormen festzumachen ist. Entscheidend ist, dass sich die Dynamik der Vereinheitlichung von Verschiedenartigem in ihr Gegenteil verkehrt.

4.1 Die Isolierung der Stammgruppen

Die zunehmende Isolierung ihrer Stammgruppen schwächt die Stellung der Gewerkschaften, ohne dass diese unbedingt direkt in Frage gestellt würde. Dabei können die Stammgruppen durchaus ihren Status und ihre Kampffähigkeit bewahren und in der Lage sein, ihre Aktionsmodi veränderten Bedingungen anzupassen. Allerdings verblasst ihre gesellschaftliche Bedeutung in dem Maße, in dem den Gewerkschaften die Kontrolle über die Strukturierung des Arbeitsmarktes entgleitet. Eine Folge der Dualisierung des Arbeitsmarkes ist auch die Dualisierung der Beziehung zu den Gewerkschaften.

Für die Gewerkschaften bedeutet dies ein Dilemma: Sie können nicht wie in den vorausgegangenen Phasen ihrer Geschichte damit rechnen, dass die Beschäftigten sich ihnen „spontan" aufgrund ihrer Zugehörigkeit zur Arbeitnehmerschaft anschließen. Die dominierende Stellung der Arbeiter hatte schon in der Vergangenheit den Anschluss neuer Beschäftigtenkategorien erschwert. Aber alte und neue Beschäftigtengruppen arbeiteten Seite an Seite in denselben Betrieben und waren die Nutznießer derselben, von den Gewerkschaften erkämpften Sozialsysteme. Zur Analyse der Erneuerung der Gewerkschaften bietet sich das Bild des Trittbrettfahrers an: Bestimmte Gruppen gelangen in den Genuss von kollektiven Errungenschaften, die andere erkämpft haben, ohne dafür den Preis entrichten zu müssen. Die Gewerkschaften sind heute oft am stärksten in industriellen Großbetrieben – in denen die Arbeiter, die sie einst gegründet hatten, inzwischen von einer Mehrzahl von Technikern und Ingenieuren abgelöst wurden – sowie unter den Beschäftigten des öffentlichen Dienstes.

Der Ruf nach Gewerkschaftserneuerung ist nicht neu (Hege 2000); die Veränderungen des Beschäftigungsverhältnisses gestalten ihn jedoch radikaler. Die Gewerkschaften sehen sich mit der Aufgabe konfrontiert, dort Eingang zu finden, wo sie nicht vertreten sind, um Beschäftigte anzusprechen, die mit den Charakteristika ihrer Stammklientel wenig gemein haben.

Atypisch Beschäftigte unterscheiden sich von Normalarbeitnehmern nicht nur in Bezug auf ihren Status, sondern auch auf andere Merkmale: Arbeitsort und -zeit, ausgeübter Beruf, Beschäftigungsdauer, usw. Damit verbunden sind soziologische Kennzeichen, die oft auf eine Übergangssituation hinweisen: Junge und alternde Menschen, Migranten, Flüchtlinge, Geringqualifizierte sind überproportional von atypischer Beschäftigung betroffen. Diese Gruppen sind im Allgemeinen in den Gewerkschaften schwach vertreten und dies nicht nur unter dem Gesichtspunkt formaler Mitgliedschaft. In der Vergangenheit scheinen Organisierungsversuche selten zum gewünschten Erfolg geführt zu haben.

Es besteht in der Tat ein erheblicher Unterschied zwischen der individuellen, eher sporadischen Inanspruchnahme gewerkschaftlicher Dienstleistungen und der Nachfrage nach kollektiver Identität. Aber genau diese Anforderung scheint immer weniger an die Gewerkschaften gerichtet zu werden. Selbst wenn atypisch Beschäftigte sich von den gewerkschaftlich organisierten Gruppen distanzieren, streben sie nicht nach einer gemeinsamen eigenen Identität, auch nicht außerhalb der Gewerkschaften.

4.2 Die Sonderstellung der Frauen

Der internationale Vergleich zeigt, dass atypische Beschäftigung von Frauen nicht mit der Situation der zuvor erwähnten prekarisierten Beschäftigtengruppen gleichgesetzt werden darf. Zum einen ist festzuhalten, dass die Zugehörigkeit zum weiblichen Geschlecht, die keine Übergangssituation darstellt, dem betroffenen Arbeitnehmer einen Platz im untersten Quartil jeder Kategorie garantiert. Zum anderen muss daran erinnert werden, dass das Normalarbeitsverhältnis (in allen Ländern) entstanden ist, um es den Beschäftigten, die keine Frauen sind, zu ermöglichen, durch ihren Status im Beschäftigungsverhältnis ihrer Rolle außerhalb des Beschäftigungsverhältnisses abzusichern. Die Schwierigkeiten der gewerkschaftlichen Organisierung von Frauen geben so indirekt Auskunft über die gesellschaftliche Rolle der Gewerkschaften überhaupt.

Beim Vergleich der Sozialsysteme fallen zunächst vor allem die Unterschiede auf. Hinter dem Stichwort *Alleinverdiener* oder *male breadwinner* sind jedoch identische Prinzipien sozialer Strukturierung am Werk, die sich die Gewerkschaften bei der Herausbildung der Arbeitsgesellschaft zu eigen gemacht haben.[8] Der Ursprung dieser Prinzipien außerhalb des Arbeitsverhältnisses erleichtert ihre Ausblendung. Ins kollektive Unterbewusstsein abgeschoben, bleiben sie dennoch aktiv. Eine ganze Reihe impliziter und expliziter Strukturen institutionalisieren die – durch das Primat der Männlichkeit abgesicherte – Unterordnung der Familienbeziehung unter die Arbeitsbeziehung. Die Ausgrenzung aus dem Normalarbeitsverhältnis findet seine Rechtfertigung im außerberuflichen Status der Betroffenen. Dieses System erscheint jedoch in seinen Grundfesten bedroht, wenn die atypische Beschäftigung (in Form des Nebenerwerbs) nicht mehr den männlichen Status konsolidiert, sondern zur Forderung nach Formen der Beschäftigungssicherung führt, die mit dem männlichen Modell und dessen Rhythmen inkompatibel erscheinen. Auf diesem Weg erreicht die Prekarität selbst gewerkschaftliche Bastionen und könnte dort Gehör finden.

---

8 Es ist nicht übertrieben, die Maskulinität mit einer Aristokratie zu vergleichen. Es genügt die den Kabylen gut bekannte Logik des *double standard*, wie die Angelsachsen sagen, zu beobachten, die eine radikale Dyssymmetrie in der Bewertung männlicher und weiblicher Tätigkeiten einführt" (Bourdieu 1998, S. 66).

Auch den Frauen, die in Bereichen mit hoher Beschäftigungssicherung beschäftigt sind wie im öffentlichen Dienst, garantiert die Beteiligung am Arbeitsmarkt nicht denselben Schutz wie ihren männlichen Kollegen. Andererseits erscheint die „Sicherung" der Zukunft der Gewerkschaften kaum möglich, wenn sie dieser Differenzierung der sozialen Rollen nicht Rechnung tragen. Jensen und Larsen (2005) schreiben im Hinblick auf die dänische Situation:

„Die Beschäftigungsrate der Frauen ist höher als in anderen EU-Mitgliedsstaaten (…). Dienstleistungen für die Familie und Pflege der Kinder (…) liegen nicht länger in der alleinigen Verantwortung der Familie. Dies ermöglicht den Frauen die wirtschaftliche Unabhängigkeit vom männlichen Alleinverdiener."

Die Gewerkschaften, die nicht alle in einem so tugendhaften Modell leben wie ihre dänischen Schwesterorganisationen, sehen sich damit paradoxerweise vor eine ähnliche Frage gestellt wie zu Beginn ihrer Geschichte: Wie können sie zu Akteuren der Emanzipation von Bevölkerungsgruppen werden, die am wirtschaftlichen Leben unter schlechten Bedingungen teilnehmen? Das komplizierte Verhältnis der Gewerkschaftsbewegung[9] zu atypischer Beschäftigung deutet darauf hin, dass sie um eine Infragestellung der eigenen Normen der Aggregierung und Hierarchisierung der erwerbstätigen Bevölkerung nicht herumkommt. Das Normalarbeitsverhältnis alter Prägung betrifft nur einen Teil dieser Bevölkerung und ist für die Gesamtheit der nach der Autonomie eines gesicherten Arbeitsplatzes strebenden Arbeitnehmer/innen kaum erreichbar. Dies stellt die Gewerkschaften vor die Herausforderung, Bezugspunkt für einen sehr viel weiter gefassten Kreis abhängig Beschäftigter zu werden, von denen viele den alten Allianzen sehr fern stehen. Nur wenn diese Gruppen sich nicht mehr (implizit) aufgefordert sehen, auf einen Teil ihrer Identitäten zu verzichten, können sie zum Wechselspiel der Solidaritäten zurückfinden. Ansonsten könnten sie, wenn sie nicht eigene Ausdrucksmöglichkeiten finden, vor allem als Manövriermasse beim weiteren Abbau des gewerkschaftlichen Einflusses benutzt werden.

Literatur

Bourdieu P. (1998): La domination masculine. Seuil. Paris
Danish Labour News, no. 1, March 2005, S. 3
Dufour C. (2005): Grande-Bretagne: lendemains de victoire électorale, déjà amers? Chronique internationale de l'IRES, 94, S. 12-16

---

9 Wenn man von den Gewerkschaften im Singular sprechen kann, dann bestimmt in ihrem Verhältnis zu den Frauen.

Edwards P. et al. (1998): Great Britain: From Partial Collectivism to Neo-Liberalim to Where? In : Ferner, A; Hyman, R. (eds.): Changing Industrial Relations in Europe. Blackwell, Oxford, S. 1-54

Fondeur Y. (2005): Etats-Unis: comment définir et analyser la 'précarité de l'emploi' dans le contexte américain? Chronique internationale de IRES, 97, S.121-129

Hege A. (2000): La représentativité syndicale, sa reconnaissance, son renouvellement. Chronique Internationale de l'IRES, 66, S.113-123

Hege A. (2005a): Allemagne: après les élections, quels acteurs pour quel Etat social? Chronique internationale de l'IRES, 96, S. 35-45

Hege A. (2005b): Allemagne : les salarié(e)s précaires, l'emploi normal et la représentation syndicale. Chronique internationale de IRES, 97, S. 68-83. Chronique internationale de l'IRES, numéro spécial, n 97, novembre http://www.ires-fr.org/files/publications/chronique%20internationale/chroniqueires.htm

ILO (2005): Global Employment Trends. Geneva

Jensen H.; Larsen J. N. (2005): The Nordic Labour Market and the Concept of Flexicurity. http://www.da.dk/default.asp

IRS Employment Trands (2005): Evolution not Revolution – the Changing Face of the Workplace. IRS Employment Review, no. 832, S. 8-15

Jolivet A. (2005): Suède: des emplois atypiques plus nombreux mais une précarité fortement encadrée. Chronique internationale de IRES, 97, S. 60-67

Lefresne F. (2005): Royaume-Uni: Bad Jobs, état des lieux et enjeux du syndicalisme. Chronique internationale de IRES, 97, S. 109-120

Meilland C. (2005): Danemark: flexibilité sans précarité? Chronique internationale de IRES, 97, S. 48-59.

OECD (2004): Employment Outlook. Paris

Nelander S. (2004): The Trade Union as a People's Movement. Stockholm, LO, Wage and Welfare Policy Department

Pignoni M. T. (2005): Italie: Le travail atypique entre autonomie et subordination, nouvel enjeu de la représentation syndicale. Chronique internationale de IRES, 97, S. 84-96

Sauviat C. (2005): Etats-Unis. Syndicalisme américain, un cinquantième anniversaire de crise. Chronique internationale de l'IRES, 96, S. 49-64

Segrestin D. (1980): Les communautés pertinentes de l'action collective: canevas pour l'étude des fondements sociaux des conflits du travail en France. In: Revue française de sociologie, 21, S. 171-203

Thompson E. P. (1963/1980): The Making of the English Working Class. Harmondsworth

Turner L. (2005): From Transformation to Revitalization A New Research Agenda for a Contested Global Economy. In: Work and Occupations, 32, S. 383-399

Vincent C. (2005a): Espagne: Bilan social d'une année de gouvernement socialiste. Chronique internationale de IRES, 94, S.17-25

Vincent C. (2005b): Espagne : de la dérégulation à la recherche d'un équilibre entre flexibilité et sécurité. Chronique internationale de IRES, 97, S. 97-108

Wierink M.: Pays-Bas: Pourquoi on ne parle pas encore de précarité. Chronique internationale de IRES, 97, S. 33-47

Zu den Autorinnen und Autoren

Bäcker, Gerhard, Professor Dr., ist Dekan der Universität Duisburg-Essen

Bellmann, Lutz, PD Dr., ist Leiter des Forschungsbereichs 6 „Betriebe und Beschäftigung" am Institut für Arbeitsmarkt- und Berufsforschung der Bundesagentur für Arbeit

Dietz, Martin, Dr., ist Referent des Vizedirektors am Institut für Arbeitsmarkt- und Berufsforschung der Bundesagentur für Arbeit

Dufour, Christian ist Soziologe und stellvertretender Direktor des französischen Wirtschafts- und Sozialforschungsinstitutes IRES (Institut de recherches économiques et sociales)

Giesecke, Johannes, Dipl. Soz., an der Fakultät für Sozialwissenschaften der Universität Mannheim

Groß, Martin, Dr., Institut für Sozialwissenschaften an der Humboldt Universität zu Berlin

Hege, Adelheid ist Soziologin am IRES (Institut de recherches économiques et sociales)

Hohendanner, Christian, Dipl. Soz., ist wissenschaftlicher Mitarbeiter des Forschungsbereichs 6 „Beitriebe und Beschäftigung" am Institut für Arbeitsmarkt- und Berufsforschung der Bundesagentur für Arbeit

Keller, Berndt, Professor Dr., lehrt Arbeits- und Sozialpolitik an der Universität Konstanz

Klammer, Ute, Professorin Dr., lehrt Sozialpolitik an der Universität Duisburg-Essen

Leiber, Simone, Dr., ist Wissenschaftlerin im WSI in der Hans-Böckler-Stiftung

Nienhüser, Werner, Professor Dr., ist Inhaber des Lehrstuhls für Personalwirtschaft an der Universität Duisburg-Essen

Noll, Susanne ist wissenschaftlicher Mitarbeiterin im Forschungsbereich „Arbeitsmarkt- und Sozialpolitik" am Institut für Arbeitsmarkt und Berufsforschung der Bundesagentur für Arbeit

Promberger, Markus, Dr., ist Leiter des Forschungsbereichs „Soziale Sicherung und Partizipation" am Institut für Arbeitsmarkt- und Berufsforschung der Bundesagentur für Arbeit

Seifert, Hartmut, Dr., ist Leiter der Abteilung WSI in der Hans-Böckler-Stiftung

Sesselmeier, Werner, Professor Dr., lehrt Volkswirtschaftslehre an der Universität Koblenz-Landau und ist federführender Herausgeber der Zeitschrift „Sozialer Fortschritt"

Walwei, Ulrich, Dr., ist Vizedirektor und Professor am Institut für Arbeitsmarkt- und Berufsforschung der Bundesagentur für Arbeit

Wießner, Frank, Dr., ist wissenschaftlicher Mitarbeiter im Forschungsbereich „Arbeitsmarkt- und Sozialpolitik" am Institut für Arbeitsmarkt- und Berufsforschung der Bundesagentur für Arbeit

Ebenfalls bei edition sigma – eine Auswahl

Andrea Baukrowitz, Thomas Berker, Andreas Boes, Sabine Pfeiffer, Rudi Schmiede, Mascha Will (Hg.)
Informatisierung der Arbeit – Gesellschaft im Umbruch
2006 518 S. ISBN 3-89404-547-7 € 28,90

Sebastian Brandl
„Deutsches Modell" oder globalisiertes Arrangement?
Transformation industrieller Beziehungen und soziale Nachhaltigkeit
Forschung aus der Hans-Böckler-Stiftung, Bd. 77
2006 291 S. ISBN 978-3-8360-8677-6 € 19,90

Rolf Dobischat, Hartmut Seifert, Eva Ahlene (Hg.)
Integration von Arbeit und Lernen
Erfahrungen aus der Praxis des lebenslangen Lernens
Forschung aus der Hans-Böckler-Stiftung, Bd. 38
2003 271 S. ISBN 3-89404-898-0 € 16,90

Wolfgang Dunkel, Dieter Sauer (Hg.)
Von der Allgegenwart der verschwindenden Arbeit
Neue Herausforderungen für die Arbeitsforschung
2006 303 S. ISBN 3-89404-545-0 € 19,90

Werner Jann, Günther Schmid (Hg.)
Eins zu eins?
Eine Zwischenbilanz der Hartz-Reformen am Arbeitsmarkt
Modernisierung des öffentlichen Sektors, Bd. 25
2004 112 S. ISBN 3-89404-745-3 € 8,90

Leo Kißler, Ralph Greifenstein, Elke Wiechmann
Kommunale Bündnisse für Arbeit
Neue Perspektiven für die Zukunft der Arbeit in den Städten
Modernisierung des öffentlichen Sektors, Sonderband 20
2003 204 S. ISBN 3-89404-770-4 € 15,90

Petra Kodré, Martin Roggenkamp, Christian Roth, Elke Scheffelt (Hg.)
Lokale Beschäftigungsbündnisse
Europäische Perspektiven in Forschung und Praxis
Forschung aus der Hans-Böckler-Stiftung, Bd. 58
2005 206 S. ISBN 3-89404-989-8 € 14,90

– bitte beachten Sie auch die folgende Seite –

Ebenfalls bei edition sigma – eine Auswahl

Martin Kronauer, Gudrun Linne (Hg.)
Flexicurity
Die Suche nach Sicherheit in der Flexibilität
Forschung aus der Hans-Böckler-Stiftung, Bd. 65
2005, ²2007   423 S.   ISBN 3-89404-996-0   € 19,90

Steffen Lehndorff (Hg.)
Das Politische in der Arbeitspolitik
Ansatzpunkte für eine nachhaltige Arbeits- und Arbeitszeitgestaltung
2006   279 S.   ISBN 3-89404-534-5   € 19,90

Heiko Massa-Wirth
Zugeständnisse für Arbeitsplätze?
Konzessionäre Beschäftigungsvereinbarungen im Vergleich Deutschland – USA
Forschung aus der Hans-Böckler-Stiftung, Bd. 80
2007   275 S.   ISBN 978-3-8360-8680-6   € 18,90

Nicole Mayer-Ahuja, Harald Wolf (Hg.)
Entfesselte Arbeit – neue Bindungen
Grenzen der Entgrenzung in der Medien- und Kulturindustrie
2005   341 S.   ISBN 3-89404-535-3   € 21,90

Holger Schütz, Hugh Mosley (Hg.)
Arbeitsagenturen auf dem Prüfstand
Leistungsvergleich und Reformpraxis der Arbeitsvermittlung
Modernisierung des öffentlichen Sektors, Sonderband 24
2005   351 S.   ISBN 3-89404-774-7   € 22,90

Hartmut Seifert (Hg.)
Betriebliche Bündnisse für Arbeit
Rahmenbedingungen – Praxiserfahrungen – Zukunftsperspektiven
Forschung aus der Hans-Böckler-Stiftung, Bd. 36
2002   274 S.   ISBN 3-89404-896-4   € 16,90